芃野東南民族叢書

整體稀缺與文化適應

——三岩的帕措、紅教和民俗

下冊

何國強　主編．許韶明、何國強　著

目次

下冊

附錄

第三章
紅教

（1）

為善一方懸玉屏，慈航普渡妙無形。
行經閣上憑欄望，老僧猶在分金亭。

（2）

千里人為佛一尊，西天怯住在山村。
慈航渡上連環套，不讓當年寶二敦。

（3）

女媧煉石補胡天，留待靈犀大道傳。
無父兒孫君莫笑，佛門不禁人逃禪。

（4）

眉如秋月骨從巒，破頭那知暑與寒。
留得蓮臺千佛在，世人當作畫圖看。

——劉贊廷

第一節　三岩的宗教特色

西藏被人們稱為宗教之邦，是因為喇嘛教、喇嘛寺院和喇嘛已經滲入到西藏的一切事物之中。可以說在西藏任何事物都是以宗教開始，並以宗教而告終，因此在西藏喇嘛居於絕對的統治地位。[1]長期以來，西藏集政教於一體的政權在三岩地區缺失身影，國家和地方政府的統治亦很少成功進入峽谷地區，在這樣一種「國家未進入之前」的自然狀態下，帕措反而發展成為主導三岩人社會生活的政治化制度。因此，不能說宗教在三岩完全佔據了統治的地位，但若想進一步瞭解三岩人的社會生活狀況，以及三岩的風俗、傳統、文化、歷史以及帕措制度下的社會、政治和經濟關係，就有必要先把握三岩宗教的整體性特徵。

三岩宗教具有鮮明的特色，如濃厚的宗教氛圍、獨特的宗教發育土壤以及系統化的苯教和藏傳佛教文化等。一如其它的藏區，三岩時時處處都彌漫著一種宗教主義的氛圍，主要體現在以下四個方面：一是存在根深蒂固的自然崇拜；二是鬼魂觀念與鬼神崇拜形成風氣；三是盛行占卜、巫術和盟誓等迷信活動；四是出現了系統化的苯教和佛教文化。此四項無不蘊藏豐富的宗教內涵：自然崇拜包括對天上及地上各種自然對象的神化和崇拜、圖騰崇拜、生殖崇拜、土地神崇拜、家神崇拜、山神崇拜等；鬼神崇拜包括對各種鬼怪神靈的崇拜和儀軌，以及在鬼神崇拜中產生的靈魂觀念及由此演變而來的各種占卜、巫術和盟誓活動等；還有就是發展到極致的苯教和藏傳佛教文化體系。三岩具有濃厚的宗教文化氛圍，100 多年前，劉贊廷參觀完當地的察拉寺後曾題詩留念，此詩可視為其中的真實寫照：

為善一方懸玉屏，慈航普渡妙無形。
行經閣上憑欄望，老僧猶在分金亭。[2]

---

1 柳升祺：《西藏的寺與僧（1940年代）》（北京市：中國藏學出版社，2009年），頁48。

2 劉贊廷編：《武城縣志》，《中國地方志集成・西藏府縣志輯》（成都市：巴蜀書社，1995年），頁155。

一　自然崇拜可追溯到初民時萬物有靈的原始信仰

即使身處邊陲之地、高山峽谷內的三岩人，也認為世界上存在一種神秘的無處不在的「力」，此觀念類似於馬來人和玻利尼西亞人稱之為「瑪納」，易洛魁印第安人稱之為「奧倫達」，阿爾袞琴印第安人稱之為「曼尼陶」的東西。三岩人認為自己的身邊會有無數的精靈，它們始終與自己的命運、希望、活動密切相關。這些精靈無論善惡，隱身於月亮、太陽、星辰、森林、樹木、河流、高山、石頭、動物中的神靈，都會一直陪伴在他們的身邊。由於對外界事物的本質和結構幾乎一無所知，他們只能以自身為尺度來衡量事物，賦予事物同人類一樣的習慣和感情。例如，流傳於三岩的許多神話傳說，無不體現出一種物我同一的思想，其特點是將人類完全融於自然當中，使得自然、神、人處於同一的基礎之上[3]。

1 圖騰崇拜

在三岩人的宗教生活中，圖騰崇拜、生殖崇拜佔有重要的地位。圖騰崇拜認定，在某些人類群體或特殊個人與自然界某些類別或種屬的動物、植物或無生命物體之間，存在著一種或多或少的親密關係；對這種關係的確認導致了特定社會群體的形成，也導致了把人類群體與相應的圖騰聯繫在一起的種種儀式。[4]據悉，三岩社會中幾乎每個帕措都有自己的圖騰，這些圖騰有的是猴子，有的是虎，有的是豹，有的是熊，有的是雕；與雕相關的戈巴（帕措）數量比較大，似乎都

3　關於神話的相關論述參見第四章。

4　〔美〕約翰・B.諾斯、大衛・S.諾斯著，江熙泰等譯：《人類的宗教》（成都市：四川人民出版社，2005年），頁27。

有血緣關係。[5]例如，歐恩怕一帕措認為自己的祖先是由靈猴變來的；霍也帕措則認為自己的祖先是雕。一些三岩人至今仍在自己的家門上懸掛鹿頭或鹿角以祈求消災免難，認為鹿角具有再生的能力，能使該家庭人丁興旺，這點可視作一種圖騰崇拜的遺存。

2 生殖崇拜

生殖崇拜是三岩人的另一個特色。三岩人把生育的意義看得尤其重大，由於男女生殖器是生育的基本條件，生殖崇拜自然而然地成為三岩人原始崇拜的重要內容。正因為如此，他們將自然界中的一些山峰、石柱、山洞分別象徵男女生殖器加以膜拜。例如，在雄松鄉的三山——勒宗山、勒久山和紮岩山的河谷中央，矗立著一座小山丘，形如男性陽具；紮岩山的正面有兩個洞口，上下排列，上洞形如婦女肚臍，下洞形如婦女的生殖器。在當地人的眼中，這裏一直是生殖崇拜的聖地，如果夫妻不能生育子女，或家裏想要生下男嗣，就要相約在這裏轉上一圈，據說往往能達成心願。再者，三岩地區還保留著一種古老的習俗，藏語稱之為「別卓洪」，意為「砍伐青岡枝以獲得豐收」，其實是種帶有交感巫術性質的儀式活動。這種習俗發展到後來，婦女們結成一群，可將一個陌生男人團團圍住並對他動手動腳，甚至可將他的衣服全部脫光，還可隨意玩弄他的生殖器，被圍困的男子卻又不能生氣。「別卓洪」習俗可視作三岩婦女的一項特權，也是當地生殖崇拜的一種社會反映。

3 年（山）神崇拜

此外，當地存在一整套完善的年（山）神的概念，是一種源於自

5　范河川編著：《父系原始文化的活化石：山岩戈巴》（成都市：四川大學出版社，2000年），頁45。

然的原始宗教形式。在藏族群眾傳統的信仰體系中，「年神」是一種在山嶺峽谷中遊蕩，在石縫、森林中安家的神。「年神」所附的多是人世間的死物，它既保護著人民，也能給觸犯它的人帶來災害。「年神」又可分為「白年神」和「黑年神」。「白年神」居於天空，於是有日、月、星、雲、虹等「白年神」；居於地下的為「黑年神」，於是有山、崖、石、海、水等「黑年神」。三岩當地每個村子都有自己的神山，裏面居住著「年神」。在三岩人看來，自己的祖先與周邊的大山具有某種密不可分的聯繫：自己的祖先從西方趕來了一群大山，死後其靈魂依然停留在神山上。因此，三岩人每路過一個山頭，都要虔誠地念其咒語。每逢藏曆初五和十五，便是煨桑和轉神山的好日子。神山裏的一土一物都十分神聖，不能有絲毫的損傷，否則會觸犯「年神」，給自己或家人帶來災難。此外，當地還存在種種的禁忌，目的在於儘量避免觸犯「年神」，從而影響莊稼的收成。例如，經過神山時嚴禁大聲喧嘩；神山的一草一木未經許可不得隨意砍伐；神山的水源不可隨意污染；婚禮不可在夏、秋季舉行，否則會觸犯神靈；等等。

藏曆每月十五日是帕措的祭典之日，名曰「熏煙節」，其中又以藏曆六月十五日的那次最為隆重。據說，舊社會這種祭典曾十分盛行，在帕措頭人的召集下，帕措全體男性成員都要到固定的神山上點燃松柏枝，升起濃煙，祈求一年內諸事如意、幸福安康。祭典時，先把柏樹枝堆成一堆或幾堆，然後由專人點燃，大家圍繞煙堆祈禱，請喇嘛過來誦讀經文，並向天空鳴槍或高聲吆喝，希望山神能夠接受熏煙及眾人的祈禱，保祐帕措成員戰無不勝。祭典時要帶上很多酒和各類食品，由每家預先按一定的數量配齊，祭典完結以後，帕措成員便聚集在一起豪飲至酩酊大醉，黃昏時才返回。當然，當前對這種祭典活動的要求已日漸鬆散，在某些村落裏此種祭典活動甚至已經消失在人們的集體記憶當中。

4 土地神崇拜

崇拜土地神可算是另一種自然崇拜的表現形式。土地神就是居住在地上的神，是土地的主人。它掌管地上一切植物和生物，包括花、草、果樹和各種生物等。在春耕前夕，耕牛未下地之前，三岩的一些村子會選上一個吉祥的日子到地裏用柏樹枝熏煙，並向四周灑一點青稞，象徵性地用鋤頭在地裏挖上幾口，表示春耕就要開始了，希望土地神能夠保祐。每當修建一座新的樓房時，都要事先徵得土地神的同意，認真做好祭祀儀式和提供貢品；在搬運屍體的時候，屍體嚴禁觸及土地，否則會觸犯土地神，給牲畜和莊稼帶來禍害。

5 家神、灶神崇拜

此外，三岩還普遍存在家神、灶神的崇拜，這或許是在土地神觀念上進一步發展而來的信仰系統。「家神」是保護帕措成員自身家庭的神，它不僅保護家庭人丁興旺、防止厄運產生，有時還可充當戰神和財神的角色。「灶神」可以看作家神的一種，但它所負責的範圍要比家神小許多。三岩碉樓又名「康爾」，一般分為四層（參見圖3-1）[6]：底層畜養牛羊；二層住人，同時也是三岩人主要的生活空間；三層為佛堂，也可招待家中來的貴客；頂層則作為晾臺和煨桑的場所。家神和灶神設在樓房的二層，灶神居於家宅的中心，庇祐一個家庭諸事如意、幸福安康。無論家神還是灶神，都象徵著聖潔、神聖與光明。例如，前文講到三岩孕婦在臨產時，其羊水和血跡是絕對不能玷污房間與火塘的，也就是說不能觸犯安置在二層的家神和灶神。正因為如此，三岩的孕婦在生育孩子的時候，都只能選擇在一樓的牲畜

6 本圖依據筆者田野調查與任乃強先生的《西康圖經》中對西康的高碉的素描繪製而成。參見任乃強：《西康圖經》（拉薩市：西藏藏文古籍出版社，2000年），頁250。

棚生產。孩子生下數周之後，母親才可搬回二層居住。據說，除了避免玷污家神和灶神以外，這樣做還因為婦女在牲畜棚生產不容易造成難產，大概是牲畜都能在這裏順利生產的緣故。此外，婦女生產時，男人是不能在場的，否則會被認為觸犯家神並招致不幸。

二　鬼魂崇拜和系統化的喪葬習俗

出現鬼魂崇拜和系統化的喪葬習俗，與三岩人長期固存的原始靈魂觀有關。在農業社會中，容易發展出一種思想，認為人雖然死去，但其靈魂不滅，依然能夠脫離人體而繼續過活人的生活，如漢人社會中就有「視死如視生」的概念。這種思想得到進一步的發展，就認為有的鬼魂上天成為神，有的鬼魂集中在陰間生活，有的鬼魂則在世間遊蕩找不到歸宿，經常危及家人和族人的安全。對鬼魂崇拜思想的發展，導致處理、埋葬和保存屍體的方法成為一套日益講究的細節。可以認為，喪葬習俗的確定與流行，與其說是為了死者的利益，毋寧說是為了防止那些因為意外死亡或某些超自然力量導致的「偶然事件」而不幸死去的人，在人們不注意的時候回到社會中來恐嚇或傷害活著的人。這種死人會因為嫉妒而報復活著的人的觀念，貫穿於人類原始社會到文明時期的一切葬俗中。[7]

這些鬼神作祟的觀念，從帕措所實施的眾多葬法中得到了加強性的說明。總體看來，三岩的葬法複雜、形式多樣，除了其它藏區普遍流行的天葬、火葬、水葬、土葬、二次葬、合葬等葬式以外，還有獨特的罐葬、壁葬和樹葬等，數量達 12 種之多[8]。至於採用何種葬法，

7　〔德〕利普斯著，李敏譯：《事物的起源》（西安市：陝西師範大學出版社，2008年），頁302。

8　三岩的喪葬習俗在第四章有專門的論述。

一般援請巫師或喇嘛用打卦的形式來決定。人死後停屍三日，喪禮期間還要「做七」，點酥油燈和守靈等，以超度亡靈。家庭經濟條件較好的，要請喇嘛到家中念經超度四十九天，經濟條件差的給寺院送去布施即可，雖不需做足四十九天，但至少「頭七」、「三七」、「七七」是一定要請喇嘛過來念經的。

1 天葬

天葬在四五十年前還甚為流行，這也是被三岩人認為最為「體面」的葬法。天葬要由活佛或喇嘛來主持。一家若有人死亡，家人用繩子將屍體按嬰兒狀捆綁，避免屍體沾地後發生屍變，然後與喇嘛一道前往指定的天葬臺。當屍體到達天葬臺後，喇嘛隨即圍繞在屍體的周邊，開始坐誦念經，其中由一名喇嘛吹響一個由人的脛骨做成的號角，禿鷲聽到號角的呼喚，馬上聚集在附近。經咒念完以後，由負責天葬的喇嘛或帕措成員持刀開始解剖屍體，他們會根據不同的對象和性別，採用不同的刀法對其屍體加以劃割，肢解下來的部分陸續扔給禿鷲食用。禿鷲食完骨肉以後，還要拾起骨頭搗擂成粉狀，加入糌粑後喂給禿鷲食用。如果連骨帶肉都能被禿鷲食罄，說明此人福氣甚隆，否則證明此人罪孽深重。在以往的三岩地區，如果骨肉仍有剩餘，家人有義務將其食盡，表示替親人贖罪。自從三岩的森林遭受嚴重的砍伐以來，禿鷲的生存環境大為惡化，導致禿鷲的數量劇減，天葬也一度遭到了棄置，原因是喇嘛無法喚來禿鷲，天葬自然無法實施。近些年來，國家在三岩地區大力實施「天保工程」，封山育林的工作大有起色，禿鷲的數量也呈現增長的趨勢。在白洛活佛的主持下，敏都鄉於 1998 年在臺西寺後山上新建了一個大型的天葬臺，並成功喚來了禿鷲，三岩又恢復了天葬的葬法，此舉受到了三岩人的熱烈歡迎。

2 火葬

火葬是藏區的常見葬式，但三岩的火葬與其它藏區不同，它可算作一種二次葬。真正意義上的火葬僅適用於僧侶或當地德高望重的人，一般百姓不宜採用，否則會招致天災人禍（如天打冰雹），危害莊稼的生長與牲畜的繁殖。三岩人很少單屍火葬，人死後也不是馬上火化，而是將屍體捆成一團，呈嬰兒狀的坐姿放入一木箱內，木箱用灶灰調泥進行密閉放於室內，等到帕措內部或村子裏已存放兩個或以上的屍箱後，才一起抬至村子特定的「度壘」（公墓）進行火化。火葬和二次葬有緊密的聯繫。火葬之後的骨灰，可分開和著泥巴做成「擦擦」放入瑪尼堆中，既可撒入金沙江中，也可撒在鮮花盛開時的草場或風景優美的懸崖下，甚至可託人帶到鄰近地區的著名寺廟裏。

筆者在雄松鄉的下加村調查期間，發現了兩例行二次葬的情況。一例的死者是一個女孩（12 歲左右），去世後屍體被塞進一個木箱裏，放在一層的內角處，上面還壓有一塊刻有經文的石板。另一例的死者是戶主的父親，50 多歲時去世，家人把死者的屍體放在碉樓二層與三層之間的隔棚處，並用木板和牆壁做成箱子形狀，屍體放入箱內，箱上還放置了一個用泥土捏成的犛牛頭作為供奉。據報導人講述，這兩具屍體日後還要請喇嘛打卦，以選擇合適的時間將其屍骨抬到村子的「度壘」處進行火葬。

3 水葬

經喇嘛打卦適合水葬者可實行水葬。在金沙江兩岸有多處水葬點，入水處以有螺旋紋的地方為佳。行水葬時視打卦的情況來處理屍體：如果屍體無須肢解，則將其衣服脫光後拋入水中，任其漂流，又以迅速沉入水底為好，意為死者不會眷念生者，為了便於讓屍體沉入水中，有時可給屍體綁上一塊大石頭；如果屍體需要肢解，則由專人持刀把屍體分割成小塊，再把骨頭搗碎後與糌粑攪拌成團，然後拋入水中。在整個喪葬儀式上，都需請喇嘛過來念經超度。

4 土葬

土葬是三岩甚為流行的葬法，無論是老年人、正常死亡的人或是凶死的人，經過喇嘛打卦以後均可實行土葬。帕措一般都有固定的墓地，名為「度壘」。人死後在家停一日，然後用白氆氇衣服裹好，埋葬在「度壘」內，上面豎一經幡，上方再放置一塊刻有六字真言的石板。若干年後[9]，把屍骨挖出放在用木柴搭成的「井」字上焚燒成灰。因為春、夏、秋季多有雨水，焚燒屍體適宜在冬季舉行。實行火葬之後，還要用一小撮骨灰和成「擦擦」放在墓地中；如果有骨頭未燃燒成灰，還要用石塊將其砸成粉末狀才行。

5 樹葬

樹葬是三岩人特有的葬式。在羅麥鄉，如果小孩未滿 1 歲去世，則要舉行樹葬，即把死嬰用布包裹後放在木箱子裏並掛在特定的樹上，任其跌落腐爛。在金沙江西岸，樹葬的葬法並不怎麼流行，僅在剋日鄉和羅麥鄉的交界處有一個專門的葬址。但在江東（白玉縣山岩地區）那邊，樹葬的做法已經成為了風氣，山岩鄉一共有 5 處樹葬點，一般未滿 15 歲的小孩死後要實行樹葬。樹葬時將小孩的屍體裝殮於木箱中，然後用繩子係掛於枝葉茂密的大樹上，讓其自然腐化。樹葬的選址十分講究，宜選擇在丁字路口、兩河或多河的相匯處，且樹木須枝高葉茂，象徵人丁興旺，後繼有人。在羅麥鄉，如果小孩死

9　時間長短不定，短則1年，長則三五年，但一般不超過10年。

亡時年齡為 12 歲，則可實行陶葬，即把嬰兒屍體放置於陶罐中並埋入公墓。實行陶葬的屍體不再實行火葬。

6 壁葬

在三岩地區，如果德高望重的老人（一般 70 歲以上）在壽終正寢之後，可採取壁葬，但此葬法現在已極少採用。當地人認為老人的屍體是財源和運氣的象徵，為保住運氣不外溢，用鹽水擦洗老人的屍體，用酥油將五官堵塞，請喇嘛誦經作祈禱、超度。然後將屍體以坐姿裝入木箱或罐中，以灶灰調泥，封住棺蓋或縫口，在頂樓的牆邊掏出剛好容納下屍箱或屍罐的小洞，將屍體放進洞內，然後壘起石頭或土磚，堵住洞口，用灶灰調泥，封住牆縫，再用牛糞糊牆面，防止裂縫。據時任貢覺縣副縣長陳新華給筆者的講述，他在三岩下鄉工作時曾在一戶人家的牆壁中發現過若干處壁葬，並攝影留念。

三　巫術、符咒、占卜和盟誓

（一）巫術與符咒

各種巫術、符咒、占卜和盟誓活動筆者在三岩時有所耳聞。由於自然崇拜和鬼神觀念的長期存在，容易給三岩人的認知世界造成一種後果，即認為一切事物，無論它們是否具備生命的特徵，都具有某種巫術的力量和性質。這種巫術的力量，不僅源自那種存於自然狀態之下無處不在的神秘的「力」，而且在很大的程度上左右著他們的思想和行為。例如，他們往往將生活中所遇見的一些原因不易理解的現象——如厄運、成功、死亡、疾病、雪災、冰雹、泥石流、地震等，都歸因於事物本身所具有的巫術的力量。此外，三岩人還認為，當遇到「神魔」的勢力時，只能出現吉凶兩種預兆，這是由每個人的業力造成的：出現了吉的徵兆，自然需要感謝自己獲得了神靈的眷顧和恩賜；如果出現了凶的徵兆，就要好好地反思自己的行為是否存有不妥當之處。然而，他們又認為，生活中出現凶的徵兆往往居多，這是因為「神魔」的本質是邪惡的，其活動方式取決於人類對他們的行為，它們應當受到人們的崇拜和供奉。為了達到某種趨吉避凶的心理需求，人們通過每天舉行煨桑儀式，召請「神魔」下界接受供品，從而使得祈願者平和、心滿意足和歡欣喜悅。與此相關的儀軌和神咒也追求兩種目標：一是幸運、福利、吉祥、長壽、健康、資財、克敵制勝等；二是排除貧窮、疾病和早亡等。這種在生活中影響和利用「力」以實現趨吉避凶的努力，就是巫術。

實施巫術有兩種對象：一種是針對自然的巫術，一種是針對人的巫術。[10]

1 針對自然的巫術

針對自然的巫術主要為了獲取食物，這也是最為古老的巫術之一。為了獲取充足的食物，有必要取悅於動物、植物和自然的力量，如太陽、雷電、雨水等。特別是雨水，對長期居於乾旱之地的農業能否有收成具有重大的意義。因此，祈求雨水的巫術活動對於當地居民而言是十分重要的。祈求雨水要舉行適當的儀式，其核心的內容是模仿雨的形狀，如讓水在地上流；或像澳大利亞的某些部落那樣，切開靜脈抽血；或到處撒羽毛以象徵雲；或將一些小石英晶體撒向婦女，

10 〔德〕利普斯著，李敏譯：《事物的起源》（西安市：陝西師範大學出版社，2008年），頁2-7。

婦女們用樹皮護著身體避雨。[11]在三岩地區，祈雨儀式一般設在臨近村子的湖上舉行，大概是因為湖裏的水比較充裕的緣故，這裏也被認為是魯（龍）神居住的地方。湖在當地被稱為「措」，是附近某位山神的妻子。例如，羅麥鄉羅麥村附近，就有一個經常進行祈雨的場所，名為納日措。一旦氣候乾旱、莊稼青黃不接，帕措頭人和長老就要在此擺好奶汁、糌粑、茶葉等各式供品，豎起風馬旗，敬奉哈達，請來巫師或喇嘛在此舉行祈雨儀式，並念頌專門的符咒或經文，請龍神（王）開恩降雨；還要熏酥油焦煙及松柏香枝鎮風，消除下雨之五障，促成下雨。此外，三岩當地還有一種「迷信」的做法，即將蕎麥、麥子、青稞杆與松柏枝、蛇皮、黑沙棘捆綁在一起，內放用泥土做成的吉祥物懸掛在靠近火塘上方的立柱旁，以祈求家庭殷實、吉祥安康。他們認為，蕎麥、麥子、青稞杆是人的日常食物，點燃松柏枝煨桑是對神靈的祭祀，蛇皮、黑沙棘則被認為具有鎮壓妖魔鬼怪的功效，內置泥土做成的吉祥物意為承載萬物的大地，從而達到天、地、人、神、鬼的聯合與統一，最終達到和諧美滿的狀態。

雹和霜是危害農牧業生產最常見的災害。當地人認為，它們由神來主宰，統稱為「熱」，下面還分管 13 個小神，分別為拉、魯、珍、木、的、甲熱、則熱、行吉、列行、森波、益打、瑪木、梯絨。這些大小神心胸狹窄，最易動怒，其中的典型表現就是結霜和打雹。為了保護農牧業的勞動成果，對這些小神不能將就，只能通過做法來震懾其威。三岩的寺廟裏有專門負責驅雹祭霜的喇嘛，會施行一種預防冰雹襲擊的法術，同樣可視作是種針對自然的巫術。每當天降冰雹，或者見到打雹的預兆，這名「驅雹」喇嘛就要進行一種專門的儀式：他

---

11 〔德〕利普斯著，李敏譯：《事物的起源》（西安市：陝西師範大學出版社，2008年），頁3。

一邊口中念念有詞[12]，一邊手持木刀，以舞蹈型的動作指揮冰雹的方向；或用一種名為「俄多」（放牛羊用的拋石繩）的法器，裝上「擦擦」（一種用紅泥做的小佛像）或一些圓錐體的法物，擊向空中，以阻擊冰雹下落。如遇見冰霜，則一面念經，一面熏樹枝，燒一種經過特別配製的藥物，使得天空出現濃雲，從而阻止霜的降臨。近年來貢覺縣政府在三岩的一些主要村子安裝了人工防雹機。由於它們在使用後收到了一定的功效，「驅雹」喇嘛舉行的法術活動已有所收斂。

2 針對人的巫術與符咒

如果說針對自然的巫術具有積極的一面，那麼針對人的巫術則具有消極的成分。用於人的巫術，或許源於人類表達感情的各種姿勢。例如，當一個仇人逃走了，或許由於種種的原因不能對他復仇時，我們會下意識地握緊拳頭。原始人也會表現出同樣的情感反應，而他們一般都攜帶著武器，因此，他們下意識地做出懲罰敵人的象徵性動作就更為強烈。如果不久以後對方正好病倒或死去了，他們便自然而然地認為是那種姿勢所致。一旦這種因果關係形成，人們便會認為那種象徵性的懲罰舉動能致使自己所憎恨的人生病甚至死亡。於是，人們開始有意識地使用這種姿勢和行為以期毀掉所恨的人，「人身巫術」便產生了。[13]「人身巫術」進一步發展，出現了詛咒或具有詛咒性質的巫術，這些巫術實施起來不僅簡單方便，而且不容易被別人察覺。

有研究表明，「人身巫術」在長期敵對的人群和部落當中頗為盛行。[14]三岩由於帕措的存在，又由於各帕措之間長期敵對，因此「人

---

12 一般要念一本名為《增多》的經文。

13 〔德〕利普斯著，李敏譯：《事物的起源》（西安市：陝西師範大學出版社，2008年），頁4。

14 Chagnon N A. *Yanomamö: the Fierce People*. New York: Holt, Rinehart and Winston, Inc., 1983.

身巫術」大行其道。三岩地區流傳著一個「阿媽石」的傳說，裏面描述的主人公就是利用符咒將自己的父親給咒死了[15]；在木協鄉那哥帕措的族譜傳說中，發生了一個侄子打坐念咒經詛咒自己叔叔的情況[16]。2001 年 3 月 7 日，木協鄉下羅娘宏達村發生火災，21 戶房屋付之一炬。起火時間是在上午 11 時，當時全村的成年人都下地施肥去了，各家只留下老人與小孩，所幸全部逃離無一傷亡。此番起火的原因一直未能查清，一種分析是常臥在灶塘裏的貓帶了火種竄進柴草堆中，引發了大火。待在地裏幹活的人望見煙火後迅速趕回村裏已為時已晚，雖然大火僅僅燒了一個小時，但凡能燃燒之物皆成為灰燼。按照舊時的說法，一個可能的解釋是：這必定是由於仇家施咒引起的火災。[17]

由於「人身巫術」具有攻擊性，一些防禦性的機制便應運而生了，與「人身巫術」的攻與防有關的事物亦成為了三岩人生活的一個主題。例如，一個三岩人的唾液、頭髮、指甲，以至於衣服碎片、所用武器的零件等，都可作為主人──他的靈魂或精神的一部分，對這些東西詛咒可以使主人遭殃，因此必須謹慎處理，不可隨意亂放，特別是不可落入敵對帕措成員的手中。又如，一個新生嬰兒的胎衣，必須帶到一個外人不知道的地方偷偷埋放。給孩子取個有「法力」的名字也是一種慣常的做法。三岩人認為，請寺院的活佛來給孩子命名，可有效地防止敵人利用巫術對其攻擊，保證他們今後能夠健康、快樂地成長。據說在各種名字中，取個蘊藏吉意或與佛教有關的名字「法力」更強。因此，對三岩人大量出現以下的名字我們不應感到驚訝：丹增──主宰聖教、執掌佛教的人；丹巴──佛教、聖教；群培──

15 故事情節參見第四章。

16 子文（劉偉）著：《蒼茫西藏》（北京市：中國工人出版社，2009年），頁19-20。

17 馬麗華：〈金沙江畔有三岩〉，《作家雜誌》2003年第2期。

興法、興教；土登——佛法；次稱——持戒；袞秋——三寶；金巴——布施；卓嘎——白度姆；多傑——金剛；才讓——長壽；丹炯——護法、護教；卓瑪——度母；央金——妙音；拉姆——仙女；達吉——佛法昌盛；平措——圓滿；紮西——吉祥；德吉——幸福；索南——福德；齊美——無死；等等。當孩子長大以後，無論男女都要在胸間佩掛一個護身法物——「呷烏」，內裝有佛像的照片，或是經活佛加持過的經文、藏草藥和護身符籙等。當地人認為，佩戴「呷烏」可驅邪護身，靈者符咒不能侵、槍刀不能傷。

藏曆每月五日，帕措要舉辦集體祭典，同時還舉行一種特殊的舞蹈祭典儀式，由巫師身披牛皮不停地跳舞，其間要將小孩子放在一個小木箱中。不管孩子在裏面如何地哭泣、掙扎，巫師都一邊念出咒語，一邊不停地比劃，直到儀式做完才把孩子放出來。據說此種做法是為了取悅山神，讓山神保祐族人戰勝邪惡、疾病和挑戰敵人。[18]

（二）占卜

如前文所述，三岩人認為遇到神魔的勢力時只能出現吉凶兩種預兆，如果能預先獲知這種徵兆，知道自己今後的吉凶禍福，就能在心理上佔據優勢。此種思想導致占卜術在三岩地區頗為盛行。三岩流行的占卜術多種多樣，有鳥卜、夢卜、線卜、箭卜、色子卜、青稞籽卜、念珠卜、骨卜、石卜等。[19]由於帕措的存在，三岩人以帕措組織為依託，大量從事打劫、偷盜等活動，貢覺、江達、巴塘等鄰近地區無不受其侵擾，卻又無可奈何。以往帕措成員外出打劫時，還有一種刀卜的做法，即由一名帕措成員（通常是這次活動的組織者）拔出自

18 范河川編著：《山岩戈巴》（成都市：四川大學出版社，2000），頁39。
19 同上，頁49-52。

己身上的腰刀，「以刀擲於空中，落地時看刀尖向於何處，即為吉地」[20]。

在以上提及的諸多占卜術中，以念珠卜最為常見，一般要請寺院的喇嘛來完成。用念珠占卜也有多種形式，一種常見的做法是：將念珠合攏在雙手內來回搓撚，隨便取出一節，反覆推拿 13 次，最後以該節所剩珠子的數目取吉凶，如剩餘 1 粒為「卡色」，表運氣好；剩餘 2 粒為「康拿」，表運氣很差；剩餘 3 粒為「西得」，表運氣一般差；剩餘 4 粒為「麼打」，表運氣一般。

筆者在羅麥鄉的達松寺調查期間，曾請該寺的喇嘛現場演示如何用念珠占卜。進行占卜時，喇嘛先讓求占者下跪，預先告知所求之事，然後先向三寶請願，同時將一串念珠放在兩手掌心，任意抓住兩手拇指和食指之間的那一段念珠，然後從這段念珠的兩端開始，每次數 3 個，同時念誦一段專門用來占卜的經文，占卜的結果取決於念完該經文後所剩的念珠數目，最後按卦書釋意，得出吉凶。

（三）盟誓

盟誓即「賭誓發言」，是一種以口頭形式實現民間仲裁、解決糾紛的契約形式。深厚的自然崇拜、神靈崇拜信仰根基，以及在民眾生活中發揮積極作用的宗教信仰體系，是藏族的盟誓得以發揮作用的前提條件。藏族的盟誓具有極強的宗教適應性和宗教依附性，體現出社會控制手段的宗教、道德、習慣法、法律的多元一體性；在因果報應機制下，神的祐護與懲罰的辯證統一，使得神罰上陞為維護秩序與正義的替代機制，疾病、災害等與神罰的人為聯繫，不僅彰顯了神罰，同時還具有教育和預防功能；因果報應、不能違背誓約的觀念與偶然

20 劉贊廷編：《武城縣志》，《中國地方志集成．西藏府縣志輯》（成都市：巴蜀書社，1995年），頁153。

的「神罰」事件的驗證，從正反兩方面強化了民眾的守約意識，具有預防糾紛、防止犯罪、醇化誠信民風的重要作用。[21]

一方面，國家政權在三岩地區長期缺失；另一方面，自然崇拜、神靈崇拜信仰又在三岩地區根深蒂固，盟誓在三岩的日常生活中同樣發揮出巨大的作用。盟誓在三岩主要存在三種情況：第一，接納非本帕措血緣的男性加入，如一個外來人或雇工經過一段時間的考驗後，通過帕措會議，令其當眾盟誓效忠本帕措，遵守帕措內部章程，然後大家相互敬酒，他就合法地成為了本帕措成員；第二，評斷是非曲直，以是否敢發誓為界，若都敢發誓，曲直就不了了之；第三，兩位分屬不同帕措的人發生了爭執，但後來得到和平解決，就要相約來到當地的神山或聖泉前下跪，發誓以往的事情無論孰對孰錯就此了斷，雙方此後都不可再提此事，否則天地難容。

作為三岩人共同的神山，乃布神山是一個經常用來賭誓的場所。在雄松鄉的那日山上有一股泉水，名曰「瑪布瓊果」，此處被當地人認為是來自乃布神山的聖水，這裏也是三岩人相約起誓的地方。據說雄松鄉的缺所村以前曾建有 108 座佛塔（現已毀滅），那裏也是一個重要的起誓聖地。此外，木協鄉的「嘎日瓊果」、羅麥鄉的「阿洛瓊果」也是村民相約發誓的地方。重大盟誓活動和起誓神判一般由德高望重的活佛參與和主持，在寺院等神聖的宗教場所裏面進行，以解決兩個帕措之間所發生的重大爭端，緩和雙方由於血仇制所造成的緊張氣氛。

21 牛綠花：《藏族盟誓研究》，（北京市：中國社會科學出版社，2011年）。

四　系統化的苯教和藏傳佛教文化

1 苯教文化

三岩較早出現了系統化的苯教和佛教文化，並且滲入到人們社會生活的方方面面。西藏地區很早就在原始信仰的基礎上產生了苯教（黑教）。公元 6 至 7 世紀時，苯教從衛藏傳入康區並流行開來。康區著名的苯教寺廟，有德格的丁青寺、昌都的孜珠寺和金川廣法寺，最早者距今已有 2,000 多年歷史。在三岩的周邊地區，如白玉、石渠、色達、丹巴和新龍等地區，還保存有不少苯教寺廟。受其影響，苯教在三岩地區擁有深厚的群眾基礎。有文獻指出，在唐聖曆年間（公元 699 年），贊東祿長子贊悉岩為逃避政治迫害，以苯教教徒的身份逃到康區「旦麻」地區傳演黑教，其遺址大致在現白玉縣薩瑪鄉一帶。[22]劉贊廷在《武城縣志》中也記載當地以「人皮、人心、人手、人之天靈蓋、人之大腿骨為之特品」。又曰：「據彭錯雲，以活人皮為貴，死人皮次之，如有女子膚白嫩者為珍品，此種人皮售於喇嘛，作為符，具能致人死，銷路極廣；其人手者先以用鹽將餘血浸淨，上塗酥油背陰晾乾，以紫草合一種藥料紮裹，俾使指甲不能脫落，用金銀鑲其傷處，喇嘛用之密中做法，能以驅祟招鬼，凡黑教皆用之；其人心者係用殺人兇犯之心，合淫婦之陰毛，私生子之胎衣，另加各種寶物共研細末，畫符佩帶，能避刀槍水火及一切災難，亦可延年益壽；其天靈蓋大者，可製成念珠，小者盛水或青稞列於神前，為供器；其大腿骨作為喇叭，大者為寺中樂器，小者為笛，喇嘛用之天葬，剖屍喂鳥臨時吹之，其聲如牛鳴，鷹雕即至，藏人呼為哄

22 范河川編著：《山岩戈巴》（成都市：四川大學出版社，2000年），頁113。

筒。」[23]無論是人皮、人心，還是人手、天靈蓋和大腿骨等，這些物品均與苯教的巫術具有莫大的干係。誠然，苯教經過與藏傳佛教長期的對抗和同化以後，早已轉化為藏傳佛教中的一個派系。

2 藏傳佛教文化

另一方面，三岩地區較早就有了系統化的藏傳佛教文化，有固定的寺廟、信徒和神職人員。100 多年前，三岩就存有不同派系的寺廟，除了黑（苯）教寺廟以外，還有紅教（寧瑪派）和黃教（格魯派）寺廟，所屬的僧侶人員，少則一二人，多則幾十、數百人。劉贊廷記載了當時三岩寺廟的總體情況，摘錄如下：

> 白日根寺在本城黃教喇嘛一人
> 南格寺在南格村紅教喇嘛五十餘人
> 色熱寺在宗巴村紅教喇嘛六十餘人
> 察拉寺距城東南二百里黃教喇嘛四百餘人
> 郭覺卓貞在堆達村女尼五十餘人
> 渴清寺在薩東黑教喇嘛七十餘人
> 熱熱寺在色巴村黑教喇嘛四十餘人
> 俄熱寺在亞巴村黃教喇嘛二十餘人[24]

眾所週知，康區是藏傳佛教後弘期「下路宏法」的發祥地，藏傳佛教中密宗色彩最濃的寧瑪、噶舉等派肇興於此。其中寧瑪派俗稱紅教，是最古老的藏傳佛教教派，公元 8 世紀傳入康區。12 世紀初，

23 劉贊廷編：《武城縣志》，《中國地方志集成・西藏府縣志輯》（成都市：巴蜀書社，1995年），頁152-153。

24 同上，頁131-132。

西藏寧瑪派大成就者藏登作畏公佈，派其親傳大弟子、出生於德格縣的噶·當巴德西回到康區宏傳寧瑪教法。1160 年，噶·當巴德西在白玉河坡境內建成噶托寺。清初，又有白玉寺、竹慶寺、協欽寺三座寧瑪派大寺相繼建成。這幾座寧瑪派大寺在康區又有許多的屬寺，輻射面甚廣，影響很大，三岩雖處於高山峽谷地區，亦在其勢力範圍之內。除了黑（苯）教和紅教以外，黃教自宗喀巴實行宗教改革以來，於明末清初時期逐漸成為壓倒一切勢力、集政教於一體的格魯巴集團，在三岩地區的勢力一度有擴張的跡象。例如，在下三岩距武城東南 200 裏的察拉寺（現屬芒康縣戈波鄉），曾有黃教喇嘛 400 餘人，是三岩當時規模最大、人數最多的寺廟。

這些寺廟雖地處窮鄉僻野，卻能擁有為數眾多的僧侶，可以料想，它們必定要從臨近的村子中吸收大量的村民作為紮巴成員。村子裏還存在為數不少的「住家」紮巴，他們平時參加帕措的生產勞動，休閒時則待在家裏念經修行；一旦村子或帕措中有念經、佛事等活動，他們就要過來幫忙，並能根據自己的服務收取一定的報酬。此外，當地盛行一妻多夫婚制，很多婦女由於無法加入到婚配市場只好出家當覺母（女尼）。即便如此，選擇出家與否，無論男女都要基於本人的意願。當地的人們都以家中有人出家為榮，認為這樣做會給家人帶來福祉。另一方面，由於三岩存在勢力大小不一的帕措，一些小帕措主動將自己帕措的一些妙齡女子送入寺廟中出家，防止其它勢力較大的帕措為了爭奪她們而引發械鬥。正因為如此，當時這些寺院周圍常常聚集多達 700 名的女尼（覺母），她們中「有組織者矮屋蓬居，無組織者沿門托缽，亦有與人為奴者，係無寺名。蓋岩人歷行鄉夫制，女子竟為被棄之物，故削髮為尼。富者依其父母，貧者入寺苦修，亦可生子，名曰天賜行，以為常也」[25]。例如，「雄松尼庵一所，有女尼數十人，藏人呼女尼為『覺母』，生有子女，名曰『天賜』，為人輕視」。有詩為證：

女媧煉石補胡天，留待靈犀大道傳。
無父兒孫君莫笑，佛門不禁人逃禪。[26]

3 帕措與宗教的結合

三岩以帕措為社會和經濟生活的主要組織形式，當地彪悍的民風和以盜搶為生的生計方式，與傳統的藏傳佛教文化相結合後，便產生了一些特異的文化現象。例如，一些寺中尚保留著一種與佛教教義相違的祭祀活動，如山岩的尼根寺要舉行殺牛、羊等牲畜祭祀佛或先輩的活動。僧人素以能偷搶、善戰、兇悍為尊，住寺的僧眾中，多數長辮俗衣，半天念經，半天飲酒，有時邊念邊飲，念完經出門已爛醉如泥。又如：「唯有崇信佛教，凡出劫時，以刀擲於空中落地時看刀尖向於何方，即為吉地。」再如：「見客商往來必先將人置死，而後越貨，往有殺人不得一物者。而所搶之物以三分之一貢獻喇嘛，請念消災經，以告無罪過。」[27]

受帕措制度的影響，一些寺廟甚至把持了當地的商業經營。例如，「本縣土產係售於察拉寺，再由該寺喇嘛輸至巴安出售，掉換茶糖雜貨運回，銷於地方。因本地土人尚為盜匪，不敢出境為商，而漢

25 劉贊廷編：《武城縣志》，《中國地方志集成・西藏府縣志輯》（成都市：巴蜀書社，1995年），頁132。

26 同上，第155頁。

27 劉贊廷編：《武城縣志》，《中國地方志集成・西藏府縣志輯》（成都市：巴蜀書社，1995年），頁153。

商亦不敢入境貿易……」[28]

一些寺廟的宗教領袖還積極參與當地的政治活動，並對三岩的社會歷史發展產生了深遠的影響。例如，劉贊廷曾詳細地記載了當地一位宗教活佛參與到三岩政治活動的事件，並由此獲得了崇高的聲望：「察拉寺主教喇嘛吉根降曲，性豪爽，相貌魁梧，自設治後鄰村控告三岩以前搶劫掠虜之事係由察拉寺主持以為巢穴。吉根知之，挺身指趙使（趙爾豐）自首，謂三岩尚為野番，掠虜之事人所共知，猶非喇嘛所能禁止。為省執經引導，勸其為善，今聞鄰村控告，莫問是非，特來領罪受首，以解眾怒。趙使壯其語，勉之，凡以前之事，既往不咎。由此無人不知吉根喇嘛其為人也，稱為『活佛』。」有詩為證：

千里人為佛一尊，西天怯住在山村。
慈航渡上連環套，不讓當年竇二敦。[29]

4 宗教的傳說與勝蹟

三岩地方不大，但寺廟數量眾多，當地有關宗教的神話傳說更是不勝枚舉，每一座山都有一個動人的故事，每一泓水都有一個美麗的傳說。例如，在前往尅日的路途中突顯奇石林立、峭壁突兀，其中一處峭壁高處有小泉如小便狀湧出，據說是文成公主入藏傳教時在此小解後，形成此泉。而在羅麥鄉的達松寺前有一塊大石頭，上面赫然印有一個足印，據說是蓮花生在此修行時所留。

在種種的宗教傳說中，以雄松鄉的宗教文化最有特色。雄松當地有兩座比較有名氣的寺廟——白日寺和康貢寺。兩寺的距離不遠，如

28 同上，頁152。
29 同上，頁154-155。

果按順時針方向從康貢寺轉到白日寺，就要依次轉過五座大山，分別是勒宗山、勒久山、西宗山、那日山、紮岩山。五座大山彼此相連，轉山一圈騎馬要走上一天，同時也完成了一個神奇的宗教之旅。

勒宗山為當地神山，也是當地人經常光顧的轉山之地。據說每轉一次勒宗神山，等於念了十萬遍「嘛呢」經文。傳說以前白日寺與康貢寺各住有一位活佛，兩人經常一起辯經，一同遊玩，還經常鬥法。一日，兩人在半山腰曬完太陽後，決定去桑珠經堂休息，但又嫌走過去略顯麻煩，兩人商議鬥法，以誰先去桑珠經堂者為勝。於是兩人顯法，分別從原地騰空而起，縱身飛往桑珠經堂。在康貢山半山坡的石壁上，依然赫然留有一個腳印和兩個經文，據說就是這兩位活佛當時鬥法時所留。

桑珠經堂位於康貢寺的西北角約 1 公里處，至少有 500 年的歷史，現為斯朗多傑活佛的家宅。斯朗多傑活佛是雄松鄉下加村人，13 歲坐床，24 歲前往白玉縣的紮噶寺當活佛，屬於寧瑪派。讓人嘖嘖稱奇的是，斯朗多傑活佛的家族傳到現在已經有 20 多代之久，幾乎每一代人家裏都有人被選為活佛，堪稱「活佛世家」。經過桑珠經堂，轉過勒久神山後約走 4 個小時的行程，就來到此地著名的「千佛洞」。千佛洞的洞口位於西宗山的半山腰，洞口狹窄，僅容一人彎身進入。一旦進入該洞，裏面豁然開朗，有數千座佛像林立。原來，這裏是當地罕見的鐘乳石洞，各種鐘乳石豎立在洞中，很容易讓當地人將其想像為佛像。在 20 世紀初，此處曾住有一個瘋癲喇嘛，雖做事癡呆，但凡村民前來求願，卻無不應答，據說還十分應驗。「瑪布瓊果」位於那日山上，這裏是一個神聖的盟誓地點。白日寺也位於那日山上，此寺原屬黃教格魯派，現改為寧瑪派，在當地甚有歷史，很久前就有喇嘛居住，終日喃喃，為人民祈福禳災。有詩為證：

眉如秋月骨從巒，破頭那知暑與寒。
留得蓮臺千佛在，世人當作畫圖看。[30]

第二節　「國家進入之前時期」三岩宗教的多元格局

長期以來，三岩地區籠罩著一種濃厚的宗教氛圍，較早就出現了系統化的信仰體系、寺院和僧侶，保留著許多自然崇拜、鬼神崇拜、生殖崇拜和圖騰崇拜等原始信仰的成分，各種巫術、占卜術、禳祓儀式大行其道。總體看來，三岩的宗教文化呈現出一種多元性特徵，且從不間斷地持續了一段相當長的歷史時期。此種局面的形成，主要有兩方面的原因：第一，地處藏彝走廊東緣，多民族（族群）在遷徙、互動的過程中不斷地發生交流與融合；第二，國家政權長期無法滲入三岩地區進行有效的統治，使得宗教的發展保留著一種「原生態」的狀況。

青藏高原地區在歷史早期就進入了文明社會。上古時期的西藏地區形成了許多原始部落群，經過漫長的發展時期，各部落逐步進入父權社會；不久，部落之間經過激烈的兼併，一些部落逐漸強盛起來，其中就有發源於雅魯藏布江河岸的恰族部落。經過「天赤七王」的統治，從聶赤贊普開始恰族改稱鶻提悉勃野，迅速擴展勢力，直到松贊干布於 7 世紀左右統一西藏，建立起吐蕃王朝下的衛藏政權。隨後吐蕃王朝極力東擴，藏民族共同體逐步形成。經過近 200 年的時間，吐蕃王朝在東北部先後征服了吐谷渾、党項、白蘭等鮮卑族、羌族、氐

30 劉贊廷編：《武城縣志》，《中國地方志集成．西藏府縣志輯》（成都市：巴蜀書社，1995年），頁155。

族部落；東部臣服了附國、東女，直抵大渡河上、中游和岷江西岸；南部跨越喜馬拉雅山，佔據了喜馬拉雅山南麓的邊沿地帶；東南部抵達今迪慶一帶與南詔結盟。[31]

三岩位於青藏高原東部昌都地區，這裏同樣被認為是藏族文明的發祥地之一，很久以前就出現了原始部落群。如前文所述，自西漢時期起，三岩屬旄、羌之地，西晉時期受瑪律敢管轄，隋代為附國，唐代由吐蕃、吐谷渾等地方政權接管，元代設宣政院轄地，明代替換為朵甘思宣慰司，清代中後期起在三岩設置營官、土千戶，清末趙爾豐在康區和貢覺等地「改土歸流」，在三岩設縣，並設有委員一人管理當地政務，1912 年成立武城縣，民國初期隸屬川邊特別區、西康省等。

由是觀之，歷史上三岩一直處於封建王朝或地方割據勢力的管轄區之內，即使沒有接受直接的統治與管理，至少也受到其政治勢力的輻射作用。這也意味著，西藏的歷史化進程在持續不斷地作用於三岩地區。另一方面，藏傳佛教在不同時期分別獲得不同程度的發展，從中衍生出不同的派系，如寧瑪、噶當、噶舉、薩迦，以及後來在噶當派基礎上改革而成的格魯派等。這些不同派系的藏傳佛教組織極力拓展各自的實力，且不斷地向周邊地區滲透自身的影響，三岩自然難以置身度外。換言之，三岩宗教文化的多元性特徵，不僅反映當地民族化的歷史進程，更是藏傳佛教各派系持續不斷地在三岩地區西風東漸、蠶食鯨吞的後果。

100 多年前，劉贊廷曾描寫三岩的宗教情況，表明當時已發生屬不同派系的寺院並存的情況，反映三岩宗教文化出現了多元性的特色。

事實上，三岩真正被納入國家版圖的時間是在清末民初。光緒二十三年（1897 年），清朝政府在上、中、下三岩設立土千戶，歸巴塘

---

31 王堯、黃維忠：《藏族與長江文化》（武漢市：湖北教育出版社，2005年），頁123-131。

管理。光緒三十二年（1906 年），趙爾豐收復三岩，在康區和貢覺等地實行「改土歸流」，在三岩設縣，並設有委員一人管理當地政務。宣統二年（1910 年），趙爾豐派傅嵩炑、統領鳳山分別統兵五路征討三岩，三岩帕措部落集體繳械投降，三岩民眾至此方才接受王法的管治，三岩被改為武城縣，設治所、建學堂，隸屬巴安府。此後，德格土司、西藏的噶廈政府和國民政府亦先後進入三岩進行過短暫的統治，直到 1951 年西藏實現和平解放。有鑑於此，本書將原始部落時期至公元 1910 年趙爾豐用武力征討三岩並設治管理的這一段歷史，定義為三岩的「國家進入之前時期」；將 1910 年之後到現在，定義為「國家進入之後時期」。

下面集中討論「國家進入之前時期」三岩宗教的歷史發展，其中包括原始宗教（薩滿教與苯教）和藏傳佛教各大派系的具體情況。

一　薩滿教與苯教

早在進入國家之前，三岩峽谷已有人群居住生活。通過對當地族源的分析可知：三岩既有原始社會時期的土著部落群，也有遷徙至三岩的古羌、氐的民係。例如，在四川省白玉縣山岩鄉，夏鍋帕措（戈巴）認為自己的始祖是松吉夏，傳了四五十代，時間跨度 1,000 多年，可追溯到原始部落時期，至今他們依然保存著自己的族源傳說：

> 我們最早的男始祖是西藏六大王，其中一個大王叫京紮哇達，當時哇達住在西藏。哇達和他的另外五兄弟相比，是一個最憨厚而無心計的人。一次哇達在外遊玩時，他的大王兄弟背著他分錢財、分土地、分寺廟。哇達聽說自己的兄弟們在分東西，趕緊回家，可此時一個女子攔住了他，告訴他有一條狗在攆一頭鹿，讓他管管。

哇達猶豫不決，到底是先回去分東西呢，還是先去解決狗追鹿的事呢？憨厚善良的哇達決定先去解決狗和鹿的事。結果，也不知道狗追鹿的事解決得怎麼樣，反正等他回家，人家五兄弟該分的全分完了，哇達不光沒分到一寸土地、一隻香灶、一根寺廟的柱子，連家門也進不了了。

可憐的京紮哇達只能流浪了。哇達生氣、沮喪、憂鬱，常常回憶和五兄弟在一起的時光。那時住在西藏的大貢日（還有一個對貢日），兄弟們情同手足，朝夕相處，其樂融融，轉眼人一長大，心眼兒就大，弄得親兄弟也不相認了。

充滿失落感的京紮哇達住進一個山洞，日日夜夜閉關修性，排泄心中鬱悶。哇達閉關修性的那座山叫達日貢瑪，山的形狀很像駱駝。過了一段時日，哇達覺得閉關修性得可以了，就走出山洞，想成家立業。於是，在達日貢瑪山腳下找了個美貌姑娘成親了。京紮哇達娶的是格吉白的女兒，格吉白是藏族的一位大王，他把女婿京紮哇達當成自己的親信和心腹。說來有趣，可能是京紮哇達把降妖除魔當成使命，所以他的修性得到了天神護祐。他的家族以星火燎原的勢頭急劇增長，很快繁衍到四十萬戶。

京紮哇達厚道，人丁興旺之後他沒忘記曾經棄他於不顧的五個兄弟。京紮哇達說：「我們是兄弟，我現在過得好了，也不會忘記你們，從今天起，我用箭給你們納稅吧。」五兄弟自然很高興。

京紮哇達發達後，就積極擴大地盤。擇了一個黃道吉日，安排一個孫子到山岩稱王，這位孫子的名字就叫松吉夏。[32]

32 錢均華：《男人國：川藏邊境原始部落漫記》（上海市：上海人民出版社，2006年），頁47。

夏鍋帕措還認為，自己的祖先松吉夏最早來到金沙江西岸的中三岩地區，後來由於家族勢力不斷地擴大，部分族人才遷徙到河東岸（山岩鄉）居住。三岩木協鄉的那哥帕措，同樣認為自身的歷史久遠，傳了很多代，其族源的傳說與夏鍋帕措的如出一轍。[33]

三岩位於金沙江中上游流域，處在藏彝走廊的本（苯）波文化帶，漢藏文化交流劇烈、頻繁。[34]可以料想，三岩很早就出現了原始部落群，那時雖然沒有出現系統化的宗教組織，但應當存在民間宗教和信仰——薩滿教，這也是西藏原始宗教的雛形。「薩滿」一詞來自通古斯語 saman 與北美印第安語 shamman，字面為「智者」、「曉徹」之意，後逐漸演變為薩滿教（shammanism）巫師的專稱。這些巫師通常是些跳神人士，他（她）們也被理解為這些氏族中薩滿神的化身和代理人。

薩滿教是一種原始宗教，產生在人類原始社會的早期階段，是廣泛分佈於北亞的一類巫覡宗教，其基本特點是既無宗派、教祖或祖壇、具體教義，也沒有專門的組織機構、集中固定的廟宇教堂和專職的神職人員，其主要信仰是崇尚萬物有靈，崇拜多種神靈，尤其以祖先崇拜與自然崇拜相結合最為顯著，有時也會吸納其它宗教的神靈作為補充。這種帶有薩滿教性質的信仰與宗教活動，依然保存在三岩地區，且不時對人們的生活施加影響。在 20 世紀 80 年代中期，劉偉先生曾到三岩的木協鄉做調查，他記錄了一次具有薩滿意味的宗教儀式活動：

莫瑪頭戴著一個奇形怪狀的帽子，帽子上豎著高高的五塊歌功

---

33 子文（劉偉）：《蒼茫西藏》（北京市：中國工人出版社，2009年），頁19-20。

34 李星星：〈藏彝走廊本波文化帶概論〉，《廣西民族大學學報》（哲學社會科學版）2008年第6期。

頌德型木飾，上面粗糙地刻有骷髏，正中一片木飾上刻著一尊護法神，木飾上刻有金粉銀粉，莫瑪的頭髮梳成無數細辮，披在肩上，髮辮上綴著綠松耳石、瑪瑙、貓眼珠，還糾纏有黃緞帶，直垂到腰間。

莫瑪在火塘煨上一堆香草，直到煙在房間彌漫開來，他就開始抽搐著起舞，尖著嗓門唱歌……直到一個木碗裏，抓起一支箭，髮辮和黃緞帶甩成圈，上面的珠寶叮叮響，嘴裏念咒文：「就在中午的時候呀，太陽落山遍地黑暗呀。」

再舞一個圈，端起盤子把青稞倒進了弔在胸前的牛毛口袋，……他瞪大眼睛，拇指蓋上的鼻煙末送在鼻端忘了吸。莫瑪又打量另一個木碗……

莫瑪又唱又跳，抓起盤上插著的箭：「二牛抬槓在中間地呀，青岡木的犁斷在了土裏了呀。」……[35]

這種帶有原始成分的薩滿宗教儀式是否就是 7 世紀時期佛教傳入西藏地區時的原貌呢？此點頗成疑問。但在佛教傳入西藏地區之前，苯教的的確確在藏民的心目中佔據著重要的位置。傳說先饒米沃是苯教的創始人，苯教最早在象雄古國建立根基，然後在整個藏區流行開來，並建立起強大的政治勢力，對後來西藏王室的有效統治形成實質性的威脅。可以說，贊普松贊干布和赤松德贊先後採取揚佛抑苯的措施，有其內在的政治需求。在此期間，苯教一直在與佛教分庭抗禮，但到了贊普赤松德贊時期，桑耶寺的建立標誌著佛教取得了決定性的勝利，大量的苯教徒遭受迫害，並從西藏中部被驅逐出去。在《賢者喜宴》、《巴協》等典籍中，都曾描繪過發生在公元 8 世紀由官方組織

35 參見子文（劉偉）：《蒼茫西藏》（北京市：中國工人出版社，2009年），頁41-42。

的對苯教的迫害活動。[36]三岩地區存在一種說法，認為贊東祿長子贊悉岩為逃避政治迫害並以苯教教徒的身份逃到白玉縣薩瑪鄉一帶傳演黑教，可視作是這一政治事件的縮影。此外，三岩所處的康區大量出現苯教寺院，如昌都的孜珠寺、德格的定青寺和金川廣法寺等，可能也是同一歷史事件的產物。

可以設想，在佛教最初傳入西藏時，土著宗教早已深入人心，一般人對此外教自然產生猜忌，尤其引起兩種後果：一是在佛教方面受到一次大反動，這便是 9 世紀中葉朗達瑪王領導的滅佛運動；另一個就是本（苯）波教的變性變質。[37]由此可見，一方面，苯教脫離了藏王的統治向康區擴散，另一方面，苯教也在大量吸收佛教的成分，以利於自身的保存與發展。

苯教作為一種宗教形式，有其歷史的連貫性，先後經歷了道本、恰本、具本三大派系。在與藏傳佛教發生了融合之後，又可分為白苯與黑苯兩派。白苯吸收藏傳佛教的成分較多，在寺廟佈局、教義、教理等方面也與藏傳佛教的寺廟相類似，較容易與其相混淆。相比之下，黑苯比較能保持原來的面目，其人數不若白苯之多，亦比較無組織，舉行儀式時，往往宰殺牲畜以為犧牲。黑苯尤其講究符咒等術，與密宗喇嘛極類似，與內地的道士更逼近。[38]劉贊廷曾記錄了三岩 100 多年前有兩座苯教寺院，即薩東（沙東）的噶清寺和色巴村熱熱寺，分別有喇嘛 70 餘人和 40 餘人；此外，他還描寫了當地宗教中存在著許多巫術的成分，與黑苯有密切的關聯。至於在臨近的貢覺縣，歷史上的苯教寺廟就更多了，已知的還有哈加鄉淩達村的阿桔寺，有

36 〔意〕圖齊等著，向紅笳譯，：《喜馬拉雅山的人與神》（北京市：中國藏學出版社，2005年），頁127-133。

37 柳升祺：《西藏的寺與僧（1940年代）》（北京市：中國藏學出版社，2009年），頁2。

38 柳升祺：《西藏的寺與僧（1940年代）》（北京市：中國藏學出版社，2009年），頁6。

喇嘛 40 餘人；在阿木地方有章喇寺，有喇嘛 40 餘人；羅麥鄉有羅根寺。到了 2000 年，許多寺廟已無從查實，只有莫洛村的文左寺、阿旺鄉的瑪奴寺等，但現在已是殘垣斷壁，不見其形。[39]

關於苯教的來源與歷史，儘管當前學術界仍存有分歧，但現在普遍把「苯」一詞歸類於佛教以前的西藏宗教，它與薩滿教有密切的聯繫。正因為如此，有學者認為，自稱為「苯波」（苯教信徒）的喇嘛教派（至少從公元 11 世紀始）被看作是佛教以前西藏宗教的直接繼承者：「對西藏守護神和守護神的一群信徒的研究……揭示了新的事實，即佛教以前的西藏宗教信仰及它們與早期薩滿教的關係。苯教正是從薩滿教階層中發展起來的。」[40]從三岩苯教的發展情況來看，也在一定程度上印證了以上的說法。

二　寧瑪派（紅教）

西藏自 7 世紀中葉起，一方面從印度傳入文字與佛教，另一方面又從大唐輸入藝工文物，並由此促進了佛教以及一切文明制度等的發展。[41]根據歷史文獻的記載，佛教正式傳入藏區，是從松贊干布時期開始的，又在赤松德贊時期獲得進一步的發展。這是一個循序漸進的進程，佛教在與原始宗教——苯教的抗爭過程中發生了多次的反覆，特別是公元 841 年，贊普朗達瑪在即位後實行了滅佛政策，一方面封閉寺院、禁止譯經，另一方面勒令僧人還俗，否則即加以殺戮。為

39 西藏自治區貢覺縣地方志編纂委員會編：《貢覺縣志》（成都市：巴蜀書社，2010年），頁742-743。

40 〔奧地利〕勒內・德・內貝斯基・沃傑科維茨著，謝繼勝譯：《西藏的神靈和鬼怪》（拉薩市：西藏人民出版社，1993年），頁3。

41 柳升祺：《西藏的寺與僧（1940年代）》（北京市：中國藏學出版社，2009年），頁1。

此，大量的僧侶被迫四處逃亡（特別來到康區），佛教也進入了所謂的「後弘期」，康區即屬下路「後弘期」；在此之前，則可稱為「前弘期」。也就是說，「前弘期」和「後弘期」是佛教在西藏弘揚的前後兩個時期，大體劃分如下：從 8 世紀的後半期寂護大師[42]入藏弘法起，至 9 世紀中葉百年左右，是「前弘期」；又從 10 世紀中葉上下兩路弘法，直到現在為止，為「後弘期」；其間隔著近一個 世紀的黑暗時期。[43]

與「前弘期」和「後弘期」幾乎相吻合的是，期間發生了新、舊兩次譯經運動，其劃分的界限大致以仁欽禪波譯師為標準。凡自其前一輩的一位名叫彌底班底達[44]的譯師起，及以前所譯的密宗經典，皆屬舊派密宗；凡自仁欽禪波起，及以後所譯的密宗經典，謂之新派密宗。西藏現在有少數的喇嘛依然沿用舊譯的密宗經典，並崇奉蓮花生大師一系密宗教授的，被稱為寧瑪派。至於其它各派，可說都屬新派。[45]

寧瑪派（紅教）成為藏傳佛教重要的傳承之一。相對於以後的其它三大傳承（即噶舉派、薩迦派、格魯派）而言，它屬於舊派，「寧瑪」一詞的意思為「古」或「舊」：所謂「古」，是說它的教理歷史悠久，是從公元 8 世紀時傳下來的；所謂「舊」，是說它的一些教義教規是以古時候吐蕃的舊密咒為主。另外，寧瑪派與西藏本土所固有的原始宗教──苯教有著密切的聯繫。公元 8-9 世紀，即佛教的「前弘期」，佛教中的密宗從印度傳入西藏，而苯教在西藏民間的影響很

42 印度高僧，受贊普赤松德贊的邀請入藏傳教，藏文名譯為喜瓦錯，漢譯為寂護、靜護、靜命等名。

43 柳升祺：《西藏的寺與僧（1940年代）》（北京市：中國藏學出版社，2009年），頁13。

44 又名阿底峽。

45 柳升祺：《西藏的寺與僧（1940年代）》（北京市：中國藏學出版社，2009年），頁14。

大，恰好密宗的神秘性與它非常相似，結果兩者逐漸結合起來，因此寧瑪派的教義中大量摻雜有苯教的儀軌，有些方面苯教與寧瑪派幾乎難以區分開來。寧瑪派以密宗為主，主張吾人心體本是遠離塵垢，空明無障。[46]

早期的寧瑪派以師徒或父子傳承的形式傳播，既沒有形成統一系統的教義，也沒有權威性的寺院，該派別組織渙散，教徒分散各地，他們不僅參加日常生產勞作，還可以娶妻生子，甚至父子兩人同時入寺誦經修法。到了 11 世紀的「後弘期」初期，寧瑪派出現後來被稱為「三素爾」[47]的祖孫三代，他們奉蓮花生大師為祖師，依照他入藏所傳和伏藏修行的傳承，系統地整理出寧瑪派經典，並建立了專門的寺院——塢巴寺，從此才形成一定的規模，開展一些集體性活動，最終形成了一個相對獨立的教派。這一教派本來是沒有名字的，直到後來產生了其它一些新的教派，這一教派才被稱為寧瑪派。

必須指出，寧瑪派在三岩的建立、傳播與發展，與當地的民族化進程是同步的。就其地理位置而言，三岩居於康區的中央地帶，「康」具有邊緣之意，是傳統上衛藏的邊緣之地，其地理範圍大體上處於打箭爐以西、昌都以東，金沙江流域橫貫其間。康巴的歷史，可追溯到漢文史籍記載的神話時代，遠遠超出了藏民族及其文化形成的時間。但自公元 7 世紀開始，經過一輪輪的民族遷徙和融合，吐蕃在其最強盛時期曾從衛藏地區派遣大量的衛戍軍部隊駐守在康區，後由於內亂才散居於各地，他們為康區帶來了居於主導地位的藏文化，此時的三岩已趨於認同此文化了。

在三岩內部和鄰近地區，迄今依然保留著許多與吐蕃王室相關的

---

46 同上，頁15。

47 「三素爾」指素爾波且・釋迦生（1002-1062年），素爾瓊・喜饒紮巴（1014-1074年），和素爾瓊・卓甫巴（1074-1124年）。

傳說和文物古跡。例如，在三岩剋日鄉有一處「公主泉」，相傳松贊干布迎娶漢地的文成公主，公主入藏時途經此地，並為當地秀麗的風景所迷，情不自禁下小解一番，隨後形成此泉。又如，在三岩敏都鄉阿尼村，以往曾保存有 108 座佛塔，據說當年松贊干布立下心願弘揚佛法，要在藏區 48 處地方修建 108 座佛塔，敏都鄉阿尼村就是其中一處。再如，在現今的貢覺縣縣城莫洛鎮東南面，至今保留著一幢古式宗教建築物——普巴拉康的遺址。據說松贊干佈在迎娶了文成公主之後，除了修建大昭寺，還立願在雪域地區修建了 24 座鎮妖寺，普巴拉康便是其中一座。該寺廟在「文革」、「破四舊」期間遭受了重大損壞，數座樓層殿堂被推倒和拆卸，現僅存一幢五層樓高的經堂，寺廟原有文物被轉移到附近德加熱寺內，重建工作仍在籌畫當中。

據說赤松德贊最初迎請寂護大師入藏弘法，寂護大師又極力推薦蓮花生大師入藏傳教，一種說法是：由於本土宗教——苯教的反對，寂護一開始的嘗試可能遭到了失敗，正是出於這一原因，他才建議邀請蓮花生大師，唯有他才能降伏仇視佛教的諸魔。[48]根據西藏史書的記載，這位蓮花生大師入藏時，一路降伏了許多的地鬼山神，等他來到桑鳶地方，就在那裏修建了一座桑鳶（耶）寺，並請靜命（寂護）大師一起開光。[49]正因為如此，蓮花生大師被寧瑪派的信徒奉為佛陀第二，他作為巫師的形象也被過分地渲染，他在入藏後收服各種各樣的妖魔鬼怪、山神的事蹟和傳說，在藏區俯拾即是，在康區尤其如此。

由於三岩位於康區的中心地帶，當地自然不乏類似的傳說，蓮花生大師的影響力不僅滲透到三岩的各鄉各村，更是有機地融入三岩人

---

48 〔意〕圖齊著，耿昇譯：《西藏宗教之旅》（北京市：中國藏學出版社，2005年），頁8。

49 柳升祺：《西藏的寺與僧（1940年代）》（北京市：中國藏學出版社，2009年），頁9。

的宗教信仰體系之中。例如，在上文所提及的位於貢覺縣城的普巴拉康，據說蓮花生大師在赤松德贊時期曾對其進行過修葺和擴建。又如，在木協鄉日朗寺的一幅古壁畫裏，描繪了蓮花生大師入藏後弘揚佛法，一路上降魔伏怪的事蹟；三岩雄松鄉岡托村的山巒上有一個神秘的山洞，傳說蓮花生大師曾在此洞閉關修行了一段時間；羅麥鄉羅麥村的達松寺內保留有一個腳印，傳說為雲遊至此的蓮花生大師所留；敏都鄉西面有馬頭金剛聖山、金剛亥母聖山，均為佛教殊勝之地，傳說為蓮花生大師的密修之地。

然而，有學者指出，蓮花生大師所起的作用遠沒有晚期傳說所賦予他的那樣大。僅僅在藏傳佛教的「後弘期」之後，蓮花生的巫士形象才得到了大幅度的發展。[50]這種發展的一個體現，是進一步將流傳在康區的格薩爾王傳說也納入佛教的信仰體系當中。關於格薩爾王，學界存有兩種說法：一種認為此人是虛構出來的英雄史詩人物；另一種則認為他是真實生活在 11 世紀的歷史人物，他或是出生於嶺國王係的幼係、董氏的分支，或是唃廝囉（997-1065 年）。[51]在種種與格薩爾王有關的勝蹟和傳說中，格薩爾被康巴人認為是天神化身，他降伏妖魔，抑強扶弱，救護生靈，使善良百姓能過太平安寧的生活。[52]由此可見，格薩爾王傳說既反映出當時康區處於部落林立的政治現實，同時也表達了各族群渴望統一、希望獲得穩定生活的心理需求。

在三岩人的信仰體系中，由於蓮花生大師收服了格薩爾王，並給他授密法灌頂，讓其成為佛教的戰神和保護神，這樣就把格薩爾王的

50 〔意〕圖齊著，耿昇譯：《西藏宗教之旅》（北京市：中國藏學出版社，2005年），頁10-11。

51 〔法〕石泰安著，耿昇譯：《西藏史詩和說唱藝人》（北京市：中國藏學出版社，2005年），頁147-157。

52 佟錦華著：《藏族文學研究》（北京市：中國藏學出版社，2002年），頁210。

傳說與佛教的教義和儀軌有機地結合起來。時至今日，在三岩的紅教寺廟——熱克更慶桑燈林寺（臺西寺），每年均要舉行規模盛大的法會，屆時該寺的白洛活佛總是親自盛裝上場，演繹蓮花生大師入藏收服各路妖魔鬼怪的事蹟，而這正是此種宗教思想的反映。

當前寧瑪派的傳承主要有兩種類型：一類人以念經咒為主，但他們既不關注佛教理論，也不注重佛經學習；另一類人持有經典，但一般僅在父子或師徒之間傳承。但在三岩地區，由於帕措的存在，當地尤其注重父系血緣認同，同一帕措一般聚集在一起形成具有村寨性質的「倉」或「沖」。「倉」、「沖」裏一般都有一個乃至數個屬於寧瑪派的「家廟」，名為「拉康」（經堂之意），實際就是一幢帕措民居——「康爾」。因此，在三岩地區，寧瑪派寺院主要以「經堂」的方式存在村子內，其傳承主要以父子方式為主；也就是說，三岩的寺院多數是民宅，其神職人員多為父子身份，他們參加生產勞動，可娶妻生子，但不能脫離帕措獨立生活。筆者在三岩雄松鄉做調查期間，發現該村有一所桑珠經堂，距離本地紅教寺院康貢寺約 1 公里，至今已有 500 多年的歷史，現為斯朗多傑活佛的家宅。斯朗多傑是雄松鄉下加村人，13 歲坐床，24 歲前往白玉縣的紮噶寺（寧瑪派）當活佛。根據他的講述，其家族傳到現在已有 20 多代，幾乎每一代人家中都有人被選為活佛，為典型的父子相承的傳教方式。據說，西藏和平解放前這種以「家廟」存在的寧瑪派民間組織曾十分流行，父子相承的方式亦受到承認，一般為帕措頭人的家族所把持，是帕措與宗教相結合以實現控制的一種政治形態，可能是寧瑪派在三岩地區傳播的一種原生態模式。

寧瑪派的傳承與發展，在三岩表現出兩個特色：一是時間上有連貫性，即沒有出現歷史的斷層，二是很少與把持藏區的主要政治力量相結合。一方面，三岩地處邊陲之地，自朗達瑪滅佛後，衛藏地區出

現了近一個 世紀的「黑暗期」，在三岩則沒有此種情況；相反，由於大量佛教徒為了逃避政治迫害紛紛來到康區，反而促使寧瑪派在當地迅速傳播開來，甚至當時就有一些佛教徒成功地進入到三岩地區，他們積極進行修行與傳教活動，其影響一直持續至今。例如，1127 年，寧瑪派高僧噶・當巴德西來到康區傳教，並於 1160 年在白玉建立紅教著名的寺院——噶托寺。1172 年，紮德間昂朗卡多吉把教義從白玉的噶托寺傳入貢覺，在則巴鄉創建紮德寺，1640 年該寺毀於蒙古軍，重建後改名為塔然寺。清末民初，曾在木協鄉宗巴村建有色熱寺，有喇嘛 40 餘人。

在木協鄉一些山巒的懸崖峭壁之上，至今保留有許多摩崖石刻經文，很有可能就是當時紅教在三岩地區傳播時所留，儘管它們中的大多數現已磨損不堪。另一方面，三岩從未接受過中央王朝的直接統治，這種鬆散式的政治形式，卻為寧瑪派的傳播和迅速發展提供了肥沃的土壤。在藏傳佛教四大宗派中，也只有寧瑪派沒有統治過西藏地區，說明了它與政治勢力強的地方的結合程度最低，但它在政治勢力弱的地方其適應性反而更強。當前寧瑪派的六大道場[53]中，有四個位於康區，其中三個更是坐落在臨近三岩地區的白玉縣和德格縣境內，這些都足以顯示紅教在這個地區擁有何等強大的影響力。

三　噶舉派（白教）

噶舉派，又稱噶舉巴，是一個非常注重口授傳承的教派。由於該派的僧侶多穿白氆氌袍，故又俗稱「白教」。噶舉派強調心作為光明的特徵，但對於心的極端狀態的解釋，該教派卻又存在不同的觀點，

53 六大道場為：西藏的多吉紮寺、敏珠林寺，朵康的協慶寺、竹慶寺、噶托寺、白玉寺。

或許正因為如此，噶舉派出現了數量最多的子派系。[54]噶舉派最初只有兩大傳承，或稱為兩大系統，即瓊波南交巴開創的香巴噶舉和瑪爾巴傳下來的塔布噶舉。兩個系統均來自印度，因為兩個系統具有同源關係，因此統稱為噶舉派或噶舉巴。

噶舉派認為顯宗注重修心，密宗注重修身。他們以龍樹菩薩的《中觀論》為基礎創立出獨特的「大手印法」，這是一種相容顯、密兩宗的教法。但在兩者中，噶舉派更為重視密宗，而且是採取口耳相傳的傳授方法。「大手印」在無上瑜伽部各經書中有不同的解釋，主要是講如何使你的「心」通過修煉獲得「禪定」，最終達到「空智解脫合一」的境界。[55]噶舉派的喇嘛一般不住寺，但要在定期召開法會時集中，一年要舉行 3 至 4 次法會。

帕竹噶舉是噶舉派眾多支系中的一支，該支系曾在藏區顯赫一時，其創始人帕竹．多吉傑波（即帕莫竹巴，1170-1231 年）出生在金沙江流域的美雪吉達俄塞康，屬於韋氏家族，從小在甲奇寺出家，後來進入衛藏地區，成為塔布噶舉創始人塔布拉傑最為著名的弟子。正因為如此，有人提出一種設想，認為帕竹．多吉傑波出生於金沙江畔的三岩地區，是某一帕族（措）的成員，出家以後他不忘帕族之本，給自己修行的地方取名「帕族」（帕珠），以紀念自己位於橫斷山區的故鄉和父輩神聖的血緣。[56]後來，帕竹噶舉的首領在元代時曾被封為萬戶，在明代甚至掌管過全藏的政教大權。[57]

---

54 〔意〕圖齊著，耿昇譯：《西藏宗教之旅》（北京市：中國藏學出版社，2005年），頁88。

55 魏強、周潤年、嘉雍群培：《藏族宗教與文化》（北京市：中央民族大學出版社，2002年），頁60-61。

56 子文（劉偉）：《蒼茫西藏》（北京市：中國工人出版社，2009年），頁73。

57 蔡巴．貢噶多吉著，東噶．洛桑赤列校對，陳慶英、周潤年譯：《紅史》（拉薩市：西藏人民出版社2002年），頁99-102。

這種猜想甚為有趣，但卻鮮有史料能對其加以佐證。除了猜想以外，噶舉派是否曾對三岩施加了影響？就目前所發掘的材料而言，沒有任何文史資料能對此加以說明，但從當地發掘的口述和田野材料卻能證明在貢覺和三岩地區確實均受到過噶舉派的影響。例如，在11世紀70年代，由貢布將該派傳入貢覺境內，先在相皮鄉色噶村創建德馬寺，以後又陸續在連達村、色噶村等地創建哈加的多松寺、奴根寺，同時還在三岩雄松鄉創建噶久寺，寺內依然保留有一尊高約1.5米的明代佛像，經歷了數次的戰火與劫難，可謂彌足珍貴。當前三岩六鄉基本以寧瑪派紅教寺院為主，噶舉寺是唯一一座屬其它派系的寺廟，在噶久寺的基礎上重建，地點位於雄松鄉的缺所村，現有註冊僧尼11人。

此外，三岩村子中廣泛存在具有薩滿和佛教雙重屬性的宗教人員，即男女巫師——莫瑪或哈怕，其地位和身份與「倉巴」類似，可能受到過噶舉派的影響。倉巴教係雲南藏傳佛教噶舉派的一個支系，流行於迪慶藏族自治州境內，藏語稱其信徒為倉巴，故名倉巴教。他們以噶舉巴為祖師，供奉蓮花祖師、觀世音菩薩，習誦《頂處》、《斜遮》、《德歌》、《巫寡》等自傳經典，持巴浪鼓、銅鈴、鈸、鎮邪塔等法器為人卜卦驅邪、禳災祛病，無廟宇，無嚴格教規戒律，家族傳承，亦可師徒傳承，蓄髮俗服，娶妻生子，不脫離生產。[58]

以往在三岩村子中，總會有一些難以定位的宗教人員——莫瑪，他們具有某一帕措成員的身份，也會像其它帕措成員一樣履行本帕措的責任與義務；同時他們也是宗教人員，因為他們不僅會念一些基本的經文，而且具有通神的能力，懂得做一些卜卦驅邪的法事。對於其

58 《雲南辭典》編輯委員會編：《雲南辭典》（昆明市：雲南人民出版社，1993年），頁473。

它帕措的人而言，莫瑪卻屬於更容易接觸的人群，這是因為在三岩人看來，經文具有無窮的力量，可以戰勝一切痛苦與災難，念誦經文就能夠為他們消災解難，莫瑪不僅精通此道，而且會按照宗教的戒律嚴格要求自己，因此他們在村莊內往往享有較好的口碑，受到村裏人的普遍尊敬。

與職業僧人有所不同，莫瑪在村子內生活無需以專門的寺院為依託，但需參加日常勞動，也可娶妻生子。莫瑪主要負責村落內部的一些宗教事務，如做一些禳災祈福的儀式、念誦專門的經文，以及為死人主持喪葬儀式等。誠然，這些服務均要收費，但相對於邀請寺院裏的喇嘛過來念經或做儀式所收的費用無疑低出不少。即使從經濟上的原因考慮，三岩人也願意選擇不按照標準的宗教儀式來操辦法事。誠然，因為莫瑪就住在村子裏，請他們過來也會相當地方便，此是莫瑪在三岩受歡迎的另一原因。規模大一些的村子一般住有好幾位莫瑪，他們往往採取父子相傳的形式，與周邊的寺廟建立起較為密切的聯繫。此外，他們還經常到寺廟參加各種宗教活動，頻率遠遠高於三岩的一般民眾。

在三岩地方還存有一種習俗：如果某一家庭有人得了重病，通常情況下其它人是不能登門造訪的；某家產婦在一層生孩子，外人的造訪會被認為會帶來邪氣，容易對孕婦造成難產。這裏的外人不僅指其它村莊或帕措的人，還包括同一個帕措、同一個村莊但親屬關係較為疏遠的人。對於有人生病的家庭而言，請喇嘛念經並非首選，請赤腳醫生來看病、抓藥更為方便、經濟；一旦吃藥無法解決問題，三岩人就會求助於神靈的幫助。在此時刻，莫瑪便可一顯身手了，這也是他們在村子內獲得生存空間的一個重要的社會基礎。

四　薩迦派（花教）

宋神宗熙寧六年（1073 年），款・根曲傑佈在西藏日喀地區薩迦縣首建薩迦寺，創立以道果論為法要的佛教體系，遂形成薩迦派。薩迦派在四大派系中最早形成政治力量。大約在公元 1200 年，成吉思汗派軍征服了西藏。公元 1240 年，成吉思汗之孫西涼王闊端派大軍進攻西藏後，感到採用武力無法促使西藏民眾臣服，遂改用宗教羈縻政策聯絡其宗教領袖，當時在藏區精通教法的薩迦班智達進入蒙古人的視野。在蒙古統治勢力的扶持下，薩迦派大喇嘛（昆氏家族）成為各喇嘛教的首領，他集寺主、家族宗主、教訓大師為一身，實現「政教合一」，最早成為西藏世俗政權的最高行政長官，此狀況一直維持到明代初期。薩迦在藏語中意為「灰土」，因為薩迦寺修建在一片灰白色的土地上，故取寺名為薩迦寺，發展起來的教派也稱為薩迦派。由於該教在其寺廟的牆上塗有象徵文殊、觀世音、金剛三大菩薩的紅、白、黑三色花條，故又被稱為「花教」。到了 14 世紀，薩迦派內部發生分裂，原來的昆氏家族分化為細脫、拉康、仁欽崗、都卻個喇章（寺院），各占一方，勢力逐漸衰微。

然而，在鄰近的三岩的貢覺和白玉地區，薩迦寺還是獲得了兩個不同的發展時期。一是在 1255 至 1264 年，薩迦派高僧卓貢・曲加帕巴（八思巴）在前往大都途經康區時，把薩迦教傳入貢覺境內，修建有哈加的尼夏寺、莫洛的根慶寺和相皮鄉色都寺，還對唐夏寺的普巴拉康進行修復並建立一座佛塔，現薩迦教在貢覺縣最大的寺院即為相皮鄉的唐夏寺。二是在清雍正七年（1729 年），第 42 代德格土司切甲登巴澤仁修建德格印經院，派屬下僧侶到德格轄區弘法，並親自到白玉收租派差；為了迎合僧俗民眾信仰，以擴大土司的影響，他在白玉的贈科修建了兩座花教寺院——幫忠寺和熱拖寺，在昌臺修建奪科寺，此後花教在白玉擁有一定的勢力，也對三岩地區施加過一些影響。

事實上，在現白玉縣薩瑪鄉，依然保留著原屬「薩瑪王朝」或「薩瑪政權」的遺址，從這些建築的佔地面積以及分佈範圍看，當時的薩瑪政權曾經非常強大，有學者認為歷史上這裏也屬於三岩的勢力範圍[59]。按照當地的說法，德格土司發家於「薩瑪王朝」，其祖先為祿東贊的長子贊悉岩。為了逃避政治迫害，贊悉岩以苯教教徒的身份逃到白玉縣薩瑪鄉一帶傳演黑教。據任乃強先生的考證，德格土司的祖先確實可以追溯到吐蕃大臣祿東贊。祿東贊即是負責迎娶文成公主的吐蕃大臣，受到吐蕃贊普松贊干布的器重。松贊干布去世後，祿東贊權傾朝野，對吐蕃政治與經濟進行了大刀闊斧的改革。由於改革侵犯到一部分上層精英的利益，為了緩解權力內部的矛盾衝突，祿東贊大舉向周邊地區興兵，先後吞併了白蘭、党項、吐谷渾，甚至於「667 年，吐蕃又攻破唐朝設置的『生羌』十二州，得以控制青海大部分地區和川西部分地區」[60]。此後其子繼續獨攬朝政，進一步向外擴張，甚至進入了突厥人的勢力範圍。正是由於在吐蕃政權內部權力高度集中在祿氏家族，以至於危及贊普的權力，所以其家族招致了殺身之禍。據《唐書》記載：「棄宗弄贊（松贊干布）卒後，子孫幼弱，祿東贊及其子欽陵，相繼當國。聖曆二年（公元 699 年），贊普器弩彎悉弄計誅欽陵，及其親黨二千餘人。欽陵弟贊婆，率所部千餘人，及兄子莽布支，奔降於唐。武后封贊婆歸德郡王，莽布支安國公。又謂祿東贊五子：長子贊悉若早死，次欽陵，次贊婆，次悉多於，次勃論。悉多於與勃論均不詳所終，當係與欽陵同死也。莽布支

59 范河川編著：《父系原始文化的活化石：山岩戈巴》（成都市：四川大學出版社，2000年），頁18。

60 陳慶英、高淑芬主編：《西藏通史》，（鄭州市：中州古籍出版社，2003年），頁36。

為贊悉若子抑欽陵之子，史文未明。西藏史籍，則竟無言誅欽陵，及贊婆降唐之事者。」[61]

根據《德格世德頌》，任乃強推導出德格土司前二十四世的譜系，跨度為唐、宋兩代（即公元 700-1200 年），世系均父子單傳，八世前皆為黑（苯）教徒，九世後尊奉紅教。[62]史料又記載：「公元 1253 年，忽必烈（元世祖）同時召見藏傳佛教薩迦派領袖八思巴和噶瑪拔希。八思巴赴京途經康區今德格境內時，受到祿東贊（吐蕃王朝初期松贊干布的大臣）後裔——『德格家族』第三十代薩迦名僧索郎仁青的朝拜，遂將其選任為『色班』（膳食堪布）。此後，索郎仁青隨八思巴進京，深受帝師寵幸，便以佛教詞彙賜以其『四德十格之大夫』稱號。1263 年，元世祖封賜索郎仁青為『多麥東本』（萬戶府），《元史》載為『奔不兒亦思剛百姓』，成為帝師八思巴的近臣之一，治地在吐蕃時期劃分的下多康六崗的『勃波崗』（即今白玉、理塘一帶），並在今白玉境內建起『薩瑪政權』。」[63]

由此可見，德格土司的政治勢力，首先獲得了元朝中央政府的扶持；其次，為了發展轄區內的經濟文化、控制屬民和建立牢靠的統治地位，德格土司又積極尋求與各派系宗教力量的租借關係，最終形成了一種「政教聯盟」的特殊形式，有別於西藏「政教合一」的政治模式。如果說德格土司是大部分康區的政治首領，宗教上層便是天然的精神領袖。為此，德格土司極力通過收稅、催糧、派款、無償贈送土地與屬民等措施，大力扶持各派寺院的發展，希望藉此反過來強化土司制度。可以說，在地方政治勢力的大力扶持下，康區各派（特別是

61 參見任乃強：《任乃強民族研究文集》（北京市：民族出版社，1990年），頁244-248。
62 同上，頁247-248。
63 四川省德格縣志編纂委員會編：《德格縣志》（成都市：四川人民出版社，1995年），頁58。

寧瑪派和薩迦派）寺院獲得了長足的發展，出現了許多專業化寺院和大量僧侶。三岩身屬其中，難免受其輻射的作用與影響。

後來，三岩地區開始大興土木，陸續修建了好幾座寺廟，並設有專職喇嘛，取代了以往薩滿教、苯教、寧瑪派的拉康等在三岩村寨中以師徒或父子傳承的方式。為此，筆者相信，薩迦派的發展對三岩地區造成了一個直接的後果，即突破以往三岩因生產力低下、土地資源有限而無法修建大型寺院的困境，轉而謀求地方政權的扶持，大力修建各派寺廟，無論是其建築規模還是僧侶的住寺人數，均呈現出逐步擴大的跡象，其中就包括後來出現的格魯派。

五　格魯派（黃教）

在四大派系中，格魯派在當前西藏佔據統治地位。「格魯」一名始於噶丹寺，格魯是噶丹比魯（噶丹寺僧之宗派）的簡稱。噶丹寺為西藏三大寺之一，15 世紀時為宗喀巴大師所創，這也是他所領導的宗教改革的發源地之一。格魯派主張僧侶嚴守戒律、獨身不娶、脫離農事、嚴格規範寺廟的組織和管理制度；宣導顯宗與密宗兩者並重，強調顯密兼修及先顯後密的修行次第。

由於宗喀巴及其弟子的改革獲得了成功，以及後來達賴、班禪等大師在固始汗和清政府的扶持下取得了政治地位，格魯派一舉壓倒了其它的教派，成為了西藏宗教的代表。至於其它各宗，有的僅依附在格魯宗之上，有的只是在一些窮鄉僻壤裏苟延殘喘，並且亦已變質變性，非復當年了。[64]

公元 1642 年，在蒙古勢力固始漢的支持下，格魯派以五世達賴

64 柳升祺：《西藏的寺與僧（1940年代）》（北京市：中國藏學出版社，2009年），頁47。

喇嘛阿旺羅桑嘉措為首建立了甘丹頗章地方政權；1751 年，清政府正式下令由第七世達賴喇嘛格桑嘉措掌管西藏地方政權，格魯派在西藏「政教合一」的制度正式開始，並且一直延續到 1958 年。

由於蒙古人的進入，格魯派逐漸掌握西藏的地方政權，以及清政府對格魯派的大力扶持，這些政治勢力均對三岩地方造成了影響：一是蒙古人的勢力進入了理塘、江達、貢覺一帶，甚至有可能滲入到三岩地區，而後者早前就有蒙古人的成分；二是格魯派迅速傳播開來，大有取代以往的寧瑪、薩迦等派的跡象。例如，理塘以西的金沙江流域，元代為巴部，本屬白蘭的分支，所以又號「丁零」。固始汗設第巴管理它，並建立了丁零寺與龍藏寺，大興黃教。清末改為巴安、德榮等縣。[65]又如，格魯派康區的一座重要的寺廟——理塘寺是在原來苯教寺廟根邦寺的基礎上修建而成的，後來白利土司使用武力破壞該寺院的供像，造成該寺香火慘澹；在和碩特部統治期間，理塘寺得以修復如初並再度興旺起來，成為康南乃至康區的一個重心。[66] 1646 年，格魯派明久活佛奉命把格魯派傳入貢覺，在蒙古人和貢覺統治上層的支持下，格魯派很快取代其它各派的社會政治地位。1725 年，清廷將貢覺、三岩一帶贈賜給格魯派領袖達賴作為布施宗，為香火地，並屬西藏地方政府管轄，西藏噶廈派遣宗本負責催糧、派款以及支派烏拉等事務。在三岩地區，大小寺廟均由金沙江東岸的亞青寺和西岸察雅的主寺管轄，此兩者分屬為格魯派寺主寺沙拉寺和哲蚌寺的分寺。

清末民初，格魯派已在貢覺建有闊角寺（又名貢覺寺），有喇嘛 80 餘人；巴拉牧場建有巴拉寺，有喇嘛 30 餘人；孔散村建有亞疊

65 任乃強：《羌族流源探索》（重慶市：重慶出版社，1984年），頁57。

66 馮智：〈理塘早期政教史初探〉，《西藏大學學報》2005年第1期。

寺，有喇嘛 50 餘人；哈咱村建有默勒寺，有喇嘛 30 餘人；莫洛冷窮村建有香批寺，有喇嘛 60 餘人；若果村建有咱噶寺，有喇嘛 30 餘人；麥波牧場建有陽頂寺，有喇嘛 20 餘人。[67]此外，格魯派還在三岩的雄松地區建有白日寺，有喇嘛 1 人；在下三岩建有察拉寺，有喇嘛 400 餘人；在亞巴村建有俄熱寺，有喇嘛 20 餘人。[68]

儘管長期以來沒有出現過有效的政權統治，但三岩其實也被捲入到格魯派、固始汗與白利土司的一場政治鬥爭當中。16 世紀末期、17 世紀初期，格魯派的興旺給當時控制西藏政權的地第悉藏巴汗形成了威脅，他與位於甘孜州的白利土司頓月多吉結成聯盟，對格魯派採取了嚴厲的打擊措施，促使後者不得不向發跡於新疆準噶爾地區的固始汗求助。1639 年，固始汗答應與格魯派的領袖結盟，並派軍由新疆經青海進攻頓月多吉。經過了 1 年多的戰爭，頓月多吉最終戰敗，丟失了自己原來在多康六崗的統治，被迫逃到三岩地區避難，後來被人設計殺死於昌都地區。

在三岩人的眼中，白利土司頓月多吉是一個「魔怪」，因為他像朗達瑪一樣動用武力消滅佛教，因此他的死是理所當然的。據說，頓月多吉在三岩避難期間，雖然沒有留下官寨之類的宏偉建築，但在三岩的一些壩子上留下了一些軍營的建築遺跡和其軍隊架灶後所遺留的痕跡。有報導人指出，頓月多吉來到三岩時許多三岩人被收編進軍隊，老老少少都被趕到山上參加戰爭；然而，由於帕措的存在，三岩各村的人們不能團結作戰，只是各自保護自己的村莊，頓月多吉對此種一盤散沙的局面無可奈何，因此他在三岩的統治時間並不算長，只維持了 3 年的時間。

---

67 劉贊廷編：《貢縣志》，《中國地方志集成．西藏府縣志輯》（成都市：巴蜀書社，1995年），頁107。

68 同上，頁151-152。

綜上所述，國家在三岩地區實行有效的行政管理之前，三岩宗教呈現出一種多元化的特徵，苯教與藏傳佛教的寧瑪、噶舉、薩迦和格魯等各大派系共榮並存，相安無事。誠然，此局面的形成，既是三岩獨特的地理位置和特殊自然條件的產物，也與西藏地區政治、經濟和文化發展的歷史進程密切關聯。尤其重要的是，它反映出三岩地處一條古代民族遷徙路線的活躍地帶和輻射區域，受多民族與族群互動和交流的影響，其中的一些特質文化沉積下來並得以「發酵」，形成了多樣化的特徵。由是觀之，三岩的宗教文化呈現出一種多元化的格局，正是此特徵的一個集中的體現。

第三節　「國家進入之後時期」三岩宗教的單元模式

17 世紀中葉至 19 世紀，格魯派在和碩特蒙古和清政府的支持下，在康地大肆擴張，使其成為格魯派的一個重要的教法區。[69]據《格魯派教法史——黃琉璃寶鑒》所載，格魯派在衛藏東部、安多以南的勢力範圍是：西抵那曲、波密，東抵達折多（打箭爐，即康定），南達中甸。[70]在格魯派強大勢力的衝擊下，其它派系的許多寺廟紛紛改旗易幟。《如意寶樹史》就康區的格魯派寺廟的發展有過一段文字記載：「上述寺院中的部分舊寺，原為其它教派，後來改宗，如同用點金劑使鐵石變金般，現今自然而成格魯派。」[71]

---

69 高琳：〈17世紀中葉—19世紀格魯派史籍中的康地〉，《西藏大學學報》（社會科學版）2013年第1期。

70 桑結嘉措著，許德存譯：《格魯派教法史——黃琉璃寶鑒》（拉薩市：西藏人民出版社，2009年），頁248-292。

71 松巴堪布·益西班覺著，蒲文成、才讓譯：《如意寶樹史》（蘭州市：甘肅民族出版社，1994年），頁516-525。

三岩地處康地的地理範圍之內，從清朝早期開始，格魯派就已成功滲入三岩地區，在中晚期陸續建立起一些寺廟，其中一些寺院的規模甚為龐大，如下三岩的察拉寺，有喇嘛 400 餘人，遠多於當時其它教派的寺院僧尼人數。然而，饒有趣味的是，「不知何原因，以後許多格魯派寺廟消失」[72]；時至今日，格魯派寺廟不僅在三岩蹤影全無，就是在貢覺片也出現了勢微的跡象，目前僅剩餘一座——卓珍寺[73]。可以認為，這是一種異常的狀況，有別於格魯派在康地其它地方已取得的節節開花的局面。另一方面，作為當地最具歷史傳承的教派——寧瑪派的寺廟，卻一直在三岩地區保持著強大的生命力。這究竟是為什麼呢？

一　「獨尊一家」的寧瑪派

1997 年，據貢覺縣寺廟定編統計，當前貢覺縣共有 62 座寺廟，其中寧瑪派寺廟 53 座，占總數比例 85.48%；噶舉派寺廟 5 座，占 8.06%；薩迦派寺廟 3 座，占 4.83%；格魯派寺廟 1 座，占 1.61%。若以金沙江西岸的三岩片計算，則六鄉共有 23 座寺廟，除了噶久寺屬於白教噶舉派外，其餘 22 座全屬紅教寧瑪派，占總比例 95.65%。參見表 3-1[74]。

---

72 西藏自治區貢覺縣地方志編纂委員會編：《貢覺縣志》（成都市：巴蜀書社，2010年），頁746。

73 卓珍寺位於哈加鄉曲卡村，相傳是清康熙二十一年（1682年）時，由第悉．桑傑加措為五世達賴羅桑嘉措圓寂時修建的13座寺廟之一，主供佛像為釋迦牟尼。

74 參見西藏自治區貢覺縣地方志編纂委員會編：《貢覺縣志》（成都市：巴蜀書社，2010年），750-754。

表 3-1 三岩六鄉寺廟情況表

序號	寺名	所在地	教派	註冊僧尼人數
1	吉德寺	克日鄉登巴村	寧瑪派	2
2	多卡寺	克日鄉西西村	寧瑪派	3
3	牛唐寺	克日鄉沖洛村	寧瑪派	2
4	莫紮寺	克日鄉莫紮村	寧瑪派	3
5	達松寺	羅麥鄉隆瓦村	寧瑪派	13
6	亞吉寺	羅麥鄉從昌村	寧瑪派	9
7	羅根寺	羅麥鄉羅根村	寧瑪派	14
8	列根寺	羅麥鄉列底村	寧瑪派	4
9	果根寺	羅麥鄉果巴村	寧瑪派	8
10	郎措寺	沙東鄉崩堆村	寧瑪派	6
11	貢噶寺	沙東鄉拉依村	寧瑪派	1
12	拉多寺	沙東鄉根果村	寧瑪派	2
13	仁清頂寺	沙東鄉根果村	寧瑪派	4
14	麻貢西寺	木協鄉下洛娘村	寧瑪派	7
15	日朗寺	木協鄉木協村	寧瑪派	5
16	江村寺	木協鄉拉巴村	寧瑪派	2
17	曲持寺	木協鄉上洛娘村	寧瑪派	4
18	紮馬寺	敏都鄉敏都村	寧瑪派	13
19	臺西寺	敏都鄉瓦堆村	寧瑪派	50
20	根沙寺	敏都鄉卡巴村	寧瑪派	42
21	那日寺	雄松鄉崗托村	寧瑪派	1
22	白日寺	雄松鄉加噶村	寧瑪派	45
23	噶久寺	雄松鄉缺所村	噶舉派	11
總計				251

與西藏貢覺縣寧瑪派發展的情況相比，四川省白玉縣的情形亦大體相同。據說當年噶·當巴德西來到白玉地區傳教時，就在當地建有13 座紅教小寺廟，此後又由德燈多吉、龍沙尼波、米覺多吉等大師根據群眾的需要，對寧瑪派的教戒、教法的不足之處進行改革，故紅教一直在白玉地區紮根發展。據白玉縣縣政府 1952 年統計，全縣 34 座寺廟中，紅教寺廟占 29 座；中共十一屆三中全會以後，白玉縣開放寺廟 33 座，其中紅教寺廟占 26 座。[75]比較著名的紅教寺廟有噶托寺、白玉寺、安章寺和康翁寺等，它們不僅能在康區施加巨大的影響，而且在周邊的人民群眾中享有崇高的聲望。本土學者范河川曾指出在四川白玉縣山岩鄉有 12 座寺廟[76]，但實際上它們與西藏貢覺縣三岩地區的寺廟多有重複，當前山岩鄉三村實際上僅保留有 1 座寺院——尼根寺，在臨近的蓋玉和薩瑪兩鄉另有 4 座寺廟[77]，分別為蓋玉鄉的康翁寺、覺母寺、德青寺，以及薩瑪鄉的紮馬寺，5 座寺廟均屬紅教寧瑪派。由此可見，紅教在三岩地區已取得了絕對的優勢地位，當地的宗教文化亦由原來的多元格局轉變為當前的單元模式。筆者據貢覺三岩六鄉與四川白玉縣山岩鄉的寺院統計情況，製作出三岩地區寺廟大體分佈圖，以便做進一步的比較與分析。

就當前藏傳佛教的發展現狀來看，三岩社會出現了由寧瑪派「獨尊一家」的局面，有別於以往多元化的格局。美國學者蓋伊·斯旺生分析了 50 個原始人群的社會結構，認為宗教信仰的形式是配合社會群體的需要，同時也是作為支持鞏固社會群體的形態而存在的，其中

75 四川省甘孜藏族自治州白玉縣志編纂委員會編：《白玉縣志》（成都市：四川大學出版社，1996年），頁480。

76 范河川編著：《山岩戈巴》（成都市：四川大學出版社，2000年），頁49。

77 考慮到蓋玉鄉和薩瑪鄉歷史上曾屬三岩的帕措傳統的勢力範圍，又與三岩民眾多有聯繫，因此兩鄉的寺廟數納入金沙江西岸寺廟的統計數。

的一些模式引人注目，例如：轉世觀念的信仰最有可能出現在與世隔絕的或小規模的社會裏，其社會結構相對簡單；一神論是複雜社會的特徵，其中個人完全受控於等級制度下的權威；當國家政府的管控比較軟弱時，黑巫術更能獲得廣泛性的實施。此外，關於一神論的信仰，大多出現於存有多種不同層次的自主社會群體單位的社會中，如果有一個最後能主宰一切並具有絕對力量的大神的存在，必將有助於整合這些有不同層次的自主社會群體單位的社會。[78]斯旺生所認為的自主社群單位（sovereign group）種類的多寡，是就一個社會中所具有自主權社會的類別而言的，例如，一個民族的社會組織具有家庭、村落及部落三個層次的群體，或者另一個民族具有家庭、氏族、部落、邦國四個層次的群體，而這些群體都是相當有自主性的主權單位，也就是說他們對他們自身的事務有最後處置的決定權，而由於有自主性社群的類別較多，所有其主權的整合與統一就較為不易，因此，這一類的民族經常要利用一個有最後主宰的大神來統合這些不同層次的群體。[79]

就三岩社會的歷史和實際情況而言，無疑是擁有相當自主性的主權單位，其社會結構比較複雜，出現了包括「學」、「倉」或「布」、「沖」、帕措、村落、土司、地方政府和國家（中央政府）等諸多類型。為了整合這些不同的類型，確有必要出現一種能最後決定一切的力量，只不過這裏所出現的並非是作為唯一的大神的形象，而是西藏最為傳統的佛教教派——寧瑪派在扮演著類似的角色。換言之，紅教寧瑪派在處理三岩多樣化的自主性社群類別上，發揮出不遑多讓的整合功能。關於三岩的自主性社群類別，大體可分為兩類。一類是基於

---

78 Swanson G E. *The Birth of the Gods: The Origin of Primitive Beliefs*. Ann Arbor: University of Michigan Press, 1960.

79 李亦園：《宗教與神話》（桂林市：廣西師範大學出版社，2004年），頁8。

血緣的社會關係，如「學」、「倉」或「布」、「沖」、帕措等，其中，「學」為基本的家庭單位；「倉」或「布」是若干個「學」的總稱；「沖」是若干個「倉」或「布」的總稱，其地理覆蓋面更大；帕措則是所有採用父系為認同的「學」、「倉」或「布」和「沖」的總稱。另一類是跨越血緣的社會和政治關係，如村落、土司、西藏地方政府和國家等，這些類別的一個基本特徵是社會關係不再僅以血緣關係為基礎，而是出現了由不同帕措並存的村落，且先後滲入不同級別的政治勢力，如土司、西藏地方政府和國家等。由於歷史上三岩地處中央王朝與地方勢力相均衡的中間地帶，一方面整體稀缺、資源匱乏，另一方面交通閉塞、人口稀少，無論是三岩周邊各處的土司勢力、西藏地方政府，還是唐、宋、元、明等中央王朝，均對其採取了放任自流、順其自然的「綏靖」政策，因此三岩與外界基本能做到相安無事；然而，自清朝以降，隨著土司、噶廈政府和國家等政治勢力陸續介入三岩地區，表明三岩業已發展成為一種不容忽視的政治勢力，在一定程度上攪動了地方政治勢力與中央政府所建構的某種動態的平衡。

二 中央政府進入三岩

（一）作為政治隱患的三岩

翻開與三岩有關的「大事記」，發現自清朝以來，三岩作為一種地方性的政治隱患，頻繁進入中央政府的視域，現摘錄如下：

乾隆五年（1740 年），三艾（今貢覺三岩）與雲南怒族發生仇殺事件，引起朝廷關注，並派員調查。

乾隆四十四年（1779 年），三岩劫搶「大皇帝賞給怙主達賴喇嘛的茶包」，乾隆皇帝大為震怒，於乾隆四十五年（1780年），派班第達與納其善領兵抵達察木多，進剿三岩。是年，在清兵和西藏地方政府軍隊以及藏東土司的圍攻進剿下，三岩平定。

乾隆五十八年（1793 年）末，四川娥眉縣知縣王贊武率丁役解送餉銀從昌都返程途中，在阿足山、石板溝被「三暗巴番人」搶劫「馱只，遺失印信」。

道光三年（1823 年），三岩與芒康之間發生糾紛，西藏政府派噶倫謝紮瓦前來進行調解。

道光二十四年（1844 年），四川白玉縣夏哥帕措為擴大勢力，與上三岩拉學帕措發生武裝械鬥，雙方集結上百人，深挖戰壕，相互攻擊，長達數月。上三岩帕措獲勝，把夏哥帕措的民眾趕到白玉縣蓋玉地區，燒房殺人。

光緒五年十一月（1879 年 12 月 13 日），光緒皇帝「賞成都副都統維慶副都統銜，為駐藏幫辦大臣」，著令由川入藏。次年，維慶由川藏線入藏，在三岩大石包地方被三岩「野番」數十人攔路劫搶，「殺斃引馬人夫，乃至循地方官帶領頭目查拿，仍敢施放槍炮，肆行抗拒」，光緒皇帝諭令成都將軍恒訓、四川總督丁寶楨、駐藏大臣色楞額、幫辦大臣維慶「即飭該地方文武認真捕緝，從嚴懲辦」，「以儆凶頑」，有關方面即派人著手調查處理。

光緒七年（1881 年）閏七月，「巴塘教堂司驛、法國人天主教父梅玉林前往鹽井，並未知會地方官照料，行抵核桃園，所雇用人員被三岩人搶劫殺斃，劫去騾馬、箱只、茶包」。當晚，梅玉林及所雇教民向興順等人在核桃園巒塘駐營，準備過夜，問訊趕來的「藏兵四郎洛布」反覆勸誡梅玉林勿在此處留宿，但梅玉林不從。當天深夜，被幾十名劫匪殺死，劫去馱騾 13 匹、馬 2 匹、箱 2 隻、茶包 1 隻以及其它物品。

光緒二十三年（1897 年），三岩雞打窪等地群眾在巴安竹橋地方搶劫駐藏大臣訥欽奏朝廷的折匣（裝有奏摺之匣），震怒朝廷，招至中央派兵征討三岩。四川總督鹿傳霖奏言：「三岩雞打窪野番」在「巴塘所屬喜竹橋地方」「搶去訥欽折匣」。「經巴塘文武派兵將原折追獲。該野番先有劫殺教士之案，近始辦結。業經飭令署提督夏毓秀察看地形，並派已革知府嵇志文、記名提督韓國秀馳往籌辦」。對此，光緒皇帝於八月（1897 年 9 月 15 日）詔令：「三岩野番向不歸化，近復肆行搶劫，此次業經該督派員查辦，果能擒獻匪首，自足以昭炯戒。如其負隅抗拒，即應審度地勢，剿撫兼施。」同月乙酉，光緒皇帝再次諭示：「三岩之搶案、桑披之命案均應辦理得宜，迅速了結，毋使朝廷久廑西顧之憂。」

光緒三十二年（1906 年）五月，趙爾豐率邊軍由察木多移駐乍丫（察雅），「就近收撫野番，派員偵察三岩地勢，若不投誠則武力進剿」。七月，中央政府任命趙爾豐為川滇邊務大臣，後兼駐藏大臣，推行「改土歸流」。十月六日，三岩群眾不聽勸阻，採取對抗措施，趙爾丰採取軍事行動，派管帶程風翔率軍苦戰三晝夜，奪其要隘，致使抵抗群眾潰逃，後被招撫。

宣統二年（1910 年），貢覺「改土歸流」，由中央派官管轄。十二月六日，三岩「米多、撒東二村拒不支差，並傷營勇」。事件發生後，三岩委員周培均前往調查。[80]

80 參見西藏自治區貢覺縣地方志編纂委員會編：《貢覺縣志》（成都市：巴蜀書社，2010 年），847-849。

清朝以前，與三岩或鄰近地區有關的戰事或動亂的記載屈指可數，有文字為憑的僅有一次：「崇禎十二至十三年（1639-1640 年），蒙古和碩特部首領固始漢進兵康區，攻打勢力日漸強大的白利土司頓月多吉，在貢覺縣相皮鄉桑珠榮、孜榮一帶發生激戰，白利土司頓月多吉被擒殺，康區包括昌都在內的地區由固始漢控制。」由田野工作的訪談獲知，三岩人可能也被捲入到這場激烈的戰事之中，有報導人認為白利土司頓月多吉戰敗後曾逃到三岩地區躲藏了 3 年之久，當地流傳許多與其相關的傳說。即使到了清朝前期的 1725 年，中央政府還將包括三岩在內的貢覺、左貢、桑昂曲宗等地贈封給藏傳佛教格魯派六世達賴喇嘛，作為其香火地；1726 年，清皇朝又派周瑛、郝夢玉麟會勘川、滇、藏邊界，將貢覺劃歸西藏地方政府管轄。

由此可見，至少在清朝前期，三岩已被納入西藏地方政府的管轄之內，噶廈政府派遣宗本到貢覺等地負責納稅、催糧、派款以及支派烏拉等事項。至於三岩各村是否需向噶廈政府承當類似的義務，相關的文字則語焉不詳。然而，可以推斷出一點，在西藏地方政府的大力扶持下，格魯派開始不斷向三岩地區以及周邊地區滲透其影響，其結果是：一兩百年之後，黃教成功在三岩建起 3 座寺廟，最大的 1 座（察拉寺）喇嘛人數多達 400 餘人。

如前文所述，三岩人口突破萬人，應當是近一兩百年來的事情。一方面早先定居此地的人民不斷地繁衍生息；另一方面，由於戰爭、族群遷徙陸續有人群湧入，三岩人早已進入了人地關係極為緊張的局面。與此同時，噶廈政府在三岩地區徵稅、催糧、派款、支派烏拉等，使得生活資料原本就已奇缺的三岩人雪上加霜。此種窘況可能產生了兩種結果：一是當地人油然產生一種抗拒噶廈政府和格魯派的族群心理；二是當地人開始鋌而走險，對外實施搶劫，大肆掠奪，對內團結互助，強化對父方血緣的認同，並在此基礎上發展出帕措組織來加強對自身的保護。清乾隆四十五年（1780 年），據春季成都將軍特成額的報導，三岩地區「境壤延袤，南北五百餘里，東西三百餘里，群番散佈，不下一千數百戶，其間素行夥劫，不過十之一二，余尚安分」。[81]此話點出了三岩地區「素行夥劫」的風俗與比例，且「夾壩」行徑至少是在清朝前期（康熙和乾隆年間）才有所抬頭，表明它與三岩被劃入西藏地方政府管轄的這段歷史存有一定的關聯。

三岩當地至今依然流傳著一個「阿媽石」的傳說，裏面講述本土的一名善於符咒的白衣喇嘛（可能是一名苯教徒或寧瑪派僧人）念經把自己的親身父親給咒死了。然而，故事並沒有就此結束，這名悲痛不已的兒子後來離開了三岩，雲遊四方，曾與居住在拉薩的達賴喇嘛舉辦過一場鬥法比賽並取得了勝利，最後還當上了尼泊爾的國師。[82]在以上這則傳說中，達賴喇嘛是作為三岩人的對手而出現的，這明顯是一種族群心理的真情表露。如果說神話傳說僅僅是族群心理的一種宣洩的途徑，三岩人確確實實把對抗黃教和噶廈政府的心理落實到了行動當中。公元 1779 年，三岩公然劫搶了乾隆皇帝賞賜給達賴喇嘛的茶包，引發了朝廷、西藏地方政府和藏東土司聯合採取軍事行動，進剿三岩。

此次軍事行動取得了一定的成效，不僅有效地打擊了三岩地區的「夾壩」之風，而且保證了三岩地區及毗鄰地域的安定及川藏大道的暢通。此後直到同治（1862-1874 年）初年的八九年間，三岩地區的「夾壩」事件大為減少，「夾壩」之風收斂明顯。[83]此次行動還產生了另外一個結果：清政府首次在當地清查戶口，徵收賦稅。[84]據統計，

---

81 慶桂、董浩等修：《清高宗實錄》卷1103（北京市：中華書局，1985年影印版），頁28-29。

82 參見範河川編著：《山岩戈巴》（成都市：四川大學出版社，2000年），頁124-126。

83 王川：〈清代昌都三岩地區政事拾遺〉，《西藏研究》2000年第4期。

84 同上。

「上三暗巴之節齒番戶一百六十戶」,「宗巴、朗改兩寨番戶一百一十四戶，共男婦一千七百九十九口」。事後，乾隆皇帝下令「派綠營兵駐三暗巴就近要隘，將彼處番民嚴加約束。至伊等每歲應交達賴喇嘛備賞之項，即交在彼駐紮官員收存轉送，再令德爾格忒（德格）土司派一能事頭目協助彈壓」,「自應如金川等處安設流官之例」。

即便如此，此後三岩的「夾壩」之風不但沒有收斂，反而呈現愈演愈烈之勢。在光緒年間，三岩又先後發生了震動朝野的「三案」，即「大包石案」、「核桃園案」和「訥欽折匣被劫案」，時任四川總督鹿傳霖受令派軍進剿三岩，但此次軍事行動卻以失敗告終。有史料為證：「經川督鹿傳霖委派總兵韓國秀，率兵三千往剿（三岩），行至察拉寺地方，被匪所困，遂割地議和，以巴蘭格三村劃歸察拉寺，並請該寺喇嘛為世襲把土千總宗巴雍中土總。每年薪俸銀四萬兩，外青稞一百四十克為保路費，以終其事。」[85]

由此可見，從乾隆皇帝到光緒皇帝期間，清朝政府和西藏地方政府均在三岩實行行政管理，但收效甚微。此種局面一直持續到宣統二年（1910年），時任川滇邊務大臣兼駐藏大臣趙爾豐在藏區實行「改土歸流」時，對三岩「野番」採取最為徹底的軍事打擊，最終促使三岩民眾「紛紛來投，全境一律肅清」[86]。

（二）趙爾豐所撰寫的《章程十二條》

更為重要的是，在收復三岩之後，趙爾豐認為應參照巴塘等地實行「改土歸流」，並於三岩地區設置流官。十一月，趙爾豐下令在三岩設立委員一人，以樊令任之，管理當地政務。此外，為了使中央政

85 劉贊廷編：《武城縣志》,《中國地方志集成・西藏府縣志輯》（成都市：巴蜀書社，1995年），頁133。

86 同上，頁134。

府能對三岩進行更為有效的管理，趙爾豐還親自擬定《章程十二條》，原文如下：

（一）爾岩全村百姓，既真心投誠即是大皇上百姓，本大臣自一律看待保護。

（二）三岩從前無官管理，是以百姓不知禮儀，即有冤亦無可訴，非互相攻殺，即相互擄掠，彼此報復積久相沿，遂成為搶劫之風，論法則實無可忽，論情尚有可原，茲本大臣特為三岩設立漢官，留駐漢兵，以後如有冤抑，無論本村內外之事，皆向漢官控訴，為爾申理，若有人來搶劫，爾等速報漢官，派兵追剿，獲匪嚴辦，不准爾等私相報復，又成仇殺劫奪之案，如敢私相報復，雖有冤在先，除為申冤，仍將報復之人照夾壩辦理。

（三）三岩著名，搶劫鄰封，如巴塘、德格、江卡、乍了、貢覺、察木多，無不恨之若仇，在本大臣處控告爾三岩搶殺之案，不下千餘起，若一一追究，雖盡爾三岩之產不足以賠償之也，本大臣憐念爾等無知，從前未受教化，特恩施格外，大兵來到以前各案一概不究，寬起既往，勉其將來。自茲以後，三岩如再為夾壩者，無論為搶、為仇，為首、為從，為再犯、為初犯，一律斬首。

（四）三岩如有再當夾壩者，該家屬及該村人捆送來案，即免其一家之罪，若不將夾壩送案，將其家屬及一村懲辦。

（五）他村有夾壩而此村能拿獲送案，審實者立予重賞，不能拿獲而指名報案者亦有賞，仍罪其隱匿不報之人。

（六）三岩之野蠻，由於子弟之不學，則不明道理，不懂不知王法，不分善惡，不知趨向。且既設漢官管理，而與漢官語言不通，文字不識，全憑通事傳譯，一有錯誤則宦官之意不能口達，百姓之情漢官不能知，官民隔閡，於爾等大有不利。本大臣是以於蠻地所到之處，必先設學堂，以期語言相通，於民有益。且學堂除學生每日兩餐各家自備外，其餘不用爾等花費一文，挑選學生自七歲以上十五歲以下，皆應送其入學，現在學堂未開，教習未到，爾等可先將各家年歲合式之子弟開出姓名，候本大臣派員前往查看挑選，至於學堂，尤應早為擇地，預備一村有學生四五十人者即為一堂，若小村不足四五十人者即聯合附近一二十里內各村子弟為一堂，堂中須預備桌凳，其式樣由派往挑選學生之員自行指導。

（七）男子小時應入學讀書。女子小時應入學讀書，比男子尤為緊要。蓋女子能讀書識字，長大出嫁生男長女，彼即可以自教其子女，勝於在學堂多矣。且此時雖設女學堂，尚無女教習，暫時仍用漢人男教習充當俟。將女子教成長大後，即可為女學堂教習，可得修金，則全岩女子無一人不讀書識字，豈不美哉。

（八）三岩本係大皇上地土，百姓因從前未設漢官，又無土司頭目，是以爾等亦不知歸誰管理，既不上糧又不當差，習慣自由，今既投誠，種地者即應完糧，牧養牛馬者即應納稅，另有章程示諭遵辦。

（九）本大臣出關以來，所有各處雜差一概赦免，凡用烏拉及背夫湯打役等，自本大臣以下，無論何人均纇髮價，背夫一名每日發給銀圓半咀，烏拉一頭每站發給銀圓一咀，湯打役每日發給糌粑一批，臨去再行酌賞，有不給腳價者，準爾等在漢官臺前喊控。

（十）本大臣風聞，爾三岩於本岩人亦自行搶奪，實屬無情無理，唯事屬已往，大兵未到以前各案一概免咎，以後均宜互相和好，不准仍記前仇，再行殺傷擄搶，倘有人欺侮之事，可向漢官前控告，自能為爾申理，如敢有仍前殺人搶人者，立即拿辦正法，並將其家產充公，婦女永遠充當小娃或驅逐出境淪為乞丐。

（十一）三岩從前搶劫，固屬常事。然亦有並非三岩搶劫，而人亦誤認為三岩者。如前次搶劫漢商係德茹惡科之人，而被劫者乃指雄松為匪，皆由裝束相同，莫能辨別。今爾全岩既皆具結，此後再不為匪，唯難保他處之匪或詫為三岩在外搶擄，嫁禍於爾。何處之匪，蠻人或能辨之，漢人則不能，也使爾受誣，不亦冤乎。本大臣思之再四，唯有改裝之一法，此時衣服難於遽速改，只可從緩，唯有如漢人一樣，先將前發剃去，後發緊編成辮，每日將面洗淨，以與他處蠻人區別，如有夾壩人見其非辮髮之人，即於爾三岩無涉，此亦不辨自明之一法也。且人生世間第一貴重之品，於禽獸迥異，應愛潔淨，好整齊，知禮法，行正道，方能與禽獸有別。今姑無論其它，爾等終日蓬頭垢面，與地獄中活鬼無異，令人見之生憎恨，此又與禽獸何別，且飛鳥尚知自梳其羽翼，走獸亦知自舐其皮毛，人而不知梳頭洗面，是直禽獸之不知矣。巴塘從前亦是不梳不洗，經本大臣訂立章程，剴切勸導，今皆日日梳洗，改易裝束與漢人相同，其潔淨整齊，人人見之無不讚美，況爾三岩為避搶劫之名，更當早為遵諭改裝也。

（十二）從前德格、江卡、乍了、貢覺、察木多一帶，凡有兇惡之徒或為搶劫之匪，或犯殺人之案，在本處不能存身，即逃入三岩以為避禍之計，爾等亦樂於留之，不過喜其強悍或約同行劫，資其幫助或知人虛實，令其引到，事後分贓，欺其寡弱，多與少與任爾之便，此爾等所以最利用者，然此係夾壩用夾壩手段。今爾全岩投誠之後，即不再為匪，則此等人無所用之，留之且恐假爾三岩之名，出而搶劫，誘爾子弟一同為匪，是直一禍根也。嗣後如有外處之人前來投奔，不准私自容留，必須稟明漢官，行查其本處。官長，來人果係善良，因貧來岩為人雇工或佃種地畝，由官立案，聽其居住。倘係夾壩或係殺人逃犯，一經該處諮覆，立即由官撥兵解在歸案訊辦，須知關外現皆歸本大臣管理，各處皆不容有壞，如來投者果係匪徒，由爾報官拿獲，不唯免爾等之害，且可為各地方除一害，並在本大臣立一功也，地方官稟知本大臣，且當獎之賞之，倘敢有私自容留者，一經查出與匪同罪。

（十三）以上十二條本大臣不過就三岩緊要者言之，至於風俗習慣或有偏敝之處，俟以後查明，其小者由地方官隨時改正，其大者或稟明由本大臣另定章程，臨時斟酌示諭，總期全岩改為完善之區，岩民皆為良善之人，則本大臣厚望也。

宣統二年十一月三十日。[87]

《章程十二條》裏面的條款大多與維護治安、改革社會和發展教育等內容有關，即國家如何在當地實行有效的行政管理。具體措施有：①保護「三岩全村之人」（第一條），「特為三岩設立漢官。留駐漢兵，以後如有冤抑，無論本村內外之事，皆向漢官控訴」，不得擅自互相糾鬥、擄掠（第二、十條）；②既往不咎，以後「三岩如再有為夾壩者，無論為搶、為仇，為首、為從，為再犯、為初犯，一律斬首」（第三條），並針對不同的情況分別處理（第四、五條），對於逃

87 劉贊廷編：《武城縣志》，《中國地方志集成・西藏府縣志輯》（成都市：巴蜀書社，1995年），頁136-139。

入三岩的兇犯也不得收容（第十二條）；③預備建立學堂，家長只需負擔「學生每日兩餐」，其餘由政府負擔（第六條），提倡女子入學（第七條）；④漢官在三岩收取田地、牛馬賦稅（第八條），若徵用烏拉雜差，一律付費給差民（第九條）；⑤薙髮，「改易裝束，與漢人相同」（第十一條）。誠然，若從另一方面考慮，這些條款中又有「俾番民等得沾王化」，改「獷悍之俗」，化「三岩野番」為「善良之民」等做法，主觀地以滿、漢式的行為準則來整頓三岩民眾的風俗，顯然有悖於三岩的實際情況，自然難以為當地人民所接受。此外，這些章程內容雖好，考慮尚且周全，但若無後續的人力、物力、財力支持，實際上也很難收到實效。這也解釋了此後所發生的「（三岩）米多、撒（沙）東二村抗不支差，並傷營勇」的事件。該事件發生後，三岩委員周培鈞前往調查，該村要求「免全村差徭，並免設學」。趙爾豐聞報，不得不派管帶顧占文率兵前往，並通告其餘「各村百姓務以為鑒」，「不可違抗」。[88]之後，邊軍一直駐紮於三岩，直至辛亥革命爆發之後。由此可見，一開始時三岩民眾並不十分支持趙爾豐的改革舉措，趙、傅在三岩的設治也是在強大的武力保障下才能進行的。

即便如此，《章程十二條》在三岩的實施也是一個具有里程碑意義的事件，因為它標誌著三岩從此進入了國家行政管理的體系之內。一般認為，國家是一片疆土、一群人和一個大多數人共同認可的法律或者秩序框架構成的複合體。人類學對現代國家的研究總結出三個特徵，可視為國家起源的三個標誌：①統治者及官員的專業化；②權力中心的集中化；③政治權力的制度化。其中權力中心的集中化得以實現，有賴於在全國範圍內形成統一的、金字塔形的法律體系或規範體

88 劉贊廷編：《武城縣志》，《中國地方志集成．西藏府縣志輯》（成都市：巴蜀書社，1995年），頁136-139。

系。一些學者也持有類似的觀點，如認為國家是一種制度性的權力運作機構，具有暴力統治的壟斷性質[89]；或認為使用武力來支持的國家行政管理制度，具有強大性、持久性和系統性等特性[90]。《章程十二條》的實施，表明當地出現了由中央政府所領導下的「統一的、金字塔形的法律體系或規範體系」；該體系是某種制度化後權力運作的表現形式，即通過武力和政治威懾力以實現國家有效的行政管理。由於《章程十二條》在政治、行政方面所打下的堅實基礎，此後將三岩納入國家體系的做法自然就順理成章了：宣統三年閏六月（1911 年 8 月），傅嵩炑在《請建西康行省折》中說「三岩野番，亦經剿平設治」；同年在三岩地區首置武城縣，這也是三岩地區歷史上首次設置縣級行政建制，為此後在三岩設宗（縣）鋪平了道路。具體行政措施如下：修建政府和駐軍營房百餘間；劃分村治區劃，確定群眾交糧、酥油數目，擬一百戶為一個學卡，全宗共有一千八百戶；設置頭人，將三岩分上、中、下三個區和半區，各區有保正一人；設置外出馬站，規定夥馬腳價；對糾紛的處理是誰殺人誰賠償，命令各地頭人維護治安。[91]

有鑑於此，筆者特意將《章程十二條》所實施的年份——公元 1910 年，定為三岩進入國家行政管理的分界線，將此前三岩的歷史時期定義為「國家進入之前時期」，並將此後的時期定義為「國家進入之後時期」。無論是在「國家進入之前時期」還是「國家進入之後時期」，清政府均已意識到要利用宗教勢力來對三岩進行管理。例

89 〔德〕馬克思・韋伯著，杜榮遠譯：《經濟與法（上）》（北京市：商務印書館，1997 年），頁83-84。

90 Brumfiel E M. “Aztec State Making: Ecology, Structure, and the Origin of the State”. *American Anthropology*, 1983(2):261-284.

91 貢覺縣縣志編寫辦公室：《貢覺縣縣志編寫資料卡片》（手抄本）。

如，由於巴塘地區是清政府與西藏地方政府實行徵稅和催糧的一個重鎮，清政府很早就在此地設置巴安府來進行有效的行政管理。然而，自清朝中晚期伊始，三岩人針對巴塘、察雅地方的劫搶行為呈現出不斷升級的跡象，政府官吏在不勝其滋擾下，一方面極力拉攏三岩地方頭人以約束其屬民，另一方面又對寺廟的活佛委以重任，試圖從宗教方面入手達到教化於民的目的。據悉，下三岩察拉寺的活佛曾被委任為「上千總」[92]；該寺的正殿曾保存光緒二十三年（1897 年）間總兵韓國秀親筆所書的「為善最樂」的匾額[93]，當地人曾將其戲稱為「歸化匾」。趙爾豐在三岩設治以後，再次利用察拉寺主教喇嘛吉根降曲在本地的威望，對其表示安撫，並予以拉攏，不但不治「以前搶劫掠虜之事係由察拉寺主持以為巢穴」之罪，反而「壯其語，勉之，凡以前之事，既往不咎」。[94]此種做法明顯帶有強烈的政治傾向，表明當時的清政府官員早已清醒地認識到宗教在三岩地區所發揮出的強大的影響力。

三　西藏地方政府進入三岩

1917 年，西藏地方政府派軍驅趕邊軍並接管了三岩地區，設置宗本一人，下設管家、仲譯（文書）、扛巴（管事房帳目）若干名，對三岩地區實行有效的行政管理。自 1917 年至 1951 年西藏實現和平解放前，西藏政府在三岩先後委任過 9 任宗本。可以說，地方政府基本維持了以往中央政府的做法，即在三岩設學卡等頭人、確定徵糧

92 劉贊廷編：《武城縣志》，《中國地方志集成．西藏府縣志輯》（成都市：巴蜀書社，1995年），頁133。

93 同上，頁155。

94 同上，頁154-155。

草、建立馬站、差役制度等。據說，首任宗本是位蒙古人教官，當地人稱其為「索布該根」(即蒙古人教官之意)，正是此人組建藏軍並帶兵進入到三岩地區。接管三岩以後，「索布該根」想到利用地方宗教的影響來鞏固自己的統治。獲知三岩人為匪搶劫、勇武好鬥、仇殺不斷，他採取了一種特別的做法，即極力提倡宗教，號令全宗各村都派人到宗政府附近之白日根巴（白日寺）當紮巴，共召集 40 多人經常在寺念經，每年給寺廟和紮巴 400 鬥（1 鬥＝10 升）青稞作為補助，這樣便使得政府與全宗各村建立起聯繫。[95]另一任宗本折玉色在經營三岩期間，同樣推崇宗教。作為一名來自拉薩的官員，折玉色認為正是由於三岩人缺乏虔誠的宗教信仰，人們才會糾纏於無休止的仇恨和械鬥之中。於是，他從德格竹慶寺請來了寧瑪派高僧在三岩傳教，自己負責提供必要的人力和物力，終於在下三岩修建了一座嶄新的寺廟——尼中寺[96]，並使其發展成為三岩地區僅次於察拉寺和白日寺的第三大寺廟。

綜上所述，一方面，三岩民眾對格魯派宗教勢力表現出一種族群性的抵抗情緒；另一方面，無論是中央政府還是西藏地方政府，均在三岩地區實行較為鬆散的行政管理，無法為格魯派的進一步發展提供必要的援助，相反，它們充分利用寧瑪派寺廟原來在三岩的影響力，以利於自身的統治與管理。因此，17 世紀至 19 世紀，格魯派雖然獲得了清政府和西藏地方政府的大力扶持，但並未在三岩獲取壓倒性的勝利。100 多年前，三岩曾存在 3 座黃教寺廟，但必須指出，3 座黃教寺廟中規模最大的察拉寺位於下三岩[97]，其餘 2 座雖滲入三岩的中

95 貢覺縣縣志編寫辦公室：《貢覺縣縣志編寫資料卡片》(手抄本)。

96 尼中寺又名尼根寺。

97 察拉寺在察雅縣境內，現已不屬三岩地區，察雅縣有多所格魯派寺廟，黃教勢力比較雄厚。

心地帶，但規模均小於周邊的紅教寺廟。由此可見，在三岩地區，紅教在與黃教的較量中，依然佔據著優勢的地位。

四　三岩在現代的歷史化進程

以上關於三岩的歷史軌跡，只能解釋黃教在其發展的黃金時期內為何未能在三岩獲得快速的發展，卻無法說明三岩宗教何以由以往的多元化轉變為當前單一的格局。事實上，當前寧瑪派之所以取得壓倒性的勝利，與三岩在近現代的歷史化進程密切關聯，特別是自 1951 年西藏和平解放以來，三岩的宗教發展曾經歷了一波三折的情況。

1951 年 6 月 12 日，昌都地區支持總會三岩宗分會成立；6 月 14 日，昌都地區人民解放軍在三岩設軍事代表處，張雲峰為三岩宗軍事代表；6 月 15 日，三岩宗支持解放分會主任德色其美，副主任白日赤勒、阿達在瓦底寺主持召開全宗僧俗群眾支持解放西藏大會，並向政府寫下《三岩宗僧俗群眾支持西藏解放保證書》，完成 2.6 萬馱物資運輸任務，為西藏實現和平解放作出了不可磨滅的貢獻。

1956 年 4 月，三岩宗進行了一項社會調查，查明三岩以帕措為社會基礎，每個帕措有頭人 12 人，共 133 人；有寺廟 18 座，僧尼近千人，有活佛 9 人，喇嘛 443 人。[98]

1959 年 3 月，以達賴為首的西藏地方上層反動集團發動全面武裝叛亂，貢覺和三岩宗的大部分宗解放委員參加和組織叛亂，其中還包括了許多寺廟的大喇嘛或大活佛，以及許多受其鼓動、不明事理的三岩群眾，為此國務院命令撤銷貢覺、三岩兩宗解放委員會，派遣解放軍 162 團進入貢覺和三岩主持平叛工作。經調查後發現，三岩的瓦

98 貢覺縣檔案館：《三岩宗社會調查》（1956年）。

底寺、洛果寺、崩果寺的大活佛和大管家均參與了此次叛亂，並組織起部分群眾與江東過來的叛首四朗多吉一同上山，抵抗解放軍的進入。8 月 28 日，平叛部隊在阿卡牛場與察雅的交界處阻擊頑抗叛匪，實施「四不政策」(即不殺、不判、不關、不鬥)，最終促使叛匪松果澤嘎等攜槍支、馬匹和人員向工作隊投誠，上山群眾陸續下山。同年 10 月，中共貢覺縣委提出了《關於劃分區的意見》，將全縣分為五個區，其中四區駐地為羅麥，直轄上三岩和中三岩的阿尼村，約 700 戶、3,500 人；五區駐地為羅年，直轄中三岩、下三岩，約 800 戶、4,000 人。12 月，中共貢覺縣委制定《關於進行土地改革的方案》，主要包括宣傳土改政策，劃分階級成分，整頓健全農會組織，按政策規定沒收、贖買「三大領主」土地和其它生產資料，按政策分配土地和其它生產資料，發展生產和鞏固改革成果等。

在 1960 至 1961 年期間，鑒於貢覺、三岩的多數寺廟是作為叛亂的一個中堅力量參與其中的，貢覺縣縣政府在平叛運動中對這些寺院進行了「三反二算」的民主改革，主張廢除寺院宗教、政治特權、高利貸、債務、勞役、差役制度，按照黨的政策把政治問題與宗教信仰問題區分開來，貫徹宗教信仰自由政策，保護愛國守法的寺院，保護愛國守法的僧尼的公民權，不干涉寺內學經、辯經、考試等正常的宗教活動以及群眾自願給寺院布施的活動。改革期間，全縣僅保留 5 座寺廟，其中三岩有 2 座，分別為羅麥區的達榮寺和雄松區的白日寺。對這些保留寺，政府將提供一些必要的生活補助。然而，即使是保留寺，其僧尼的宗教活動也受到了很大的限制：僧尼人員人數被嚴格限制，他們除了看守寺廟、打掃經堂、整理佛像和保管好寺廟用具以外，禁止從事大規模的念經活動；除非人民群眾自願的布施，他們不得以任何形式、任何理由收斂錢財；此外，他們還被經常性地安排參加各種生產勞動。

自西藏武裝叛亂的爆發始到「文革」前，由於寺廟活佛、經堂、地下武裝往往糾結在一起，它們又被人民政府視作「洪水猛獸」。一份由昌都專署公安處簽發給貢覺縣公安局的檔顯示了當時鬥爭的複雜性：「敵人搞『和平演變』，披著宗教的外衣進行反革命破壞活動，最終的目的是搞武裝鬥爭。」其活動的主要內容有：①大念咒經；②搞武裝遊行；③妖言惑眾，散佈變天；④搞封建剝削；⑤散發證書，傳播反動經文；⑥拉攏幹部。至於這些「地下寺廟」的活動何以會如此盛行，則認為主要有三個原因：「一是舊基礎摧毀得不徹底，寺廟反動本質在群眾中揭得不夠，弄得不臭。二是廣大群眾中的封建迷信思想比較濃，階級覺悟不高。三是基層幹部經不起階級敵人的誘騙。」[99]有資料顯示，察雅、貢覺兩縣的宗教復辟活動最為猖獗，除了認為當地政教合一的封建農奴制度有一整套的組織體系以外，還有三個主觀上的原因：一是民族革命不徹底；二是基層政權不純；三是工作沒有跟上。[100]

相當程度上，三岩宗教的活動情況與此相似，但由於帕措制度的存在，情況更為複雜一些。由於公開的宗教活動不是受到限制，就是明令禁止，許多宗教活動開始由寺廟轉向「地下」，即進入到鄉、村和家庭的層面。三岩人經常性地從事「地下寺廟」活動，主要的內容包括：①一些村寨暗自恢復當地寺廟的活佛、堪布、經師等人員配置，維持寺廟的正常運作與核心影響力；②每年兩次集體組織群眾念經 35 天，一次是在秋收後，一次是在藏曆年，由村內的各帕措頭人負責舉行；③組織帕措男性成員集體轉山，增置各式經幡和瑪尼堆經

99　貢覺縣檔案館：《摘轉三教四團八宿分團同卡區揭發地下寺廟、經堂、地下武裝「紮拉幫堆」的情況報告》（1966年3月24日）。

100　貢覺縣檔案館：昌都專署政法黨組《關於察雅、貢覺兩縣宗教復辟活動情況的初步調查》。

石。這些「地下寺廟」活動在三岩的村子中以帕措為單位進行，參與人數較多，規模也較大。由於帕措是基於父系血緣的組織，它能為這些「地下寺廟」的活動提供必要的保護。一方面，三岩地處偏遠山區，來自縣政府的工作組很少到訪，基層幹部多數又委任給本地人，他們不僅本身就是某一帕措的成員，而且往往還是宗教活動的骨幹力量；另一方面，關於「地下寺廟」活動，所參與的帕措成員大多能做到秘而不宣、對外口徑一致；此外，這些活動多數是在村子的「碉樓」內進行，隱蔽性高、外人往往不易察覺。因此，即使在打擊宗教活動最為嚴厲的幾年時間裏，三岩地區的宗教活動依然保持著旺盛的勢頭。例如，1963 至 1964 年，當時三岩羅麥鄉仍有喇嘛、紮巴 29 人，占全鄉總人口的 0.98%，每年進行全鄉性的佛事活動 1 次，組織群眾集中轉經和轉瑪尼堆 23 次，為死人念經多次，據初步瞭解，喇嘛、紮巴在家中設經堂、默念經的至少有七八戶。[101]

對於此類「地下寺廟」活動，政府採取堅決打擊的政治態度，是基於以下三個方面的理由：第一，組織和參加「地下寺廟」活動的人，往往是參加叛亂活動的核心人員和積極分子，因此需要打擊他們的「囂張」氣焰；第二，「地下寺廟」活動收取群眾報酬，是一種赤裸裸的剝削行為；第三，大量群眾參加佛事活動，會影響正常的生產勞動。

1966 年「文化大革命」開始，貢覺縣政府先後實施所謂的「破四舊」、「立四新」等群眾運動，縣內 5 座保留寺院全部關閉，其它大部分寺院不是被摧毀就是被佔用，寺院的文物被毀，僧尼被勒令還俗並參加生產勞動，一些宗教愛國人士亦受到了打擊。許多宗教「積極分子」成為了「被專政」的對象，例如，三岩木協鄉有 9 人被定性為「反革命分子」，他們基本為寺廟大活佛、活佛、堪布或管家。在

101 貢覺縣檔案館：《關於羅麥區地下寺廟宗教活動情況報告》（1964年）。

「坦白從寬，抗拒從嚴」的政策下，這些「反革命分子」被要求發言，現摘錄如下：

> 叛亂分子彭德（寺廟活佛）坦白說：「我改革以後一貫向群眾灌輸思想毒素，散佈宗教，以鬼神嚇唬群眾，多次說『人死了不念經上不了天堂，會被打入十八層地獄、受盡災難』，這些話實際上都是騙人的，並沒有什麼『天堂』、『地獄』，我自己也沒有見到過，這樣做的目的有兩個：①能保護宗教，只有利用宗教剝削，我才能發家致富；②我主動給群眾念經，主要是為了提高在群眾中的威信，使群眾愛我、尊敬我，以便使我能自由自在地、和平演變地恢復過去的一切特權。」
>
> 叛亂分子江下（寺廟活佛）坦白說：「1963 年以來，我兩次請彭德念咒經，主要是因為共產黨、解放軍打死了我的兩位哥哥（平叛中被擊斃），想利用咒罵消滅共產黨、解放軍，為我哥哥報仇，我雖也知道罵不垮共產黨，但罵了能解我心頭之恨。」
>
> 叛亂分子安村（活佛）也說：「改革以來我多次念咒經，目的是將共產黨當成妖魔鬼怪，想把共產黨趕出西藏。1966 年，我聽到區鄉都宣傳人民公社 20 條，我便在群眾中宣傳『互助組是第一步，人民公社是第二步，辦社後，按勞取酬，老年人餓得難受』。我想利用活佛的威信與共產黨唱對臺戲，削弱黨的政策，阻止互助生產發展，同時嚇唬、拉攏一部分人，這樣相信我的人就多了，跟著共產黨走的人就少了。」[102]

---

102 貢覺縣木協鄉試點工作組1966年6月12日《關於木協鄉群眾對九名專政對象開展評審鬥爭的簡報》，資料來源：貢覺縣檔案館。「文化大革命」期間，強加在宗教人士身上許多不可思議的罪狀，現在看來都是幼稚可笑的。

與藏區大多數地方一樣，「文革」期間三岩的寺院發展遭受到沉重的打擊，寺廟建築承受了嚴重破壞，佛像被大量摧毀，經書遭受焚燒，僧尼被勒令還俗。即使如此，還是有一些重要的經書、佛像被人偷偷地拿到山上埋藏起來；僧尼回到帕措後，依然能在帕措的保護下秘密從事著宗教活動，並以父子、師徒的形式傳承著傳統的教義與儀軌。由於寧瑪派與血緣組織——帕措的結合程度最高，因此保存下來的器物與文化往往也最多。

中共十一屆三中全會以後，撥亂反正的工作在持續當中，民族宗教政策也在發生變化。1982 年 6 月 14 日，經中共昌都地委統戰部批准，開放貢覺卓珍寺廟，下撥維修專款 3 萬元；1986 年 3 月 13 日，貢覺縣人民政府決定恢復寺廟 36 座，全縣共恢復寺廟 41 座；1997 年，貢覺縣全縣共有寺廟 62 座。可以認為，在最艱難的歲月裏，三岩的宗教文化雖然遭受到很大的破壞，但在以血緣為基礎的帕措制度的保護下，還是保留了許多宗教文化的「火種」，其中又以寧瑪派居多；一旦條件成熟，這些「火種」便能很好地起到「星火燎原」的作用。

更為重要的一點是，三岩周邊的地區是紅教寧瑪派的勢力範圍，保存有多所諸如噶托寺、白玉寺、安章寺、康翁寺等藏康地區在歷史上具有顯著影響力的著名寺廟；受其輻射和影響，當三岩地區再次具備宗教發展的土壤時，最先獲得涅槃新生的，自然是那些原本就沒有發生文化裂層的紅教寺廟。

概而言之，三岩當前出現紅教寧瑪派寺廟「一枝獨秀」的局面，與當地特殊的歷史化進程有著密切的關係。長期以來，國家和西藏地方政府均無法很好地管治三岩，使得寧瑪派一直保持著雄厚的實力；到了近現代，國家和地方政府雖然曾先後進入了三岩地區，但由於其行政管理形式極為鬆散，無法從根本上削弱紅教在當地的影響力。此外，寧瑪派能很好地與當地的帕措制度結合起來，即使在最為艱難的歲月裏，紅教也受到了帕措的保護，並以父子、師徒傳承等方式把一些傳統的宗教文化傳承下來。因此，自 20 世紀 80 年代開始，當民族和宗教政策發生轉變時，藏傳佛教又在三岩地區煥發出活力，一座座紅教寺廟如雨後春筍般湧現，這自然也在情理當中。

第四節　中心寺廟的歷史與現狀

如前文所述，1956 年三岩進行了一項社會調查，查明三岩有 18 座寺廟，有僧尼近 1,000 人，其中活佛 9 人，喇嘛 443 人。這些寺廟無任何一所強大到足以成為整個三岩地區的信仰中心；如果按照以往的區域劃分，三岩分為三個半區，即上、中、下三岩和雄松一個半區，各區至少已經形成一兩所位於該區的中心寺廟。每座寺廟均以自身所在的地域為中心，不斷向周邊地區輻射其權力與影響。位於下三岩的中心寺廟是察拉寺，該寺自乾隆年間起，勢力範圍就已覆蓋到西藏的貢覺、芒康和四川的巴塘、理塘等縣；中三岩的中心寺廟是位於雄松區的白日寺和尼中寺，兩寺均在宗政府的大力扶持下，獲得極為迅猛的發展，其勢力輻射到貢覺、白玉等縣；位於上三岩的中心寺廟是瓦底寺，該寺經濟實力雖然不及上述幾座寺廟，但其勢力同樣輻射到貢覺、江達、白玉等廣闊的區域。此外，瓦底寺活佛德色其美曾在上三岩乃至整個三岩地區擁有較為崇高的威望。1951 年，三岩宗剛成立支持解放分會時，首任主任就由德色其美活佛擔任，全宗僧俗群眾支持解放西藏的大會也是在瓦底寺主持召開的。

站在歷史發展的視角，察拉寺的興旺有賴於清政府在康藏地區推行「改土歸流」而採取的「綏靖」政策；白日寺和尼根寺的發展得益於西藏地方政府為實現有效的行政管理而不遺餘力地對其加以扶持。

然而，隨著清政府與西藏地方政府先後失去對三岩的統治權力，新中國的政治力量選擇以貢覺東北部的上三岩地區作為其進入三岩的突破口，瓦底寺正是在這一關節點上，走上了歷史的新舞臺。

應當指出，瓦底寺的個案雖具一定的偶然性，但更多的是歷史發展的必然。正如一份撰寫於 1954 年的調查材料中所指出的：「三岩寺廟是沒有社會權力的，但群眾威信較高的有瓦底寺、察拉寺、阿尼寺、白日寺、尼中寺五寺，尤以瓦底寺的威信為最高。以上五寺有活佛，除了阿尼寺外，其餘四寺的活佛都是宗解放委員會委員，當時駐宗辦公的則有瓦底寺和尼中寺，原宗兩屆人民代表大會決議察拉寺駐宗，但未實現（駐宗）。」[103]寺院活佛在無形中代表著一種神聖權威，他們能時刻滲入三岩民眾的世俗生活並發揮著積極的作用。從這一層意義上講，寺廟實質已成為一種社會控制的力量，它超越了基於父系血緣的帕措組織，並對三岩的日常事務開展協調工作和進行有效的管理。有鑑於此，新政府吸收這些「威信較高」的寺廟活佛進入臨時性的政治權力機關，此種做法自不難理解。

自 20 世紀八九十年代以來，改革開放取得了日漸顯著的經濟成效，民族地區的宗教政策亦有所轉變，臺西寺代表著新生寺廟在三岩地區的發展現狀。臺西寺以白洛活佛為核心，該寺自 1997 年被貢覺縣民宗局批准報建以來，在短短的 10 餘年時間裏由一座僅 10 餘僧尼的小寺廟，發展為當前佔地面積 1,200 畝、常住僧尼數上百人（最多時可達上千人）的大寺院。此外，臺西寺每年積極從事大型的佛事活動，迅速地向周邊地區擴大其影響力，很快就成為覆蓋整個三岩地區的中心寺廟，勢力輻射到貢覺、江達、芒康等縣，甚至在川、甘、滇、粵等省也擁有不少的信徒。

---

103 貢覺縣縣志編寫辦公室：《三岩宗綜合情況介紹》（1954年）。

以下就三岩幾座中心寺廟發展的歷史與現狀一一進行簡要的介紹：

一　察拉寺

清末民初時，三岩有 8 座寺廟，它們遍佈三岩地區，規模大小不一，其中以黃教寺廟——察拉寺規模最大，有僧尼 400 多人，遠遠超出其它的寺廟。[104]察拉寺是白玉縣黃教寺廟——呷土寺的子寺，至今該寺的大喇嘛仍需到呷土寺拜師學經以獲得大喇嘛的資格。當前察拉寺屬察雅縣管轄，是座新修寺廟，寺院就修建在芒康縣戈波鄉的白木頂山上，與舊寺（在「文革」中被拆毀）原址有一定的距離。察拉寺距今已有 300 多年的歷史，主持該寺的大喇嘛迄今已傳有十餘世。新建的察拉寺不設轉世活佛，僅由大喇嘛主持寺務。按照格魯派的傳統教義，察拉寺歷來教規嚴格，喇嘛嚴禁娶妻生子，因此該寺不准婦女入寺修行，住寺紮巴亦須不近女色，尤其不得通姦生子，違犯者除被勒令開除外，還需支付寺廟一定數額的罰款；如果發生在念大經期間，該罰款的數額還需翻倍。與念經相關的事務由寺廟的堪布全權負責。此外，察拉寺還規定：任何人不得在寺廟的附近砍柴、割草、燒炭；不准在寺廟周圍打靶、鳴槍、狩獵；喇嘛、紮巴要常披袈裟，不許殺生，不准吃來路不明的牲畜肉，不准賭博，嚴禁偷盜。嚴格的寺規足以說明，察拉寺的輝煌有其一定的社會原因，該寺在地方上的勢力影響一直不容忽視。

一方面，察拉寺的財力十分雄厚，這與其擁有自己的牛場與廣大的土地有關。察拉寺擁有廣闊的牛場，裏面養有大量的牛羊。此外，

104 劉贊廷編：《武城縣志》，《中國地方志集成．西藏府縣志輯》（成都市：巴蜀書社，1995年），頁131-132。

該寺在南格、當孝、宗麥、郭布、青布等地也有大片的寺屬土地，收租在 500 克以上，且無需向西藏地方政府納稅，地方政府反而有義務定時向該寺發放一定數額的糧食補助。事實上，該寺的核心領導層被南格地區的察拉帕措長期把持和壟斷；領導層之下設有若干小喇嘛，他們可參與寺院的事務管理；大、小喇嘛之下設紮倉，住有紮巴。此外，寺院內還專門設置血根、基巴兩職，負責管理帳目和經營寺院收入等工作。除了以宗教的名義向外部收取布施、捐贈、補助等以外，察拉寺還積極從事商貿、借貸等活動。平時該寺大喇嘛和住寺紮巴都在寺廟內念經，一旦附近村莊有傷病、喪孝之事，他們就要去村莊裏念經。住家紮巴除念大經時需住寺以外，平時待在家中念經修行。寺廟每年念大經三次，分別為：藏曆十二月二十四日開始念 23 天的冬經，祝禱來年莊稼豐收、人畜興旺；夏季五月三日開始念 17 天的經，祝禱當年莊稼順利成長，免遭冰雹等自然災害；秋季七月中旬開始念 49 天的經，祝禱莊稼豐收。念大經時由寺廟提供酥油茶和粥水作為供養，糌粑等其它食物則由各紮巴自備；至於在念 49 天的夏經時，寺院只需提供日常的茶水即可。察拉寺的勢力遍佈下三岩的南格、當瑤等村，甚至進入到芒康、江卡地區的村莊。以上各村不僅為察拉寺提供了紮巴人選，而且村裏不少佃戶也成為了該寺的屬民。這些村民不僅有義務為寺廟支差納稅，還需耕種寺廟的土地，從事施肥、鋤草、修葺寺廟等工作。一旦住寺紮巴來到附近的村裏念經，村民便有義務為他們提供必要的糧食、馬匹、柴草等資助。此外，寺廟還可向各村發放高利貸，從中獲取合法的收益。察拉寺地處南格，與芒康接壤，而芒康「古時以南墩為川滇藏交易之所，萬商雲集」[105]，

105 劉贊廷編：《民國寧靜縣志》，《中國地方志集成・西藏府縣志輯》（成都市：巴蜀書社，1995年），頁621。

察拉寺實際上控制的是三岩與川、滇、藏經濟往來的交通要道。《武城縣志》亦記載：「本縣土產係售於察拉寺，再由該寺喇嘛輸至巴安出售，掉換茶糖雜貨運回，銷於地方。因本地土人尚為盜匪，不敢出境為商，而漢商亦不敢入境貿易。」[106]由於寺廟成為三岩與外界商品貿易的中間商，察拉寺在百年之內迅速強盛起來。

另一方面，察拉寺的強盛又與三岩的帕措制度有密切的關係。該寺廟的主要施主實際上是南格的察拉帕措，其大喇嘛職務也一直由該帕措的成員出任。察拉帕措雖非當地規模最大的帕措，但借助與宗教勢力的結合，它實際上已控制了南格以及周邊的各個村落。光緒二十三年（1897 年），清政府為了緩解三岩地區的夾壩事件，曾試圖招撫三岩，但「因以人強山險，未能深入，只招得下三岩宗巴五家、擦納（即察拉）一寺。名曰投誠，既不納糧，復不當差。該提督且割巴塘之白降工一村與該寺，並每年由兵餉內提銀四百兩與之；又割喜松工之地，每年青稞一百四十克與宗巴五家，名曰『保路錢』，飭該僧俗等保大道不出劫案」[107]。第二年，清政府批准授予該寺喇嘛土千戶之職，「三岩野番向不歸化，此次搶劫折件，猶敢不服開導。現經官軍攻剿，將首逆伏誅，其餘均已就撫。該署贊擬於上、中、下三岩設立土千戶，歸巴塘文武管轄。即著照所請行。仍著飭令韓國秀合同糧員，將應辦事宜妥籌辦理，毋致再有反側」[108]。由此可見，察拉寺在歷史的早期就在名義上獲得了清政府的認可，成為三岩（特別是下三岩）地區不容忽視的政治勢力。

---

106 劉贊廷編：《武城縣志》，《中國地方志集成．西藏府縣志輯》（成都市：巴蜀書社，1995年），頁152。

107 四川省民族研究所《清末川滇邊務檔案史料》編輯組編：《清末川滇邊務檔案（下冊）》（北京市：中華書局，1989年），頁790。

108 顧祖成等編：《清實錄藏族史料（第三集）》（拉薩市：西藏人民出版社，1982年），頁4 608。

察拉寺雖屬黃教，但卻擯棄了傳統上由轉世活佛來統攝全寺的做法，改由大喇嘛來傳襲，使得寺廟的神聖權威始終保留在同一血緣親屬體系之內。管理寺廟的大喇嘛必須是察拉帕措的成員，歷代由該帕措青年紮巴中的佼佼者擔任。一般情形下，大喇嘛的職務由察拉帕措呷吉沖的長子來繼承，次子可在家娶妻生子，再以叔侄相承的方式來傳承該職。如果在呷吉沖內部沒有合適的人選，可先由察拉帕措其它沖的成員臨時出任大喇嘛，直到呷吉沖再次出現合適的人選，再由此人擔任大喇嘛一職。因此，寺廟住持的人選最終無一例外是來自呷吉沖的大喇嘛。至於察拉寺其它紮巴來源，則與傳統格魯派的寺廟每戶需派一僧的硬性原則有所不同，由各村村民自願入寺修行。在傳統觀念中，三岩人普遍認為做喇嘛是一件利人利己的事情，家中有人當喇嘛，意味此人的家庭可獲得三寶（佛、法、僧）的庇祐；此外，本人通過在寺廟的修行，死後不僅免受痛苦，來世還可投胎做人。然而，人們是否選擇當紮巴，很大程度上取決於寺廟中是否有造詣高深的大喇嘛或活佛。察拉寺雖然無活佛，但一般有頗具威望的大喇嘛，而且這些大喇嘛必須來自鄰近的村子，相互間往往不是有血緣就是有地緣的關係，因此深受周邊村民的愛戴，該寺僧人最多時曾達 400 餘人的規模，此番盛況就是在當時康區的其它地方也不多見。由此可見，與德格土司家族類似，在經濟、政治和血緣等關係的多重作用下，三岩峽谷很早就出現了神聖權威與世俗權威相結合的統治力量，至少也出現了其間的雛形。

與此同時，國家和地方權力先後進入三岩地區，並對當地的政治經濟格局產生了重大的影響。一方面，清政府和西藏地方政府採取鬆散式的管理模式，在社會基礎的層面維持以往三岩地區的大小帕措各自為政的政治局面；另一方面，它們又對三岩所出現的一些強勢力量採取了嚴厲打擊，防止三岩人出現「抱團」的情況以對自己的管理形成威脅。在此情況下，寺廟和僧人由於身兼宗教與世俗的雙重權力，容易成為被重點「照顧」的對象。例如，在推行改土歸流的舉措中，趙爾豐曾對喇嘛寺作出不少的限制，如嚴禁藏民將田產施送給寺廟，嚴禁寺廟喇嘛干預民間訴訟，對擁護「改土歸流」的寺院——如白玉康翁寺、三岩白日寺等發給護照。另外，還有臘翁、羅巴等16座寺廟投誠甘結，等等。[109]在一些三岩老人的記憶中，在趙爾豐時期，三岩的僧人仍需向政府支差納稅，但在噶廈政府期間他們卻能獲得全部的豁免。由此看來，受血緣群體與國家權力的雙重限制，三岩的宗教權力雖可跨越帕措的勢力，但始終處於國家權力的管轄之下，無法統一成為一種強大的政治力量。

二　瓦底寺

瓦底寺又名加窮寺，位於羅麥鄉區加窮村，距宗政府駐地雄松區僅一天的路程，下轄洛果、崩果兩個分寺，「民主改革」前為當地較大的紅教寺廟之一。瓦底寺是座新寺，籌建工作始於20世紀前20年的中早期，當時正是清政府的政治與軍事力量逐漸撤離康區、西藏地方勢力穩步東侵的年代。隨著國家權力漸行漸遠，西藏地方政府實際上獲得了在三岩建構自身權力的良機，它很好地利用外部的宗教勢力，一方面試圖建構自身政治權威的合法性，另一方面致力於改造當地「不合時宜」的民風民氣。可以認為，除位於中三岩的白日寺和尼中寺以外，上三岩的瓦底寺同樣是在宗政府的勢力扶持下才出現在三岩峽谷的。

在加窮地方原來並無寺廟，瓦底寺的首任大喇嘛——德色是在貢

109　四川省地方志編撰委員會編：《四川省志·檔案志·僑務志》（成都市：四川科學技術出版社，2000年），頁159。

覺宗政府的極力邀請下，隻身從康定地區的果洛寺來到三岩地區傳教。德色喇嘛結婚後在敏都地方定居下來，生有 4 個兒子，原瓦底寺活佛其美就是他的第三個兒子[110]。德色幼年時期，曾在貢覺縣柯青寺學經十餘年，後來才來到加窮地方傳經講學。由於德色個人具有獨特的領導魅力，又因獲得貢覺宗政府的政治扶持，他很快就取得加窮地區和周邊三岩人的信任，成為上三岩擁有神聖權威的中心人物。隨著向他求學取經的人越聚越多，德色的個人聲望不斷地提升，在他四周漸漸形成了一個頗具規模的宗教群體，以他為核心修建新寺廟的工作很快被提上了日程。

1917 年，噶廈政府驅逐邊軍出境並成功接管三岩，德色正式發起修建瓦底寺的工作，並從腳如、阿益、阿中、拉格、貢熱、給大棋等地動員了大批的人力，且從中獲取了不少的物資。寺廟建成後，德色隨即成為瓦底寺的首任大喇嘛，其子孫後代同時具備繼承該寺大喇嘛職務的合法性。根據紅教的教義，德色可成為轉世活佛的第一代，其男性後代均可被認定為寺院的活佛。

儘管動員了大批的信徒和民眾參與修建寺院的工作，並且得到了貢覺、三岩兩宗宗政府的政治扶持，彼時瓦底寺的規模卻依然不大，這是因為當時三岩的經濟水準尚無力支撐一座大規模的寺廟和供養一群需要脫離日常生產的僧尼人員。因此，瓦底寺就其規模而言，與其說是一座寺院，毋寧稱其為拉康（經堂）。當時跟隨在德色喇嘛身邊的紮巴，只有來自腳如、阿益牧場的十多個青年男女及部分的兒童。即便如此，還是陸續有三岩家庭把自己的兒子送入瓦底寺修行，這是因為在藏族社會中，僧人被普遍認為是所有知識的壟斷者，而從小能

110 其美即前文提到的德色其美活佛，他在世時支持當地民眾支持解放軍的運輸任務，並出任過解放委員會主任一職，1959年參加叛亂，後被解放軍擊斃。

在寺廟裏面學習與修行，會有很好的業報。隨著德色的名聲如日中天，阿中、拉格、靈貢等周邊地區，甚至三岩之外都先後有不少人前來跟他學經，寺中的紮巴逐漸發展到 20 餘人的穩定規模。人員的集中促使寺院經濟獲得了迅速的發展，六七年後瓦底寺由拉康擴建成為寺廟，德色也成為了該寺的大喇嘛，並且在貢覺、三岩兩地宗政府的政治支持下，很快與腳如、阿益、阿中、熱格、夏熱、達棋、通沙等地確立起供養關係。根據這種供養關係，瓦底寺可向其屬地徵集僧尼、支用人力、租賃土地和發放高利貸等，外人均無權干涉。1959 年，據當時官方的調查顯示：「該寺已擁有僧尼 80 餘人，成為當地的最高統治者。」[111]

瓦底寺雖然建寺時間較晚，但卻是按照紅教傳統的方式來進行管理的。寺廟裏除活佛、堪布、大喇嘛等主要負責人外，一般的僧尼無須駐寺。該寺每年要舉行較大規模的法會，分別為每年藏曆五月間的渡雲節（雅勒），念經 1 個月；藏曆十月間的超生節（措欽推巴），念經 715 天；藏曆十二月二十九日的送鬼節（各多），念經 7 天。每逢此三次大型宗教活動，洛果、崩果二寺的僧尼都會集中在瓦底寺念經，此時住家的紮巴、覺母也都返回寺廟參加法會。在此期間，寺廟無須為這些僧尼人員提供必要的生活費用。此種「淡漠型」的經濟依附關係，與三岩寺廟的內部結構有關。事實上，三岩寺廟的核心結構正是以帕措為基礎的血緣體系，每個寺廟固然需要獲得外界權力的支持，但內部血緣體系所提供的基本生活資料，才是僧尼和寺院得以生存和發展的根基。需要強調的一點是，察拉寺是依靠帕措的力量發展起來的典型寺廟；瓦底寺的紮巴雖分屬不同的帕措，但寺主的傳承一定要按照同一父系血緣的原則來進行。寺廟的產業實際就是家族的產

111　貢覺縣縣志編寫辦公室：《瓦底寺歷史情況調查彙報》（1961年），民宗盒。

業，寺廟內部的日常管理也是家族式的，所謂管理寺廟實際與管理一個家庭無異，甚至大喇嘛的妻子和其親屬也可直接參與到寺廟的管理當中。

由此可見，在宗教內部的組織與管理上，三岩人始終無法輕易跨越血緣的界限。因此，供養關係雖在，但每個三岩人依然獨立於寺廟的經濟體系之外；即便屬於某一寺廟的覺母與紮巴，也僅僅意味著他（她）們以該寺作為自己修行的場所。此外，三岩人多數信奉寧瑪派，該派尤其注重個人的修行，忽視來自戒律方面的嚴格要求，這就決定了僧人與寺廟始終處於一種鬆散的關係。寧瑪派的大喇嘛、活佛都以父子、師徒傳承等方式傳授密宗知識，此傳授一定要在私底下進行，不可被外人獲知。因此，即便屬同一喇嘛的弟子，彼此之間也可能不知道對方的修行情況。另一方面，作為師長的喇嘛也會嚴守秘密，絕不向外人透露弟子修行的半點風聲。這樣，每個弟子都與自己的導師建立起直接的聯繫，他們與寺廟的關係反而相對弱化。按照寧瑪派的規定，弟子需嚮導師交納錢財以作為供養，這樣就從另一個方面促進了弟子與導師之間的經濟聯繫。由此可見，以紅教為主的三岩寺廟，實際上是一些內部存在核心、外部存在流動邊界的集合體。從這個意義上講，三岩寺廟的分散性特徵，既是峽谷人群的關係受環境限制的體現，又是他們依據血緣關係建立起彼此聯繫的證明。

因此，當三岩進入國家之後，寺廟參與地方政治的過程，實際上就是大喇嘛或大活佛的家族參與地方政治的過程。1959 年，三岩瓦底寺、洛果寺、崩果寺的活佛和大喇嘛均參加了一場以達賴為主的叛亂運動，並與江東過來的叛首四朗多吉一同上山抵抗解放軍的進入。很多三岩民眾跟隨寺廟參加了此次叛亂活動，因為其中許多人的子女或親屬就在上述的三座寺廟裏修行。瓦底寺的活佛德色其美最後死於這場叛亂；瓦底寺大喇嘛生格紮堆參加了叛亂組織四水六崗，並在叛亂中被軍隊逮捕；瓦底寺管家白利沖、桑旺洛布、多吉策仁、甲侖阿松、鐵棒喇嘛牛泊，以及洛果寺大管家翁財紮西、崩果寺大喇嘛次仁登珠、洛果寺管家阿羅等負責人也都參與了叛亂。

叛亂被平定之後，人民政府沒有立即對這些寺院的管理高層進行全面性的打擊，僅僅處理了以瓦底寺為核心的領導層。瓦底寺、洛果寺、崩果寺隨後進行了民主改革。在民主改革中，寺廟的土地被悉數沒收，牛、羊等生產資料也被充公並在周圍的村莊裏重新分配。這些寺廟總計被沒收土地 101 克、牛 150 餘頭，其中瓦底寺有土地 70 克，牛 150 頭，全歸其美活佛所有，洛果寺有土地 25 克，崩果寺只有土地 6 克。大量集中的土地和牲畜，顯示瓦底寺在經濟上所擁有的強大實力。然而，經過此次政治打擊，瓦底寺從此一蹶不振，「文革」之後更是蹤跡全無。可以認為，地方政治勢力的扶持，曾將瓦底寺推向了地方政治的權力中心；然而，一場意料之外的政治事件，卻是導致其由全盛迅速轉向衰敗的根本原因。

三　白日寺和尼中寺

白日寺與尼中寺均位於中三岩區，此片區為宗政府所在地，因此與宗本的聯繫最為密切。在上、中、下三岩中，上三岩的耕地最多；下三岩的森林資源最為豐富；中三岩的耕地雖然最少，但卻最為集中，這裏也是帕措制度保留得最有特色的地方。此外，在趙爾豐派人管理三岩之前，三岩宗教勢力的影響比其它宗要弱許多，發展的時間也較短，宗教主要從白玉、德格等地區傳入，一些寺是白玉、德格的分寺。[112] 1917 年，西藏噶廈政府開始在三岩地區設宗政府進行管

112 貢覺縣縣志編寫辦公室：《三岩社調材料》。

理，積極扶持當地的宗教勢力以利於自身的統治。在三岩頭兩任宗本——索布該根和折玉色的資助下，白日寺與尼中寺相繼成為中三岩地區的中心寺廟。兩個寺廟中，白日寺的建寺歷史要久遠許多；相比之下，尼中寺是座新建的寺廟。

按照敏都鄉紮馬寺阿德活佛的說法，三岩地區在公元 7 世紀時曾建有一座著名的寺院——「嘉達噶松」，「達」即為達拉寺，又名熱克更慶桑燈林寺，曾與當時拉薩修建的大、小昭寺齊名（另一種說法認為它與桑耶寺齊名）。但在 15 世紀後，達拉寺逐漸走向衰退，僧尼紛紛出走並另外修建了 13 座小寺廟，分佈在三岩的各村，僧尼總數在鼎盛時期曾達 1,000 餘人。白日寺就是這 13 座分寺之一，寺址就在現雄松鄉加卡村附近的一座高山上。

清末民初，劉贊廷曾描述當時的武城縣有 8 座寺廟，其中白日根寺（即白日寺）位於本城，為黃教寺院，僅有喇嘛 1 人。[113] 1917 年，噶廈地方政府派遣藏軍進入三岩，並設宗政府實行管理，首任宗本名為索布該根。索布該根接管三岩以後，考慮到三岩人搶劫成性，想到利用宗教勢力來鞏固自己的統治。為此他極力提倡宗教，勒令全宗各村派人到宗政府駐紮地附近的白日寺當紮巴，同時每年給寺廟和紮巴 400 鬥青稞作為補助。在索布該根的大力支持下，白日寺由一兩名喇嘛，迅速發展到經常召集 40 多名紮巴在寺內念經的規模，白日寺也很快成為中三岩寺廟勢力的中心之一。與察拉寺的做法相一致，主持白日寺日常事務的大喇嘛由本地帕措——白日沖家族的紮巴成員擔任。

此外，白日寺還與瓦底寺建立起密切的聯繫。當時擔任瓦底寺德色其美活佛大管家的有 3 人，分別為白日沖策旺洛布、甲沖阿松、多

113 劉贊廷編：《武城縣志》，《中國地方志集成・西藏府縣志輯》（成都市：巴蜀書社，1995年），頁131。

吉次仁，他們在地方上都有較大的權力，上三岩的人稱之為「白、甲、多松」[114]，其中白日沖策旺洛布就是一名來自白日沖家族的成員。當時白日沖的一戶家庭中有兄弟 5 人，老大白日布吉是白日寺的大喇嘛，老二白日策旺是洛果寺的大喇嘛（死後由其妻曲拉繼承其職位）；老三白日赤來是朗格牧場的學本，新中國成立後曾任宗解放委員會委員；老五就是瓦底寺大管家策旺洛布，曾兼任過洛果寺的管家。由此可見，以白日寺為權力依託的白日沖家族，已經成為中三岩新崛起的地方權力中心。據現今三岩老人的回憶，當時只要白日沖的老三白日赤來出來說話，三岩人都要吐舌頭並高呼「拉嗦！拉嗦！」，意為不敢違抗。

由此看來，三岩宗教和寺廟若要獲得長期發展，一個基礎前提是必須與本地的帕措血緣關係緊密地結合起來，此點可視為一種常態。另一方面，三岩地區出現了宗教、經濟、政治與帕措制度緊密結合的人際網路，表明三岩峽谷的社會政治化進程已經達到一個較高的水準。

索布該根離任之後，來自拉薩地區的官員折玉色成為三岩宗的第二任宗本。折玉色率領 400 名藏軍駐紮在中三岩雄松鄉，兩年後曾回到拉薩一段時間，宗本職務暫由其管家教足占堆代理。在折玉色宗本管理三岩期間，至少採取了兩大政治舉措：一是全面收繳全宗民眾的槍支，二是大力支持修建一座新寺廟（尼中寺）。據說，折玉色宗本支持修建尼中寺的原因，主要是他本人來自拉薩，很早就意識到宗教在社會控制上所具有的強大力量，因此他對宗教推崇備至。折玉色認為，正是三岩人缺乏虔誠的宗教信仰，人們才會糾纏於無休止的械鬥之中。於是，他從德格地區的竹慶寺請來了寧瑪派高僧在三岩傳教，

---

114 意即強調除德色其美活佛外，這三家在地方上權力最大。

自己負責提供必要的人力、物力，終於在中三岩與下三岩交接處修建起一座嶄新的寺廟——尼中寺。尼中寺位於上羅娘和崗托之間熱那拉山頂的尼中村，該寺亦因此得名。根據今天仍然能夠見到的關於尼中寺的材料[115]，該寺是當時三岩地區僅次於察拉寺和白日寺的第三大寺廟。

另一方面，遠在德格的竹慶寺願意派遣僧人來到三岩地區傳教和建寺，部分原因固然是對宗本折玉色邀請的盛情難卻；但更為重要的是，竹慶寺希望將自己的勢力擴展到三岩地區，因為長期以來三岩人桀驁不馴、夾壩成風，不僅不服從德格土司的管轄，而且給本地的治安管理帶來很大的隱患。很快，竹慶寺派來堪布土登群培在三岩傳播宗教，希望能在當地修建一座子寺。由於三岩峽谷土地有限，且多數土地被各地的帕措勢力所控制，土登群培在很長時間內均無法開展工作，只能暫住在宗政府裏，為宗本和其家人念經度日。之後，折玉色曾勒令全宗民眾必須過來聽講經文，但效果不甚明顯。為此，折玉色特意想出一個辦法，下令給每個過來聽經的人發放一些補助，結果此法十分奏效。隨著前來聽經的三岩人越來越多，土登群培也漸漸在三岩地區建立起足夠的威信。

如此一來，籌建寺廟的基礎工作已經做好，但寺廟發展與維護還需獲得地方經濟的支持。最初的寺址選在宗政府所在地的雄松區附近，這樣政府與寺廟就可互相依靠、互相扶持。然而，此時在雄松區已有兩座寺廟——白日寺和缺所寺，它們自然不希望地方上再建有一座新寺廟與它們爭奪有限的資源。於是，兩座寺廟分別邀請土登群培去自己的寺廟講經，並通過打卦的形式證明，在宗政府附近已無適合的場所用來建築一座新的寺廟。從白日寺與缺所寺的舉措可知，它們

115 僅在今貢覺縣縣志編寫辦公室存有一份《尼中寺情況調查報告》（1965年），手抄本。

極力限制外來宗教勢力在三岩內部的發展，並試圖將其納入自己的體系之內，以維持自己在地方上所取得的地位和權力。

然而，竹慶寺方面堅持要另建新寺，第二次選址確定在上羅娘的多家頂或是木協鄉，但第二次打卦的結果依然有悖初衷。直到舉行了第三次的打卦，最終確定在尼中村建寺。尼中位於熱那拉山上，不僅地勢好，且有附近的森林可提供充足的木材，熱那拉山也是三岩地區著名的神山之一。更重要的是，這裏靠近宗政府，這樣也就沒有違背建寺的初衷。建寺之後，宗政府利用政治權力充分調動崗托、學雄、木協、拉巴、也古等地為尼中寺輸送大量的紮巴、覺母入寺修行。據說，折玉色宗本曾動員全三岩的人來尼中寺當紮巴，為此專門召開過數次頭人會議進行討論和表決。

聽聞土登群培堪布要在熱那拉神山上修建寺廟，中、下三岩的村民熱情高漲、鼎力相助，連木協等距離雄松較遠的村莊都派人參加伐木、築牆、修建廟舍等工作。宗政府也兌現了自己最初的諾言，每年提供 350 斗青稞給尼中寺作為糧食補助。在各方的大力支持下，尼中寺的主體建築群很快拔地而起，由堪布土登群培全面主持寺務。由於尼中寺是座新建寺廟，又沒有活佛，假如土登群培圓寂該寺將面臨消失的危險。為了使該寺能夠傳承下去，竹慶寺通過卜卦說服堪布土登群培娶妻生子，以便讓其子嗣來承襲寺廟活佛的職務。因此，堪佈在 47 歲時娶了上郎年村的一女子為妻，生有兩男一女；其中的兩個男孩——班巴江村和銀彭，成為擔任該寺廟活佛的不二人選。與此同時，尼中寺也進入了最為興旺的發展時期，有駐寺紮巴 10 多人、覺母 20 多人。堪布土登群培專注於宗教事務，寺廟的日常工作多交由自己的妻子打理。在堪布土登群培圓寂之後，由於兩個兒子尚未成年，竹慶寺便沒有讓他們接管該寺，而是把兩人接去竹慶寺學經，另外派遣了白巴剛玉紮巴來尼中寺當堪布並主持寺務。由於白巴剛玉經營不力，尼中寺日漸蕭條，寺廟凋敝。直至宗政府解體、新的政治權力進入三岩之後，兩個小活佛也從竹慶寺學經回來，他們重新著手發展寺廟，召回了已經回家的紮巴、覺母，並在附近村莊民眾的幫助下重修處於廢墟中的尼中寺；與此同時，白巴剛玉堪布則返回了竹慶寺。班巴和銀彭活佛是老堪布土登群培的兒子，而且精通經典、為人厚道，因此僅過 1 年，就在附近的郎年、木協、也古、崗托、拉巴等村中發展出不少忠屬於自己的信徒。

尼中寺的經濟來源，除了宗政府每年撥給的 350 斗青稞外，還有上郎年的兩塊土地的秋天收成，其播種、耕種和收割工作均由當地人幫忙完成；此外，寺廟還派人耕種其在崗托的 5 克土地；其它收入主要來自宗教活動，其中最多的是在秋收前後去木協、羅娘、崗托、拉巴、也古等村念經（一般每年念兩次），然後由這些村莊提供一定數額的糧食作為布施。

尼中寺的興盛在三岩地區具有相當的代表性。三岩寺廟的形成，一般遵循這樣一條規律：新建寺廟的首任喇嘛必須具備領導魅力，他們往往是獲得三岩人普遍認可的宗教領袖；此外，此人還須獲得地方政治勢力的大力扶持。寺廟的第一任主持並非轉世活佛，而是設法在三岩地區修建起一座新寺廟的喇嘛、堪布或紮巴。在第二任或數任之後，這些人的後代便可以大喇嘛或轉世活佛的名分，順理成章地成為寺院的主持。因為本土信仰以寧瑪派為主，最初僧人通過打卦的方式來確定自己是否可娶妻生子，並以子嗣作為寺院的大喇嘛或活佛的繼承人。宗教身份的父子相傳，使得帕措制度下的世俗身份與宗教制度的神聖身份很容易找到一個結合點。這也就解釋了為何直到國家政權進入之前，三岩始終沒有出現一座足以統一整個三岩地區的中心寺廟。究其原因，並不在於三岩人執迷於原始宗教（苯教）或輕視其它派系的宗教信仰，而是三岩的寺廟基本採用了與父系血緣體系相結合的策略。此種方式由於過分強調某座寺廟以某一帕措血緣的關係為根基的重要性，反而為宗教勢力的進一步發展設置了一道無法逾越的障礙。

四 臺西寺

如前文所提及的瓦底寺和尼中寺，臺西寺同樣是座新建寺廟，不同點是該寺修建於 20 世紀八九十年代，至今依然在不斷地擴建，是當前整個三岩地區最具影響力的紅教寺廟。

與藏區的其它地方一樣，「文革」期間除了少數幾座寺廟得以倖存下來之外，三岩的寺廟大多遭受毀滅性的打擊。自 20 世紀八九十年代以來，一方面實施的民族地區的宗教政策有所好轉，另一方面三岩地區的經濟獲得了一定程度的復蘇，當地又掀起新一輪的重建或新建寺院的熱潮。截至 1997 年，三岩六鄉已有 23 座註冊寺院，除噶托寺屬噶舉派以外，其它的寺院均為紅教寺院，甚至連原屬黃教的白日寺也改弦易轍，成為一座紅教寺院。在這些寺院中，以臺西寺最有實力，也最具代表性。如果說其它的寺院只能在臨近的幾個村子發揮其影響作用，則臺西寺的宗教勢力不僅覆蓋到三岩六鄉，而且延伸到貢覺、芒康、白玉、德格、理塘、康定、拉薩等廣闊地區，成為三岩歷史上唯一一座真正意義上的中心寺廟。

與臺西寺相隔僅半裏之遙，還有另外一座新建的紅教小寺廟——紮馬寺。以下先對紮馬寺做一些簡要說明，便於進一步的比較與說明。

紮馬寺現有活佛 1 名，名為阿德，1966 年出生於白玉縣山岩鄉色巴大隊的八學村。據筆者與阿德活佛的訪談獲知，紮馬寺毀於「文革」期間，重建工作始於 20 世紀 90 年代中晚期。2006 年春，紮馬寺已初具規模，寺裏除住有阿德活佛一家人以外，還有紮巴 7 名，覺母 7 人；這些僧尼中的多數成員來自敏都鄉，少數來自鄰近的沙東鄉。阿德活佛的父親原是八學村的一名住寺喇嘛，「文革」期間被勒令還俗。阿德自小在家中向父親學習經文、佛法。1980 年，阿德拜更薩寺的加裏喇嘛為師，並在該寺學習了 16 年的時間。學成歸來以後，阿德受命主持紮馬寺的重建工作。經打卦確定，紮馬寺宜修建在敏都鄉阿尼村西南向一座山丘的山腳處，這裏原來住有阿尼村的三戶人家。經過思想動員，三家同意搬回到阿尼村中，騰出自己的房子和耕地用來修建寺院。與此同時，阿德活佛成功從鄰近的鄉村和外部募集到 40 萬元用於購買所需建材，並從白玉縣山岩鄉的森林裏運來大量的木材。在阿尼村村民的無償援助下，紮馬寺的主體部分很快修建完畢；一條由阿尼村通往紮馬寺的通車村路，也在村民們的合力支持下迅速成型。

紮馬寺為紅教寺廟，按照紅教的教義，阿德活佛可娶妻生子，自己的兒子也是活佛，需在寺院學習、生活，以便日後接管寺院。阿德活佛的妻子名為左擁，是本地卡巴村人，為阿德生育了三子一女，其中大兒頓珠、二兒巴頓也在寺裏修行並參加日常管理的工作，成為阿德活佛的左膀右臂。

阿德活佛表示，紮馬寺自修建以來，寺院主要做了五個方面的工作：第一，教育村民遵紀守法，杜絕偷、搶等行為；第二，鼓勵村民送子讀書，求學上進；第三，積極支持和開展扶貧工作，為村裏的困難戶發放糧食補助，贈送一些牛、羊等牲畜；第四，收養村裏的孤寡老人；第五，定期舉辦法會和念經活動，為村民祈福禳災。

可以認為，紮馬寺的發展現狀是三岩紅教寺院的一個縮影。必須指出，這些寺院規模較小，一般只能在寺院的所在地或臨近的幾個村子內發揮影響力。相比之下，臺西寺無論是寺院規模、僧尼人數，還是在整個三岩地區乃至對外部的影響力上，均達到了一個歷史的新高。敏都鄉臺西寺是目前貢覺縣最大的寺廟，該寺距敏都鄉政府駐地有 12 公里之遙，海拔 3,976 米，修有一條通車公路。寺廟主體面東背西，大門朝向東北，寺院四周群山起伏、重巒疊嶂。臺西寺佔地面積十分寬廣，建築群也頗具規模，平時住寺學習、修行的僧尼常達兩三百人，遠遠超出了原來定編的人數。臺西寺在舉辦重要的法會時，有大量的僧尼、信徒、百姓從周邊地區和外部源源不斷地湧入，寺院裏輕易就可超過一兩千人，被認為是當地治安的一大隱患[116]。

與紮馬寺一樣，臺西寺修建在敏都鄉阿尼村附近的過拉山上，同樣是一座新建寺院，但它卻與史上康巴地區的一座古老寺廟——熱克更慶桑燈林寺（又名達拉寺）建立起最為直接的聯繫。據經文記載，熱克更慶桑燈林寺是忿怒蓮師和益西措嘉佛母的修行聖地之一。公元 764 年，蓮花生大師與益西措嘉佛母曾來此修行；公元 813 年，益西措嘉佛母帶 128 名弟子在此修持達半世紀之久；後來，大譯師達拉阿嘎卓登住持達拉寺，從印度迎請 108 位班智達，8 位在此示寂，留下金剛身靈塔，阿嘎卓登與其弟子多人得虹光身成就。如前文所述，熱克更慶桑燈林寺據說修建在三岩地區，但原址已不可考。新建後的臺西寺對外宣稱為熱克更慶桑燈林寺的主寺，把自己當作該寺的衣缽傳地。

如前文所述，三岩寺院的修建與發展，常與一位處於核心地位的堪布、喇嘛或活佛有關；正是這些在三岩地區生活的社會精英，在促進當地社會的發展上起到了不遑多讓的作用。臺西寺自不例外。事實上，近年來臺西寺獲得了飛速的發展，除與自身宣稱所擁有的久遠的歷史有關外，還與白洛活佛在三岩內外地區活躍的身影有關。目前臺

116 參見貢覺縣政法委駐敏都鄉工作組《關於白洛活佛情況的專題調查報告》，資料來源：貢覺縣政府辦公室。

西寺的掛名活佛為竣美次仁，但此人十分年輕，個人威望遠遠不如白洛活佛，後者實質成為操持臺西寺一切事務的幕後管理者，這與白洛活佛個人的特殊身份不無關係。

白洛活佛是三岩本地人，原名白瑪旺加，1971 年 3 月出生在三岩敏都鄉艾堆村，自小就拜在更薩寺嘉若拉根喇嘛門下學經，1980 年被白玉縣安章寺（又名阿宗寺）尋訪認定為該寺白洛活佛的轉世靈童，1982 年被迎接到安章寺舉行坐床儀式，佛位在該寺的珠巴活佛、甲色活佛之後排名第三[117]。然而，白洛活佛在安章寺期間，與位居第四的江噶活佛（珠巴活佛之子）不和，兩人引發了多次的矛盾與衝突，為此白洛活佛曾多次出走外地。1998 年，白玉縣以白洛活佛的活佛名譽資格未獲得甘孜藏族自治州人民政府的承認，且所持有的活佛證書為誤領他人為由，將其貶為一般僧人，為此白洛活佛十分不滿，當年便出走到拉薩、山南等地。2001 年二月（藏曆），安章寺珠巴活佛圓寂，白瑪旺加以白洛活佛的身份前往安章寺念經超度亡靈，期間再度與江噶活佛引發糾紛，致使兩者信教僧尼、群眾分成兩派[118]；兩派為維護各自尊者的尊嚴，數次引發群體間的械鬥。為了平息事端，白洛活佛主動回到家鄉，並在村民的強烈要求下，主持本地臺西寺的擴建工作。1986 年，被認定為安章寺白洛活佛的白瑪旺加首次回家弘法，就在當地修建了一座小廟，取名「臺西寺」。1993 年，白洛活佛再次回到家鄉，應當地村民的要求，又在這座小廟的基礎上將其擴建為一座有 16 柱大的寺院（現臺西寺小經堂）。當時，改建臺西寺的申請報告曾提交給貢覺縣民宗局，但並未獲得批准。1998 年，通過多方努力，擴建臺西寺的申請報告再次提交給貢覺縣

117 安章寺有9位活佛，排名依次為珠巴、甲色、白洛、江噶、達波、古窮、日洛、更博、四郎紮西。

118 兩派中均有白玉縣山岩鄉和貢覺三岩地區的群眾。

民宗局，這回終於獲得了批准。按照檔要求，寺院定編僧尼 50 人，並成立寺管會（又名民管會）進行管理。寺管會有 5 名成員，主任為竣美次仁（現臺西寺活佛），副主任土登達吉，白洛活佛為寺管會成員之一。

事實上，白洛活佛才是擴建臺西寺的核心人物。在白洛活佛的主持下，臺西寺近十幾年來的發展速度甚為驚人，資金實力較為雄厚，建築規模也十分宏偉。當前該寺僅土地面積就有近 1,200 畝，自 1997 年以來共修建了 1 所能容納數千人的大經堂、1 個壇城、8 座菩提佛塔、3 處僧尼閉關房（閉關人數常年保持在五六十人），另外還建有大量的僧房、食堂、醫務室、敬老院等輔助建築群；開設衛生醫療服務部 1 所，配備衛生人員 4 人，長期為僧尼、群眾治病療傷；還開設一家小賣部，價格合理，主要向入寺參觀、學經的人員出售日用品；在貢覺縣經營一間商業店鋪，年營業收入額達 8 萬元；在拉薩開辦一家小型地毯生產廠，年經濟收入達 90 萬元；在成都、深圳等地還設有辦事處，用來聯絡和發展信徒，接受社會的捐贈、布施等物資。

臺西寺定編人員只有 50 人，但該寺大量接收外地短期入寺學經與修行的僧尼和信徒，最多時住寺人員超過 1,000 人。除禪修和講法以外，臺西寺每月均定期舉行各項法事活動。例如，每逢藏曆初八，僧尼在相應的經堂舉行藥師佛、綠度母的法會；藏曆初十至二十九，舉行忿怒蓮師法會；藏曆三十，舉行金剛薩埵法會。在十五、三十兩天，寺院的眾比丘、沙彌集中在大經堂誦戒。此外，部分閉關僧眾每日修持長壽佛儀軌，消除眾生的壽障；度母經堂每天都有綠度母的法會；大圓滿閉關禪修中心每天進行約 20 小時的修持，包括了個人禪修和各種密法修持的法會，如「訣」（斷我執）的法會。為了鞏固本寺在當地乃至外地的影響，臺西寺每年舉行四次重要的集體性法會，其中一次叫「珠協」的宗教佛事活動最為盛大，前來朝聖、祈禱的僧尼群眾除本寺廟的外，還有羅麥鄉、沙東鄉、雄松鄉、敏都鄉及察雅縣、芒康縣、白玉縣的和少數拉薩、山南地區的僧尼。每年藏曆一二月份，臺西寺經常積聚上千名的群眾僧尼，規模宏大，大批人員要在臺西寺停留 10 天左右。每年藏曆七月初五開始，臺西寺要舉行為期 5 天的「蓮花生大師盛會」，據說能驅鬼辟邪。這時來自三岩各村的男女老少均過來參加，他們在臺西寺周邊搭起五顏六色的帳篷，帶來了酥油茶、糌粑、青稞酒，興致勃勃地欣賞在盛會期間舉行的跳神儀式的表演。為了擴大寺院在外地的影響，臺西寺每年還要在藏曆年期間舉辦一場規模盛大的「極樂法會」，宣講獲得真實解脫、往生西方極樂世界的方法。「極樂法會」為期 15 天，現已成功舉辦了 13 屆。舉行「極樂法會」時，法王（白洛活佛）親自帶領住寺修行和外地前來的僧尼、信徒為眾生祈福、念經，三岩周邊的群眾也自願過來參加。至於其它藏區（如拉薩、阿里、山南、林芝等地）和外地（雲南、甘肅、四川、湖南、廣東等地）無法前來參會的僧尼、信眾，他們也要在當地積極回應白洛活佛的號召，舉行大規模的放生活動。

2012 年 12 月 2 日至 16 日，臺西寺舉行了第 13 屆「極樂法會」。參加此次法會的既有不少來自藏漢各地區的諸位活佛、堪布、僧尼、信徒，也有三岩各鄉各村乃至鄰近縣區的大量村民。法會期間，全天候都有僧眾在會場中誦經修持；每天清晨 5 點，當集合全體僧眾的鑼聲敲響，全寺院的僧俗弟子就會一直修持到夜間 11 點，中間只有短暫的休息。每天下午階段的誦經修持結束，法王（白洛活佛）便為與會的人們開啟極樂世界的殊勝和往生極樂的方法，賜予種種無比珍貴的教言。12 月 15 日，在法會結束前一天，法王要為從各地前來的民眾灌輸極樂世界的怙主阿彌陀佛的身、語、意、功德、事業的所有事項，同時還為他們舉行灌頂儀式。與此同時，在臺西寺露天的廣場兩邊豎起了兩面黑色的旗子，旗上寫著殺、盜、淫、妄等「不善業」，這些旗子隨風飄揚，代表眾生痛苦的根源。法王端坐在中間的法座上，請求眾生剪斷與「不善業」的種種聯繫。「從現在開始，我們發願，在我們心裏，我們永遠不忘記佛、法、僧三寶，好嗎？」法王發出了懇求。在一陣雷聲般的歡呼聲中，大家舉起了手。「從現在開始，我們要愛護身邊的每一個眾生，答應的人舉起手！」又是一陣雷聲轟動，大家舉起了手。隨後，法王說：「今天我們發願，我們不殺生，好嗎？」群眾又舉起了手，一同答應：「好！」法王繼續說：「我們從現在開始不抽煙、喝酒，好嗎？」「好！」大家又舉起了手。法王接著說道：「我們從現在開始，不打架、不鬥毆，好嗎？」在場所有的人又舉起了他們的手……到了 12 月 16 日，即在法會的最後一天，要舉行每年一度的展佛儀式，這也是臺西寺一年中最為重要的盛事。巨大的唐卡重達千餘斤，需 80 多人才能扛動。隨著這幅面積 2,500 平方米的大唐卡從山坡上被徐徐放下，釋迦牟尼佛祖的瑞相逐漸展露出來，標誌著法會取得了圓滿的成功。

綜上所述，臺西寺雖然僅有 20 多年的建寺與發展歷史，但在白洛活佛的一手操持下，不僅迅速成為當前整個三岩地區的中心寺廟，就是在藏區的其它地方乃至外地的一些省份也頗具深遠的影響力，成為了貢覺縣、康地乃至藏區一所知名度甚高的紅教寺院。

第五節　寺廟的經濟收入

傳統馬克思主義的觀點認為，經濟基礎決定上層建築。宗教組織作為上層建築的組成部分，不可避免地受經濟因素的影響與作用。

如前文所述，三岩在歷史早期就出現了相當濃厚的宗教氛圍。例如，公元 7 世紀，位處藏區邊陲之地的三岩建有一座著名的寺院——嘉達噶松（達拉寺），該寺可與衛藏地區遠近聞名的大昭寺、小昭寺或桑耶寺相提並論。自 11 至 12 世紀始，在西藏各地先後形成的地方勢力，幾乎都是帶有不同程度的政教合一的寺廟集團。寺廟的僧侶也形成了一個獨立的社會集團，他們掌握了一定的生產資料，並對社會產品的生產和分配佔有一定的支配地位。在這一時期，佛教勢力已不僅局限於社會上層，而是深入到社會的各個階層，使得西藏的佛教有別於一般佛教的特徵。後來成為喇嘛教的各個派系，主要也是在這一時期形成的。在這一階段的一個最普遍的特徵就是，這些新興的較大的寺廟，無不是一個個地方的封建割據勢力，寺廟不僅是一個宗教組織，也是一個地方政權組織。[119]

與此同時，三岩地處窮鄉僻壤，基於父系血統為依託的帕措制度又極為盛行，由於中央政府和地方勢力長期無法進入到三岩施加政治影響，因此，地方勢力與宗教相結合的情況相當罕見。另一方面，來自本土苯教的勢力底蘊深厚，佛教在三岩的發展勢頭受到了遏止，其影響不僅沒有擴大，反而呈現出退化的跡象。一個無可否認的事實是：在 15 世紀前後，達拉寺逐漸走向了衰退，該寺的僧尼紛紛出走，在三岩各村另外修建了 13 座小寺。某種程度上，佛教雖未能與地方的政治勢力結合以獲得快速的發展，但帕措卻為佛教的衣缽傳承提供了必要的庇護。在 19 世紀以前，三岩大多數寺廟基本建立在村子裏，長期為本村（沖）的帕措頭人所把持，這時寺廟與該帕措的結合度最高，寺廟的僧尼亦主要由本帕措的成員來承當，並以父子、師徒私授的方式把宗教文化傳承下來。然而，由於帕措自身的實力相當有限，再加上三岩地區長期處於整體稀缺的狀況，三岩的寺廟始終無法維持一個較大的規模，僧尼人數也被限制在一定的數目之內，經堂

119 柳升祺：《西藏的寺與僧（1940年代）》（北京市：中國藏學出版社，2009年），頁129。

式的小寺廟才是三岩各村的常態，其中一個主要的原因是來自經濟層面的考慮。

到了 18 至 19 世紀乃至 20 世紀早期，生產力有了一定的提高，人口的增殖又對有限的土地資源造成壓力，三岩人開始頻繁地外出以夾壩、盜搶為營生，這對三岩的周邊地區造成了很大的困擾。由於這些地方恰巧是連接漢地與西藏地區「茶馬互市」的商貿要衝，這就促使了中央政府和地方政治勢力先後試圖以武力攻佔三岩並對其施加政治影響。可以認為，在中央政府或地方政治勢力的扶持下，三岩的宗教勢力開始有所增長，寺廟的規模也在不斷地擴大。誠然，三岩地區寺廟數量的增加，規模的不斷擴大，僧尼人數的持續增長，均需寺廟自身擁有強大的經濟實力以作為物質基礎的保障。

如前文所述，在三岩修建一座紅教的寺廟並維持其今後的發展，首先需要有一名甚有威望的大喇嘛或活佛來主持，他們在傳承和推動當地宗教文化活動方面起到了舉足輕重的作用。一定程度上，這些大喇嘛和活佛成為了三岩地區叱吒風雲的歷史人物，或如馬克斯・韋伯所言，他們擁有「卡里斯瑪」型的權威，是改變歷史進程的英雄人物。所謂歷史人物，並非指歷史長河中的任何一個人，而是指在一定的歷史時期對社會歷史進程或重大歷史事件有突出作用、影響較大、留下明顯痕跡的人。傑出的歷史人物無疑會對當地的歷史發展產生重大的影響，這是因為：他們是一定歷史任務的發起者和宣導者；他們是歷史活動的組織者和領導者；此外，他們還是歷史進程的重大影響者。就三岩寺廟的歷史與現狀而言，這些大喇嘛和活佛在各自寺廟所從事的經濟活動上，發揮出旁人難以想像的重要作用。

經過數百年（特別是近一兩百年）的歷史演變，三岩寺廟的經濟由以往的貧困、一般，發展到當前的繁榮時期。按照不同的歷史發展階段，這些寺廟在三岩地區從事的經濟活動可分為三個不同的階段：

①以 1910 年三岩正式納入國家版圖之前為其前期階段，這一時期寺廟的主要經濟來源來自化緣、收布施、募捐，參與一定程度的商業貿易，分享本村帕措成員外出夾壩、盜搶的部分收入，以及作為仲裁者調解帕措之間的械鬥與糾紛並由此獲得一定的報酬等，但其收入有限，只能基本維持部分住寺僧尼的生活和各種佛事活動的開支。②以 1910 年到 1959 年三岩實行民主改革期間為其中期階段，這一時期的經濟來源除了沿襲舊有的辦法外，還新增加了地租剝削和牧場的收入，開闢如發放高利貸等經濟來源，從事有組織的經商活動，以及定期獲得宗政府的財政和糧食補助等，由此擴大了寺廟的物質基礎。此時的寺廟，住寺的僧尼人數有所增長，其收入除維持正常的活動開支外尚有結餘，寺廟的財產成為了一些大喇嘛、活佛的資產，他們由此積纍起大量的私人財產；與此同時，寺廟由於擁有雄厚的經濟基礎，開始對當地的政治和文化生活發揮重大的影響。③以自改革開放以來至當前為其經濟新時期的振興與繁榮階段，這一時期的重要特徵是，一方面，寺廟獲得了人民政府的政策扶持和資金補助，用以新建或修繕寺廟，採取定編制的方式給住寺僧尼發放生活補助；另一方面，把以往大喇嘛、活佛的私人財產轉變為寺廟的集體財產，除了繼續獲得以往化緣、收布施、募捐等項目的收入以外，一些寺廟（如臺西寺）以經濟實體的形式積極參加有組織的商業活動，擁有自己的公司和商隊，從經營蟲草、藥材、皮革、熊掌等土特產品，擴展到經營毛料、氆氌、百貨、服飾、手錶、珠寶首飾等日常用品和高檔貨，活動範圍也從本村、本鄉、三岩地區，迅速擴展到臨近和外部的貢覺、白玉、理塘、德格、江達等縣和昌都、拉薩等地區，甚至延伸到省外和內陸沿海的廣大區域。隨著民眾的家庭經濟條件大為改善，社會給予寺廟布施的力度在不斷地加強，寺廟自身的貿易活動也在不斷地擴大，而信徒人數也呈直線增長的趨勢。三岩寺廟的經濟實力日漸雄厚，經濟

水準不斷提高，寺廟的數量、規模以及僧尼人數均創造出歷史新高。

一　「國家進入之前時期」寺廟的經濟狀況以及活動方式

在這一時期，三岩寺廟的經濟來源主要依靠活佛、喇嘛外出念經、化緣等佛事活動和參與調解地方糾紛等社會活動收取布施、募捐、報酬等。例如，為信民的生產、婚慶、疾病、喪葬等念經收取一定的布施，以幫助帕措念消災經的形式坐享帕措的「夾壩」成果，調解帕措之間的械鬥與糾紛並獲取一定的報酬，等等。彼時寺院的規模很小，其轄區範圍亦十分有限，因此收入不多，僅能基本維持寺廟各項必要的佛事活動而已。這些基本的佛事活動，歸納起來有以下幾種：

（1）在轄區之內，帕措家生孩子，要請喇嘛念平安經；孩子卜卦起名之後，視其家庭情況和富裕程度支付酬費，數額多少不限，以一般家庭可以承受的限度即可。例如，富裕一點的家庭有給藏元數元到 10 元的，中等家庭會給青稞若干克或酥油若干斤等，貧困一些的家庭也會儘量提供少量的糧食作為補助，最窮的家庭至少也要提供幾坨牛糞給寺廟作為柴火。如果是牧場裏的農戶，還有自願送給寺廟一些奶牛、犏牛、山羊、藏系綿羊的情況。當然，一般情況下這些牲畜由寺廟造冊登記，然後留在農場裏由該農戶幫忙放養，但此後它們所出的酥油和幼畜均歸寺廟所有。

（2）帕措內有人生瘡害病，要請喇嘛念除病消災經，之後喇嘛根據病人情況和家庭經濟情況索取錢財，數額不限。例如，有送藏洋三五個或十餘個，也有送青稞若干克或酥油若干斤等情況。

（3）帕措內有人去世，要請活佛、喇嘛念祈禱經超度亡靈，富裕家庭一般要念足 49 天，貧困戶至少也要念 7 天。之後，將死者的一部分財產，如土地、牲畜交歸寺廟，由寺廟造冊登記後，仍交回給願戶耕種或放養，每年固定收租和交納畜牧產品。

（4）帕措每月照例都要去寺廟念「依怙」（平安）經，去的時候，每戶必須給寺廟送去錢、糧、酥油或柴禾、木炭、牛糞等。雖然各戶所出的份額有限，但彙集起來的數量依然相當可觀。

（5）帕措成員逢婚嫁之事，事前要請喇嘛卜卦看生辰、擇吉日。虔誠一點的家庭還要專門請喇嘛到家中，捏做由各種顏色搭配而成的酥油花。因為婚嫁是一個家庭的重大喜事，一般這類服務的酬費給得最高，有的家庭會慷慨地給予藏元數十元甚至百元，或青稞數十克。

（6）帕措成員出遠門，要找喇嘛卜卦擇日，或念平安經，以保路途平安，付的酬金多少不限，一般一至五個藏元。

（7）帕措組織外出盜搶，同樣要請喇嘛念平安經，保祐措巴不僅此行平安歸來，而且能收穫頗豐；若能成功搶來財物或牽回牲畜，還需請喇嘛念消災經，以告無罪過，一般以支付所搶之物或牲畜的三分之一作為回報，對此劉贊廷曾有過記載：「而所搶之物以三分之一貢獻喇嘛，請念消災經，以告無罪過。」[120]

（8）許多大喇嘛、活佛都略通醫術，常常充當起社區醫生的角色給病人看病、發藥，並根據病人的家庭情況收取一定的報酬。有的大喇嘛、活佛收徒傳授經文、繪畫、雕刻等技藝，需要弟子或其家庭提供一定的供養。

（9）由於大喇嘛、活佛在當地享有崇高的社會地位，他們往往充當起民間糾紛調解人和仲裁者的角色，調解後雙方都要給予一定的布施，一是表示謝意，二是作為傭金。由於三岩地區大小帕措並存，械鬥又經常性地發生，因此彼此之間存在著大量的糾紛，此時寺廟裏

120 劉贊廷編：《武城縣志》，《中國地方志集成・西藏府縣志輯》（成都市：巴蜀書社，1995年），頁153。

這些大喇嘛、活佛通過積極參加調解糾紛和械鬥的工作，可以憑此獲得豐厚的回報。

（10）修復寺廟或維修宗教活動場所時，分屬不同帕措的各家各戶都要捐錢、送糧、支勞役，較富裕的家庭要贈送家中比較貴重的物品，如珊瑚、天珠、瑪瑙、羊羔皮等，貧困家庭雖然無法贈送貴重物品給寺廟，也要送去糧食、柴火（牛糞），或背水出勞役等。

（11）每年例行的宗教節日或舉行盛大的法會活動，帕措都要聚集在寺廟裏磕頭、朝拜、摸頂、接取「神水」，祈求一年四季出入平安、人畜興旺、消災免難。各戶都要送給寺廟布施，數額多少不限，但宜量力而行、各表心意。不僅有三岩本鄉本土的群眾前來朝拜，而且三岩鄰近地區的信徒也會專程送來布施，這時寺廟會獲得一筆極其可觀的收入。

（12）每年春夏時節，喇嘛要到各村念求雨、防霜、擋雹等防災經，這時喇嘛根據村寨和帕措規模的大小、戶數、土地或牲畜的多少收取糧食，大村或大帕措收 25 包（每包約 70 市斤），小村或小帕措收 12 包；待秋收後，帕措還要請喇嘛念豐收經，以感謝神靈庇祐，同樣根據各戶大小收取糧食，有些寺廟會按所念經文的包數（以騾馬所馱的數量計算），要求村民支付相應的糧食分量。

（13）秋收時節活佛、喇嘛要帶上隨行人員四處奔走，走村串戶開展化緣和念經服務，並根據所念經文的多少索取布施。

上述各項所組成的經濟收入，多數由寺廟的「議空」來管理和使用。主要用於寺廟舉行大小法會和各種宗教活動的開支，寺廟日常維護，購置宗教用具和供給活佛、大喇嘛、管事人員及傭人的生活費用，對住寺紮巴只發給規定的少數青稞、鹽巴、酥油等生活必需品。至於開支後的剩餘部分，一般歸屬寺廟內活佛或大喇嘛全權支配，但一般也不會有太多的剩餘。

二 「國家進入之後時期」寺廟的經濟狀況以及活動方式

國家與地方政權進入到三岩的時間並不算長，自清末民初趙爾豐在三岩設治管理開始，到 1951 年西藏實現和平解放，持續時期約為半個世紀。國家與地方政府的進入，為三岩寺廟的發展帶來了契機，其中一個集中的體現是：地方政府在三岩地區大力扶持和修建寺廟，作為政府實現有效統治的輔助手段。在宗政府政策扶持下，一些寺廟與周邊的村寨建立起直接的供養關係。以下三岩地區的察拉寺為例，該寺在南格、當孝、宗麥、郭布、青布等地擁有大片的寺屬土地，收租在 500 克以上。又如瓦底寺，該寺與周邊的腳如、阿益、阿中、熱格、夏熱、達棋、通沙等地確立起供養關係。根據這種供養關係，瓦底寺可向其屬地徵集僧尼、支用人力、租賃土地和發放高利貸等，外人無權干涉。此外，一些寺廟每年還能從宗政府處獲得一定數額的糧食補助。例如，白日寺在首任宗本索布該根的支持下，每年可獲得 400 鬥青稞作為糧食補助；同樣，尼中寺在建寺後，每年也可從宗政府處獲得 350 鬥青稞作為糧食補助。

由此可見，就經濟收入而言，三岩寺廟在「國家進入之後時期」的歷史發展具有一個鮮明的特徵：寺廟除沿襲原有的募捐、攤派、化緣和收取布施等外，還新增加宗政府定期的糧食補助，並與一些村寨建立起直接的供養關係，通過收租和發放高利貸等活動獲取暴利。一旦寺廟獲得了土地，即可安排農戶對其進行耕作，並根據土地的大小和好壞收取固定的收入，年年如此，沒有變更。此外，寺廟開始通過春天放債、秋後歸還的形式進行高利貸剝削，有借二還三、借三還四、借四還五等幾種放債的形式；但實際情況更為複雜一些，利息往往超過本金數倍，這給三岩民眾增加了沉重的經濟負擔。通過向村民收租、置地、支派勞役、發放高利貸、債務等，一些寺廟很快積累起大量的財富。至於這些私有財產，無一例外均為寺廟的大喇嘛或活佛私人所有。例如，在 1959 年到 1960 年期間，三岩地區進行了民主改革，瓦底寺、洛果寺、崩果寺三寺的土地和生產資料最先被沒收和充公，總計沒收土地計 101 克、牛 150 餘頭；其中屬於瓦底寺的就有土地 70 克，牛 150 頭，全部屬該寺的德色其美活佛私有，足以說明私人財產的集中達到何種程度。

另一方面，由於寺廟的經濟實力大為增強，外地對藏區土特產品又存在著大量的市場需求，一些寺院專門設置管家的職務（如察拉寺設血根、基巴兩職），除了管理寺廟日常帳目以外，還負責從事有組織性的經商活動。在血根、基巴的管理與監督下，從本寺紮巴中遴選若干名聰明、能幹、辦事認真、有經濟頭腦的人作為寺廟的「充本」（即寺廟服務的商人），並將寺廟多餘的資金和騾馬集中起來交給他們作為經商的資本，專門為寺廟從事經商活動。「充本」並非固定職務，按照規定每逢三年要更換一次，主要是寺廟方害怕他們長期在外，易受外地影響，寺廟的戒律教規會逐漸淡漠，由此導致貪贓枉法的行為出現。「充本」在任職期間，帳目不能出現虧損，騾馬不許丟失、死亡，否則須數倍賠償損失。「充本」選定以後，便從三岩地區的群眾中收購熊掌、鹿茸、麝香、蟲草、知母、貝母、皮毛等土特產品，組織馬隊運往臨近的理塘、康定等地區出售，然後再從那裏購回食鹽、茶葉、絲綢、布匹、鼻煙（大煙）、哈達等日用百貨，除少部分與本地三岩群眾交換外，再次收回大量的土特產品，餘貨運往距離更遠處的西藏昌都、林芝、拉薩等地銷售，又再從那裏購入毛料、呢子、氆氇、唐卡等貨物。如此反覆，年復一年，寺廟所經營的貨物品種越來越多，活動範圍越來越廣，獲利愈加豐碩，實力也愈加雄厚。

三　現代化時期寺廟的經濟狀況以及活動方式

1959 至 1960 年，三岩地區進行了民主改革，期間貢覺縣全縣僅保留了 5 座寺廟，分別為城關區的加日寺、曲登區的卓珍寺、察底區的同夏寺、三岩羅麥區的達榮寺和雄松區的白日寺，各寺留下少數駐寺僧尼，5 寺留寺僧尼總數僅有 18 人。從民主改革至「文革」前，各保留寺廟基本沒有經濟活動，駐寺活佛、喇嘛的生活依靠群眾的布施和家庭的補貼。「文革」期間，所有寺廟均關閉甚至被拆毀，僧尼被強迫還俗，直到黨的十一屆三中全會進行撥亂反正後，政府下撥專款維修準備開放的寺廟，貢覺縣總計恢復寺廟 41 座，其中屬三岩地區的有 13 座。1995 年底，貢覺縣全縣共修復對外開放寺廟（日追）61 座，宗教信仰政策全面落實，宗教活動秩序井然；2000 年底，全縣共定編宗教活動場所 62 處，註冊僧尼 1,369 人，編外僧尼 60 人，其中三岩寺廟有 23 座，註冊僧尼人數 255 人。[121]自黨的十一屆三中全會至當前（2012 年），三岩寺廟的經濟主要來源：一是從事各項佛事活動所獲得的布施和化緣，可占總收入的 70% 至 80%；二是回應近年來中國佛教協會大力宣導的廣大僧眾應當建立「人間佛教」和「農禪並重」的號召，走「以寺養寺」、「自食其力」的道路，逐步開展一些具有自養性質的經濟活動，如開辦商店、藏醫診所、購買汽車等，從經營、看病和運輸中獲得豐厚的收入；三是依靠僧人繪製唐卡、雕塑佛像等獲得部分的收入；四是人民政府給予的特殊補貼，如某些知名寺廟可獲得專項的維修資金等；五是發起供僧倡議書，以獲得社會各界和各類公益慈善組織的無償捐贈；六是家庭補助，許多僧

121　參見西藏自治區貢覺縣地方志編纂委員會編：《貢覺縣志》（成都市：巴蜀書社，2010年），頁738-739。（注：個別數位由筆者通過相關表格自行統計。）

尼住寺的生活費用，一般仍需依靠家庭經濟，如住寺僧尼每月的生活補貼大部分依靠自身的家庭，此外，他（她）們若要在寺內修行，還需修建一所阿卡（僧舍），阿卡為私人財產，須由自己出資修建，這時來自家庭強有力的經濟援助就顯得十分重要。

在所有制形式上，由於三岩的寺廟由以往的「私有」轉變為「公有」，與民主改革前相比，這些寺廟的經濟性質、活動的內容與形式均發生了本質的改變，主要表現在以下三點：

第一，各寺基本無土地或只有少量的土地，經營方式主要是自耕。民主改革前的三岩寺廟，其土地的來源有多種管道：有宗政府的賜封，帕措頭人的贈與，利用宗教特權的掠奪和吞併絕嗣戶的積纍，還有群眾出於宗教信仰的慷慨布施等。民主改革後，許多寺廟的土地被沒收充公，然後重新分配到村民手中，因此現今寺廟土地的來源極為有限，多數寺廟根本沒有土地，僅有少數幾座寺廟擁有少部分的土地。這些少量的土地，其來源無外乎以下幾種：①1979 年，貢覺縣實行生產責任制，由於當時三岩僅有 2 座保留寺院，即羅麥區的達榮寺和雄松區的白日寺，2 座寺廟當時按照留守僧尼的人數曾分有少量的土地；②死絕戶的遺產，但此點由於帕措的存在甚少發生；③遷移戶的贈送，如敏都鄉阿尼村新建紮馬寺時，就曾獲得 4 戶遷移戶的無償贈送；④某些家庭捐贈家中死者的一份承包地，每年把該地的收成轉交給寺廟；⑤三岩先後實行「扶貧」、「天保」等移民工程，一些家庭搬遷到貢覺縣城、瓦旺鄉和西藏的林芝地區後，把原屬自己的承包地轉讓給寺廟。然而，多數三岩的寺廟沒有或只擁有少量的土地，並不意味著它們無法經營種植業。以臺西寺為例，該寺自 1997 年被貢覺縣民宗局批准報建以來，在短短的 10 餘年時間裏由一座僅有 10 餘僧尼的小寺廟，發展為當前佔地面積 1,200 畝的大寺院。臺西寺原來並沒有土地，通過請求縣、鄉政府解決了一點耕地，還組織本寺僧尼開墾荒地，以及承包了一些百姓家庭的土地，以自耕的方式解決了大部分住寺僧尼的口糧問題。因此，從土地經營方式看，臺西寺自身的土地並不算多，多為本寺僧人自耕，不存在本寺僧人忙不過來而需要雇請群眾的問題，但到了農忙季節，該寺院通常會雇請附近的群眾過來幫助耕作土地、施肥、澆水、田間管理和收割莊稼等，同時會付給幫工者少量的報酬。例如，2006 年，臺西寺在周邊地區開墾出 300 多畝的荒地，種植了青稞、玉米、元根等作物，秋收時為趕季節雇請了當地的群眾過來收割，後經過寺廟管理委員會研究，決定給幫工的群眾每人發放 20 元作為補助，也有個別群眾出於信仰而分文不取。

第二，一些寺廟擁有一些牲畜，經營方式靈活多樣。三岩寺廟均需要大量的酥油，一是用於製作如酥油花等的宗教供品，二是用於解決住寺僧侶自身日常生活的需求。就目前不完全的統計，當前三岩地區 23 座寺廟中，只有不到半數的寺廟擁有牲畜，由此能給寺廟帶來一點牧業收入；牲畜數量多少不等，規模較大一些的寺廟擁有牲畜數要多一些，規模較小的寺廟只擁有少量的牲畜或無牲畜。寺廟牲畜的來源主要有以下三種：①信教群眾的布施；②寺廟從布施中以物換取、自籌資金購買；③借助銀行貸款購買。由於寺廟本身並無草場，而且三岩地區的草場有限，因此放牧的方式同樣靈活多樣，主要有五種形式：①作為寺廟自身的財產，由本寺僧人自牧；②交給本寺僧人所在的家庭代牧，仔畜歸代牧者，畜產品（主要是酥油）憑放牧者自覺上繳；③請人代牧，仔畜歸代牧者，交多少畜產品由寺廟統一規定（全產奶牛一般是每年交 20 斤酥油），母畜死後由代牧者以同等質的母畜補償；④寺廟與牧區的一家或數家牧民簽訂經營合同，合同期一般為 13 年，在合同期間，經營者須按時提供寺廟大型宗教活動所需的畜產品，期滿後所有牲畜（包括仔畜）轉交給其它戶經營；⑤組成專門的畜群組，雇請專人放牧，寺廟每天給放牧者付工錢，並負責伙食，畜產品（包括皮毛）全部交回寺廟。

第三，以經商為重點，帶動運輸業和其它第三產業發展。長期以來，三岩地區存在著整體稀缺的狀況，由於高山峽谷、地域廣闊、交通阻塞，生活日用品和生產資料的買賣歷來是農牧民生產生活中的老大難問題。因此，商業的發展在三岩地區歷來存在著迫切的需求。經商無需土地與草場，只需合適的人才和一定數額的資本，在此方面寺廟擁有巨大的優勢。從歷史上看，曾屬下三岩地區的察拉寺在 100 多年前就曾有過經商的傳統，一度壟斷了三岩與外界的商品貿易活動。近二三十年以來，隨著三岩的寺廟陸續開放，各寺多以經商作為寺廟經濟發展的重點。以臺西寺為例，該寺在白洛活佛的主持下，寺院經濟來源的管道眾多。2004 年，臺西寺總計創收 107 萬元：一是在拉薩市開辦了一間小型的地毯生產廠，年經濟收入 90 餘萬元；二是在貢覺縣經營一間商業店鋪，年營業收入額達 8 萬餘元；三是購進運輸車 3 臺、拖拉機 1 臺、小車 3 臺，年創收 7 萬元；四是商店、衛生服務部贏利 2 萬元。然而，相比而言，三岩其它寺廟的經商活動和第三產業的發展較為緩慢，多數寺廟限於地理條件和人力財力等因素，或是還沒有起步，或是剛剛起步，像臺西寺這樣發展速度較快、經濟實力較為雄厚的大寺廟，在當前的整個三岩地區可算是獨一無二的。

20 世紀 70 至 80 年代，美國學者費思（James F. Fisher）在尼泊爾西北部從事田野調查，他提出當地社會的食鹽貿易圈、商品圈有助於增強村民之間的社會團結，使得經濟與村落政治形成了一種互惠的模式。[122] 2006 至 2008 年，筆者在青藏高原的東南部從事田野工作，主要關注「卡瓦格博」宗教文化圈（轉經圈）內部的婚姻與家庭

---

122 Fisher J F. *Trans-Himmlayan Traders: Econmoy, Society, and Culture in Northwest Nepal*. Bekeley, California: Universtity of California Press, 1986.

的實際情況，當時曾獲得一種朦朧的認識：藏區的宗教文化圈不僅內容豐富多彩，而且同時還是個充滿著活力而又無限開放的貿易圈、交際圈和通婚圈。[123]這種思想進一步深入拓展，可以認為：藏區各寺廟實質就是一個個小規模的宗教文化圈，在大多數場合下，這一宗教文化圈往往能很好地做到與貿易圈、交際圈和通婚圈的重合。以臺西寺的宗教文化為例，該寺的節日慶典參見表 3-2。

關於臺西寺各大節日的具體內容，以下再做一些補充說明：

（1）金剛薩埵法會：實際上，寺廟內部僧尼在藏曆每月三十這一天均要舉行金剛薩埵法會，一月初八至十四所舉行的金剛薩埵法會為集體性大法會，可邀請其它寺廟的僧尼和信眾參加，期間需反覆念頌觀音心咒、蓮師心咒和百字明心咒等，同時舉行大型的添加酥油燈和供奉酥油花等儀式。

表 3-2　臺西寺傳統節日慶典表（藏曆）

季節	月份	節日名稱	起始時間	持續時間	年度總計
春	一	金剛薩埵法會	初八至十四	7天	120~137天
	二	閉關修念日	十五	1天	
	三	學跳祭祀舞	十五至二十四	10天	
夏	四	學跳祭祀舞	初五至十四	10天	
	五	學跳祭祀舞	十五至二十四	10天	
	六	蓮師法會	初一至初十	10天	
秋	七	坐夏	不定	5~15天	
	八	秋休	不定	12周	
	九	修憶	初一至三十	30天	

123 許韶明：《差異與動因——青藏高原東部三江並流地區兄弟型一妻多夫制研究》（北京市：中山大學2009年博士論文），頁192。

季節	月份	節日名稱	起始時間	持續時間	年度總計
冬	十	極樂法會	初八至十八	10天	
	十一	忿怒蓮師法會	藏曆新年前九天至除夕	10天	
	十二	金剛手菩薩忿怒尊法會	農曆春節前九天至除夕	10天	

（2）閉關修念曰：寺廟部分僧尼自願選擇閉關靜修，他們將在一年的時間裏每日修持長壽佛儀軌，消除眾生的壽障。閉關修念日指在當日由活佛為那些僧尼舉行隆重的閉關儀式。

（3）學跳祭祀舞：時間放在藏曆三、四、五月份，是為鎮壓危害佛教發達興旺和侵害人類幸福安寧的一切邪魔而舉行的祭祀（跳神）舞蹈，通過念《大聚會集》、修 106 個文及念怒神，對河流、山川以及一切環境進行加持，然後以佛及神力鎮壓邪魔，同時也為六月初即將舉行的年度蓮師大法會做好準備。

（4）蓮師法會：禳災解難，保證人類吉祥、安寧並最終獲得無上的佛道。舉行蓮師法會期間，臺西寺常常積聚有上千名僧尼、群眾，期間以念誦觀音心咒、蓮師心咒為主要修持法，同時在寺外舉行盛大的祭祀舞蹈、跳神儀式，屆時由白洛活佛為駐紮在周邊的民眾講經、洗禮、摸頂。

（5）坐夏：主要開展講經、辯經、跳舞等活動，同時為民眾念防雹經、防霜經。

（6）秋休：進入秋收季節，給本地的僧尼放假回家忙農事。

（7）修億：為紀念佛陀誕生，組織寺內僧尼修蓮花咒和觀音咒 1 億遍（組織僧尼 500 多人同時念經，每人需念 20 萬遍）。

（8）極樂法會：為眾生祈福、念經，灌輸極樂世界的怙主阿彌陀佛的身、語、意等功德，同時舉行各種大型的放生活動，截至 2012 年，臺西寺已經成功舉辦了 13 屆極樂法會。

（9）忿怒蓮師法會：又名「珠協」，組織各地僧尼、民眾入寺念經祈福，念誦觀音心咒、蓮師心咒為主要修持法。

（10）金剛手菩薩忿怒尊法會：2011 年新召開的法會，主要面向內地的信徒，為眾生有情消除業障、治病療傷，同時面向社會籌措寺院的發展資金。

由表 3-2 可知，當前臺西寺一年內共設有 5 個集體性法會，其中以藏曆六月初舉行的蓮師法會、十月中舉行的極樂法會和十一月底舉行的忿怒蓮師法會最為重要，三大法會均極力要求本地和外地的僧尼、群眾過來參加，寺內和周邊所聚集的人數輕易就可超過千人，最多時可達 2 萬多人，持續時間長達 10 天。在時間點上，這些法會與三岩地區世俗社會生產收穫的時節高度地重合。必須指出的是，定期大型的集體性法會是寺院獲得穩定收入的一個重要的途徑。這是因為，在法會定期舉辦的同時，大批僧尼民眾聚集在一起念經祈禱、載歌載舞、互通有無，由此促進了三岩峽谷地區內外部集市貿易的繁榮與發展。四、五月是三岩村民採集冬蟲夏草之黃金時段，六月又是獲取鹿茸、貝母、大黃、松茸等各種珍貴藥材的時節。因為村民正處於秋收前的農閒時段，此時舉行蓮師法會，可吸引他們前來參加為即將到來的農業豐收念經祈禱的儀式。此外，此時村民出售兩個月來所採集的蟲草達到了年度峰值。由於剛剛出售完蟲草和各種藥材獲得了大量的現金收入，村民家庭的經濟生活正處於一年中最為殷實的時段。對寺院來說，這是獲得較高貨幣性布施收入的最佳時機。到了十月、十一月，秋收已經基本結束，村民又開始為過藏曆新年做好準備，家中聚集了大量的剩餘農牧產品。此時舉行集體性的法會，是寺院獲取村民實物布施（如青稞、麵粉、犛牛肉、酥油等食品）的最佳時間。概而言之，來自三岩村民家庭冬蟲夏草採挖業的市場性貨幣收入和農牧業的自給性實物收入，構成臺西寺寺院經濟收入的兩大基本來源。

換言之，臺西寺院所舉行的大型祈願法會，不僅具有世俗社會節日的文化功能，還是寺院的經濟主體與世俗經濟主體發生交換的一種重要的形式。

例如，蓮師法會不僅是臺西寺一年中的重要法會之一，同時也是藏東地區大小紅教寺廟的一個重大節日。雖然各寺舉行該法會的時間各不相同，但主要內容大體一致，分為禮佛、誦經、施食、驅邪等，主要目的是表達出對佛祖的高度虔誠、對誦經的心領神會、對邪惡的深惡痛絕，以及對五（六）道眾生的大慈大悲。正如與會的一些活佛、喇嘛所說的：「通過觀看這些舞蹈，能淨化人們的思想，鎮壓一切妖魔鬼怪，使得大地萬物獲得佛的加持，使在場的觀眾獲得金剛神的保護，不僅為今生帶來祝福，來世還可獲得無上的正覺佛果。」

關於蓮師法會的起源，這裏的「蓮師」指的是蓮花生大師，據說他還是贊普赤松德贊的轉世。藏族最著名的大法師古如切旺因無比虔誠而會見在藏區傳教的蓮花生大師及其隨從，得到了無上的加持，大法師回到人間後使眾生能共用其福德，將智慧神的姿勢、祭祀神母的舞蹈、護法神的威猛及僧人的儀態、步法與手勢表現給人們。祭祀舞蹈和跳神表演有 100 多種節目，先跳「色新」（金酒之意），後跳天法和彩虹部的八部佛及護法，接著由鹿神（具福神）收魔，表現了請神靈驅除邪魔、五（六）道眾生得享福德安樂之美好願望。蓮師法會期間舉行的祭祀和跳神舞蹈表演，充分吸收了當地歷代以來舞蹈音樂藝術的有效成分，經過不斷地加工、改造和提煉，以莊重的吹、拉、彈、唱以及形象的舞蹈身姿、步法、手勢，宣揚藏傳佛教之教義，使得在場人們的耳目身心均得到佛教的薰陶。從舞蹈的身姿、步法和場面調度看，步法為跳躍式，輔以相應的身姿和手勢，配合鼓、鑼、鐃、號等佛教樂器的音樂伴奏，伴以僧眾朗朗的誦經聲，再配合上五彩的服飾、離幻的情節、嚴肅的表情、莊重的氣氛，使得蓮師法會漸入佳境。蓮師法會即將結束之際，臺西寺的白洛活佛親自批掛上場，演繹蓮花生大師在藏區弘法時一路征服各路妖魔鬼怪的事蹟，博得在場觀眾一陣陣的喝彩聲，此時蓮師法會也達到了高潮。表演結束後，白洛活佛還將端坐在蓮花寶座上，給上前而來的僧尼、群眾摸頂祝福，保祐他們在此後的一年內身體安康，諸事吉祥；與此同時，群眾也陸續向寺廟的僧尼提供慷慨的布施，標誌著一年一度的蓮師法會進入了尾聲。

對於三岩民眾而言，蓮師法會不僅是當地一項重大的年度佛事活動，更是一次重要的廟會。藏曆五月底六月初的高原天高氣爽，風和日麗，山花爛漫，綠草如茵，牛羊成群。隨著節日的臨近，人們如同過藏曆年一般欣喜，紛紛相互議論和轉告「盛會來臨了」。為了歡慶這一盛大的節日，來自遠近村子的男女老少翻箱倒櫃，穿上了節日的盛裝。富裕一些的家庭，男的挎著腰刀，騎上高頭駿馬，婦女佩戴各種珠寶和金銀首飾，馬背擱放著美味佳餚和簡易帳篷，款步而來；貧困一些的家庭，人們攜老扶幼，拄著拐棍，背負行裝，成群結隊從四面八方向臺西寺彙集而至。在此之前，來自三岩和鄰近地區各座寺院的活佛、堪布、喇嘛和僧尼人等早已經聚集在寺院裏面誦經祈福。與此同時，來自貢覺、白玉、江達、巴塘、理塘、芒康、昌都等地的僧眾和藏、漢、回商販也在此雲集。當中有朝佛轉山的，有觀光看熱鬧的，也有趁機做生意的。就經營的商品而言，有三岩當地的蟲草、藥材、皮貨、馬匹、牲畜；有江達、貢覺、昌都的人參果、毛料、氆氌、藏毯、唐卡、酥油、銅水缸；有白玉、巴塘的藏靴、藏刀、木碗、哈達、首飾和民族服裝；有理塘的各種金屬製品等。法會將持續 10 天，期間人們各有所圖，各取所需。經商者，不論藏、漢、回商，都在寺廟四周的空地上搭建起帳篷，擺攤設點，與本地人或外地人洽談生意、討價還價。法會結束以後，無論是民眾還是商販，各自都達到此行的目的：轉了山朝了佛，接受了活佛的摸頂，聆聽了神聖的經文，觀看了精彩的舞蹈表演，了卻了前來寺院朝覲的心願——為家人消災祈福，預祝今後人畜興旺、莊稼豐收，同時換回或購回了所需的物品。婦女們心滿意足，不僅朝拜了活佛，擴大了視野，增長了見識，而且選購了自己所喜愛的布料、首飾和衣服。少數青年男女借著節日的機會秋波傳意、相互結識、談情說愛，為以後感情的進一步發展奠定了良好的基礎。經商者更是興高采烈，他們滿載而歸，因為能用較低的價格、廉價的商品購回或換回成批貴重的土特產品，利潤十分地可觀。由此可見，蓮師法會在很大程度上還承當起廟會的功能，在一個交通極度閉塞的高山峽谷地區，能很好地起到商品集散、物資交換、溝通情誼，以及擴大影響和增進民族團結的作用，有效地緩解決了三岩當地貿易阻隔、物資奇缺的困境。

美國人類學家施堅雅（G. William Skinner）曾對中國的傳統市場進行過系統的研究，他的研究表明：中國寺廟是基層市場的一個組成部分，廟會常常是市場活動的交易場所，廟會的董事會通常由該市場區域範圍內的各種精英人物組成；寺廟神靈的活動範圍，即祭祀圈往往與市場區域基本一致。[124]總體而言，三岩的寺院基本沿著金沙江的河岸修建，這裏往往是聯結各村農牧業生產和經濟區的中間地帶，使得寺院的施主群體自然由金沙江峽谷向上下游地區延伸，這樣寺院可在最大限度地吸收信徒的同時，擴大自身的影響力。以臺西寺為例，該寺在舉行集體性的法會時，不僅大量從民眾中吸收以供養形式奉獻給寺院的牧區勞動產品，而且使法會承當起地方廟會的功能，方便他們在農牧產品最為豐盛的夏、冬時節，與同樣前來參加法會的其它農

124 〔美〕施堅雅著，史建雲、徐秀麗譯：《中國農村的市場和社會結構》（北京市：中國社會科學出版社，1998年）。

牧區的信眾發生經濟與信息交換，在各取所需中起到繁榮基層民族經濟的作用。

概而言之，三岩寺廟的經濟是建立在世俗經濟的基礎之上的，世俗經濟反過來充當起寺廟經濟的晴雨錶。當地世俗勞動者通過勞動所創造出的剩餘產品和剩餘價值，成為了寺廟經濟與世俗經濟存續發展的共同源泉。

第四章
民俗

在未設治以前，無酋長無禮節無婚姻，嫁娶無慶悼。往來以搶劫為能，殺人為雄之野番。……詩曰：

兩隻剛刈手，一身黑骨頭，三餐青稞酒，四季白羊裘；
瞪眼如山魈，聳肩似沐猴，狂歌從劫道，飄蕩慣尋仇；
死葬憑僧記，婚姻任自由，有夫枕婦節，無父壯兒羞。

——劉贊廷

第一節　口腹之需

美國社會心理學家亞伯拉罕·馬斯洛提出了人類需求的五種不同層次，由低向高依次為生理需求、安全需求、社會需求、尊重需求和自我實現。[1]處於最底層的生理需求，指的是人類維持自身生存的最基本的需求，包括饑、渴、衣、住、性等方面。這些需求無法得到滿足，人類的生存也就成為了問題。從這個意義上講，生理需求是推動人們行動的最強大的動力。只有當這些最基本的需求滿足到維持生存所必需的程度後，其它的需求才能成為新的激勵因素，人生的最終價值也才得以實現。

在基本生理需求諸多的訴求中，三岩人又以解決人的溫飽問題為

1　〔美〕馬斯洛著，許金聲等譯：《動機與人格》（北京市：中國人民大學出版社，2007年），頁18-78。

重中之重。所謂「民以食為天」，三岩人同樣必須解決來自生理方面的饑渴問題。由於三岩當地存在著整體稀缺的狀況，生產力水準又相對低下，自然災害頻繁發生，促使三岩人不得不給予溫飽問題更多的關注。然而，三岩人在面對困境時，卻能時刻表現出一種樂觀豁達的生活態度。在口腹之需上，當地不僅最大限度地利用現有的資源和條件，而且在文化上賦予其最為深刻的內涵，並在日常生活中閃爍著智慧之光。例如，100 年前，劉贊廷就曾對三岩的美食留下文字記載：「其元根者，形似糖蘿蔔，成熟切成長條曬乾，食時合糌粑熬粥，為岩人大宗食料，一美味也。」[2]

藏族傳統食品主要是糌粑、酥油、牛羊肉和乳製品，飲料以酥油茶、奶茶、青稞酒、藏白酒為主，三岩地區的傳統食品也不例外。當前三岩地區多數的村莊以精細化的農業耕作為主，以畜牧業為輔，少數村子則以半農半牧的經濟方式為主，主要農作物為青稞、大麥和小麥。其中青稞的數量最多，經濟價值也最大，小麥次之，大麥和蕎麥列為末席。

一　三岩的傳統食品

糌粑作為主食與青稞直接相關聯。糌粑是用青稞曬乾炒熟後，用石磨磨成細粉狀，或以青稞為主，混合豌豆、燕麥炒熟後磨製而成。在三岩地區，糌粑有四種常用的食用方法：一是將其置入碗中，盛入適量的清茶與酥油，拌和成坨，邊吃邊喝清茶，名為「吃糌粑」；二是將糌粑粉和酥油拌勻後，緊按碗中，斟茶將碗中糌粑浸濕，以舌舔用浸濕層後，又斟茶浸濕再舔，反覆至完，名為「舔卡提」；三是先

2 劉贊廷編：《武城縣志》，《中國地方志集成．西藏府縣志輯》（成都市：巴蜀書社，1995年），頁147。

將牛肉切碎煮熟後，再加糌粑拌和成湯食用；四是用糌粑、酥油、白糖拌勻後加入清茶，混兌成湯食用，名為「喝糌粑湯湯」。也有人喜歡在糌粑中加入乾奶渣、青稞酒後一起吃，或將核桃、豌豆炒熟磨成粉與糌粑混合起來進食。因核桃、豌豆有油脂，十分可口，它成為了三岩當地的美食之一。

除了用青稞以外，三岩當地還用大麥、小麥磨成麵粉，然後再做成鍋魁、包子、蒸饃、花卷、餃子、麵條、麵塊、麵疙瘩等食品，也可放入沸騰的酥油鍋中，炸成油條、「面花」食用。對於這些用青稞、大麥和小麥磨成的麵粉，三岩當地還有一些特殊的食法：一是將面拌和成圓餅狀，放入熱灶灰中烤熟後，趁熱再切成兩瓣，中間放入酥油、白糖又合上，待糖油熱化時再吃，名為「吃阿撒」；二是將混合成餅狀的麵團蒸熟後，加入奶渣酥油吃，名為「吃作那」；三是將新麥放入大鍋中蒸熟，取出麥粒搗碎食用，名為「甲那」；四是將麥粒和青稞搗碎去麩皮，加上牛肉和骨頭燉湯喝，叫「喝切」。麵食油炸食品中的「卓居」，又叫藏式「交叉麻花」，是在結婚、過藏曆年等重大的場合必備的食品。製作「卓居」時，把小麥麵粉或青稞麵粉和成麵，揉捏成細麵長條，做成麻花狀，稍晾乾後，再用熱油炸成麻花，或用牛油熬化後炸製。

除了糌粑和麵粉食品以外，三岩還有許多特色食品，如酥油人參果、手抓肉、風乾肉、牛肉腸、牛血團、豆膏、蕎麥餅、「遷」、「水」等不一而足。這些食品種類繁多，色香味俱全，極具地方特色，足以在飲食上掀起一場「舌尖上的三岩」。

酥油人參果是高原地區的一個特色食品，當地藏語稱其為「卓瑪瑪古」。其做法是將人參果洗淨煮熟後撈在小瓷碗裏，把熬成汁的酥油倒到人參果上，有條件的話可加上白糖食用。該食品香甜，頂餓，多吃不易消化，一般在節日製作食用，視為款待客人之佳品。

松茸主要採自三岩峽谷地帶的林區，這裏海拔多在 3,000 米以上，空氣清新，日照強，濕度大，所出的松茸碩大鮮甜，帶著一種來自原始森林的芬芳。在三岩，松茸有兩種吃法：一是用手把松茸撕成條片狀，不能用刀具以防破壞松茸的原香，再用酥油爆炒 3 至 5 分鐘後，放點鹽即可食用；一是把松茸混合其它菌類一起放在鍋中，加水熬成糊狀，放點鹽後即可食用。兩種吃法如果配上糌粑和青稞酒，再蘸點白糖，這樣鮮、甜、酸味混雜，成為三岩當地難得的美味。

酥油麵疙瘩，當地藏語稱其為「巴紮瑪古」，意為煮熟後的麵疙瘩。其做法與卓瑪瑪古相同，有光是麵疙瘩的，也有加入少許牛羊肉的。

手抓肉是當地群眾吃肉的主要方法。三岩人喜歡將牛肉剁成小塊煮著吃，一般僅用新鮮肉做手抓肉。新鮮肉不用水洗，直接放入鋁鍋，用涼水煮，煮的時間不能太長，以肉骨斷血為佳，此時肉質酥鬆，味美鮮嫩，香而不膻，肥而不膩。煮的時間一長，肉質緊縮，就咬不動了。三岩地區附近草場的水草豐美、品質上乘，因此所飼養的藏綿羊、犛牛往往肉質甜美，實為手抓肉之上品。

風乾肉是三岩群眾過冬的主要肉食品，藏曆每年十月至十一月是牲畜宰殺季節。將牛宰殺後，一種是按牛腿分成四大塊，直接掛於通風處，整腿存放；一種是用牛後腿肉切割成條，掛在繩子上風乾。一般不放任何佐料和鹽，這樣風乾的牛肉酥鬆，有原肉的香味。有的在切成條的肉裏加入花椒、食鹽、乾辣椒粉，糅合後掛起來風乾，但風乾後不宜生吃，宜烤食。將綿羊宰殺後，一般不分割，整只羊存放，也有分割成四塊風乾的，但沒有切成條的風乾羊肉。風乾肉是農牧區群眾冬季的主要肉食，一直要吃到來年開春或宰殺季節。特別是當地群眾外出時，均要在行囊裏裝上一塊風乾肉。在吃糌粑時，切下幾塊風乾肉和著吃，就是一頓讓人難忘的美餐。

牛肉腸，當地藏語稱其為「玖瑪」，意為灌腸。做法是把牛的腸洗淨，將牛肉切成條或片，添加糌粑（或大米）、鹽、牛油、野茴香等佐料，攪拌均勻後灌入牛腸內，形狀如漢族灌的香腸，只是略粗大些，煮熟即可食用。另有一種叫「玖納」的牛腸，是農牧區群眾普遍製作食用的傳統食品，其用料為糌粑、食鹽、野茴香、牛腹腔內的鮮血，攪拌均勻後灌入牛腸內，煮熟後即可食用。

三岩還有一種稱為「阿多結」的小吃。做法是將羊宰殺後，把羊的腸、心、肝以及肉切碎，添加野蒜、野蔥、鹽等佐料，攪拌均勻後裝入羊肚內，再將燒得很燙的鵝卵石放進羊肚內，紮緊口，不停地揉搓，不斷地將冷卻的石頭取出，再裝入燒燙的石頭，反覆多次，一直到將羊肚內的嫩肉完全烤熟為止。這種食品十分有特色，煮熟的肉既有燒烤的香味，又鮮嫩可口。

「瑪果」是三岩的特色小吃，不僅僅在三岩地區，就是在貢覺縣城和江達縣城周邊，也同樣受到人們的喜愛。當地藏語中「瑪」意為紅色，「果」意為團團。其做法是把剛殺的牛的胸腔內的熱血取出，把牛油、牛肉切碎，添加糌粑和鹽後，放進熱牛血裏，再用手慢慢捏揉，調和均勻後就用手直接抓著吃，不用煮熟。該食品血腥味較重，但營養十分豐富，能迅速提供人體所需的蛋白質。

此外，三岩群眾還喜歡吃一種叫「德古」的小吃，意為豆膏。其做法是首先把扁豆（藏扁豆）磨成粉，用鍋燒開水後，將扁豆粉放入，加上少量的食鹽，用溫火煮，並用勺子不停地攪拌，使扁豆粉完全與水溶合，煮熟後倒入盆中冷凍，食用時切成小條或塊，而後加上優酪乳拌勻食用，猶如涼粉拌優酪乳，十分獨特。還可熱吃，煮熟後盛碗裏，加入少許酥油拌勻後即可食用，猶如稀粥。

「曲來」是一種用元根製作而成的食品，「曲來」意為元根湯湯。用新鮮元根切成條狀，倒入鍋中加入少許糌粑，用溫火熬煮成糊狀，食用時加入少許食鹽，味道鮮美，十分爽口，為秋冬季一美食。元根即馬鈴薯，成熟後切成長條形曬乾，食用時和著糌粑熬粥。劉贊廷曾記載此美食，指出其是由黑梅亭於 1915 年在當地教種後推廣開來，三岩人甚感其德，稱其為「黑薯」。[3]

「馬糞」是一種大雜燴的肉類食品，深受三岩人民群眾的喜愛。「馬糞」是在宰殺牲畜或獵獲野獸後，把其血、肉、腸等切碎，加入糌粑調和切成小圓團，再蘸點鹽生吃，一般是在野外不便生火時食用。

三岩當地還盛產苦蕎麥，這也是群眾的主食之一。其製作方法是將蕎麥去殼後磨成粉，再將粉加水調和成糊狀，用一平底鍋或一塊生鐵平板放在溫火上燒熱後，將蕎麥糊倒在鐵板上烤製，烤熟後抹上酥油或野蜂蜜，香甜爽口。

「遷」的做法是把新鮮小麥放在石舀裏去皮，然後放在鐵鍋裏面，加入頭一年的牛棒子骨或牛頭肉，用溫火慢慢地熬煮，待到小麥粒熬熔後，加入少許食鹽即可食用，味道鮮甜，肉汁濃香，可作為主食。

「水」的做法是先選未脫粒的、顆粒飽滿的新鮮青稞，紮成把，擺放在大蒸鍋裏加水蒸煮，然後拿出脫皮，再把脫皮後的青稞粒用石磨粗磨一遍，加入奶渣、酥油一起攪拌均勻，用手抓捏成團後食用，其味微酸甜，入口滑潤，含有青稞的清香味，是秋收前特有的小食品。

二　三岩的飲料

如果說糌粑和麵粉是農作經濟的一個直接的產品，酥油的來源與製作則與畜牧業休戚相關。酥油是從牛奶、羊奶中直接提取出來的油

3　劉贊廷編：《武城縣志》，《中國地方志集成・西藏府縣志輯》（成都市：巴蜀書社，1995年），頁147。

脂，當地藏語稱其為「瑪」，是三岩人每日不可或缺的副食品。提取酥油的工作一般由婦女來完成，先將牛（羊）奶加熱後，倒入高約80釐米、直徑20釐米的木桶裏（這種木桶比酥油茶桶稍粗些），再用力上下抽打，要攪和數百次，攪得油奶分離，浮出一層淡黃色的脂肪質，然後將脂肪質舀起，用手拍打成團，將水分擠出，冷卻後便成了新鮮的酥油。酥油有很高的營養價值，可用來製作酥油茶、炒菜、和進麵粉炸製果子，還可以與青稞酒或藏白酒一起熬煮，是極好的滋補飲料，也是三岩人家庭生活的必需品。正如藏族諺語中所講到的：「肉的精華是湯汁，奶的精華是酥油。」三岩人同樣看重酥油在家庭生活中的地位。以往一戶家庭如果缺少了酥油，可通過以物易物的方式來獲取。

酥油茶需用酥油與磚茶湯攪拌而成，是三岩群眾日常生活的必備飲料，也是接待親朋好友的最佳飲料，俗稱「索甲」。打酥油茶的工作一般由男人來完成。酥油茶的製作是用大漢洋鋁鍋將大茶葉熬成茶汁，把茶汁濾出茶葉後倒入事先放有酥油、食鹽的酥油茶桶，用「甲羅」用力上下抽動，不斷地攪拌，直至酥油、食鹽和茶汁充分融合為止（攪拌的品質如何直接影響著酥油的味道和品質），然後倒進專門裝酥油茶的陶製或鋁製壺內，將茶壺放在裝有微火的火盆保溫，即可隨時趁熱飲用。

奶茶，當地藏語稱其為「俄甲」，是三岩群眾習以為常的生活飲料。奶茶的製作方法是將大茶葉熬成濃汁，把茶渣濾出，將茶汁倒入壺中，再放適量的鮮奶、食鹽，稍事攪拌即可飲用。鮮奶多用牛奶，也有用羊奶的。清茶在當地藏語中稱為「甲國」，製作方法是將熬好的茶葉汁倒入壺中，再放點食鹽即可。清茶一般是在外出勞動、出行不便帶酥油茶桶時飲用。此外，當地還有一種飲茶習慣，藏語稱其為「卡瑪朵」茶，意思是「放點酥油」，也就是在清茶碗裏加入一小塊酥油，讓其漂浮在茶水上，酥油融化後，邊喝邊摻茶。當地群眾認為這種茶好於清茶，又比酥油茶節約酥油，是一種比較經濟的飲品。一般製作茶湯都是即熬即飲，但這樣費時又浪費茶葉，三岩群眾喜歡將35 斤茶葉一起放進大鍋內熬製茶湯，熬製時間應足夠長，要把茶湯熬得很濃，然後放進一個陶缸內儲存著，什麼時候想喝茶時，只要把水燒開後，用勺舀點濃茶湯倒進開水裏即成茶湯，可以做各種茶飲料，這種方法既節省茶葉又不費時間。

優酪乳，當地藏語稱為「秀」，與內地優酪乳的做法大抵相同。優酪乳製作是將鮮奶煮沸，倒入容器中，待牛奶降溫至燙手時，加入優酪乳酵頭，放於溫度適中的地方，幾小時後，牛奶凝固成豆花狀即成優酪乳。優酪乳是三岩人居家必備的飲料，既可單飲，又可和糌粑吃。沒有提出酥油的優酪乳微甜，較好吃，提過酥油的優酪乳微酸，但一般都要先提取酥油後才可製成優酪乳。至於奶渣，是牛奶中提取酥油剩下的殘汁經熬煮、過濾晾曬而成，還可以製作乳酪，當地藏語稱其為「曲然」，這也是三岩人甚為喜愛的日常食物之一。

如果說酥油茶、奶茶和優酪乳是基本的生活飲料，解決的是口渴之需，那麼青稞酒、藏白酒的製作與飲用則多具有文化上的內涵。青稞酒，當地藏語叫「瓊」。製作青稞酒時先將備好的青稞洗淨並濾去砂石等雜物，接著放入水中浸泡至軟，然後放入鍋中反覆蒸熟。撈出後在陰涼處稍作降溫，加入酒麴後盛入一個比較大的木桶或瓷盆中封閉，再蓋上衣被保溫，讓其發酵，待一至兩周後，把已發酵的青稞裝入有過濾裝置的木桶內，加入清水，蓋好蓋子，隔天便可濾出青稞酒。如果用黑青稞製作青稞酒，酒色呈棕褐色，用白青稞製作，酒色為白色。貢覺有的地區製作青稞酒時不炒熟直接煮，三岩地區群眾喜歡先把青稞炒熟後再煮熟，說這樣酒勁大。

藏白酒，當地藏語稱其為「阿拉」，度數比青稞酒高出許多，製作方法與內地的製酒工序十分相似。製作藏白酒需預先備好上等的青稞或大麥，然後將青稞或大麥放入鍋中蒸煮，再加入酒麴攪拌均勻，加少量水後放在土陶的大酒甕中，使其密封並發酵一至兩周時間，這樣就做出了成熟的酒坯，隨後放在火上蒸餾出酒。蒸餾方法採用一種特別的製作工藝。先將已經發酵的青稞或大麥倒入專門蒸煮酒用的長筒形鑄鐵鍋裏，摻入清水。蒸煮酒上面擱置一個大鐵鍋作為冷卻器，裏面注滿冷卻水或冰塊，蒸煮酒的內部則懸弔一個陶製的蒸餾器（陶罐酒甕）。為了能讓水蒸氣凝結成酒液，在酒甕的上部打上一個小孔，小孔內插上一個空心的樹枝（樹枝取自當地叫作「火煉」的樹），再把樹枝的另一頭接入到另外一個小土陶器甕中，大酒甕加熱後產生的酒液蒸汽上陞，遇到位於頂部的冷卻器凝結為水珠，水珠順著空心樹枝流到小酒甕裏成為酒液。整個製酒過程要持續 23 個小時，在此期間，上面冷卻鍋裏的水至少要更換三次。三岩家家戶戶基本都掌握了釀造藏白酒的技術，所出的藏白酒醇厚剛烈，氣味芬芳，質地清澈，與駿馬、長槍一道被譽為三岩的「三寶」[4]。

無論是釀造青稞酒還是藏白酒，均需要耗費數量頗多的青稞[5]，但三岩人樂在其中，以至於達到了一種幾近迷戀的程度。每到藏曆五、六月，當地剛剛收割完莊稼，就會挪出足夠分量的青稞或大麥用來釀酒。這時候，三岩的村莊每家每戶均生起炊煙，熱火朝天地忙著煮酒和蒸餾的各種工序。無論在帕措聚會、款待貴客，還是在辦紅白喜事時，一戶人家如果未能即時奉上由自家釀製的青稞酒或藏白酒，會被認為是一件十分丟臉的事情，日後被別人數落起來也會讓家人面上無光。

4　三岩「三寶」的另一種說法是駿馬、長刀和銅水缸。

5　一般100斤青稞出酒率是40%，但三岩當地因為海拔高，空氣含氧低，晝夜溫差大，100斤青稞的出酒率一般在20%至25%之間。

第二節　技術器具「博物館」

人類機體在誕生時，有「尚未完成的」特性。人和所有其它哺乳動物都不一樣，是以「本能的貧乏」為其特徵的，人的本能並沒有為他提供一個可以在其中活動的穩定結構，所以人就面對一個「開放的世界」，為此，人必須以自己的活動來建造一種穩定的結構，社會制度便是該「世界構造」的活動的核心內容。[6]

在各種社會制度中，技術與人類自身一樣是個古老的話題。人類既然缺乏專門化的器官和本能，自然就無法適應自身的特殊環境，如何把自己的全部能力用來明智地改造自然條件，成為了人類獲得生存與發展的首要任務。於是，在最古老的人工製品中，首先包括了火。火被人使用既是為了安全，也是為了取暖。從一開始，「器官代替」原則和「器官強化」原則是共同協作的；抓起石頭打人，要比赤手空拳有效得多，因此許多取代器官的工具被發明出來，如木器、石器、陶器和各種金屬製品，均是在這種思維下製作出來並為人們使用。最後出現的省力工具，它的作用是減輕器官的負擔，擺脫負擔，最後達到節省勞力的目的。

考察世界技術的發展，不難發現一個基本的趨勢，即從對器官的取代逐步發展到對有機物的取代。無論是「器官代替」、「器官強化」，還是節省勞力，它們均以技術或技巧為特徵，涉及勞動生產與生活中的衣、食、住、行等方方面面。現代人類學認為，「技術」（technology）一詞包含了人類各種的技術與方法，以實現某種特定的生計目的，或對其自然環境加以控制或改造。[7]技術歸屬文化範

---

6 〔德〕阿諾德・蓋倫著，何兆武、何冰譯：《技術時代的人類心靈》（上海市：上海科技教育出版社，2008年），頁15。

7 Scupin R. *Cultural Anthropology: A Global Perspective*. Upper Saddle River: Pearson Prentice Hall, 2006:200.

疇，是文化制度中的一種，不僅包括各種實體器具，而且還包括了製造和使用它們的方法。技術類器具，顧名思義，指的是人們在生產和生活中，製造和使用的一些器具，包括人們在日常生活中經常使用的工具、機器、衣服、住所以及其它一些類似的物品等。因此，筆者特意採用「技術器具」一詞，用以概括三岩社會中所發明、製造和使用的各種生活用具和生產工具。

2006 年，筆者在三岩六鄉調查期間，在沙東鄉雄巴村發現了木鋤、木犁、木穀扒、木斗、木杵臼、銅水缸、藏刀、背水桶、石製三足灶、木碗和木陀螺（撚羊毛線用）、木製打茶用具、酥油盒子、馬鞍、轡繩等；在沙東鄉阿香村發現了木織布機、木槤枷；在雄松鄉下加村發現了脫粒子用的石磨、石斧、鐮刀、鍘刀等；在敏都鄉雄巴村發現了牛皮轉經筒（有 300 多年歷史）、牛皮繩、釀酒設備等；在剋日鄉發現了皮筏、木槳、木筏、布製轉經筒、鐵桶和陶缽等；在羅麥鄉發現了背簍、木耙、木陲陀（撚牛毛線用）等；在木協發現了磨粉用的水坊大石磨等。這些器具門類多，數量大，採用「因地適宜」、「就地取材」和「靈活運用」的原則，保留了器具最初的基本特徵，呈現其獨特的原始風貌。為此，筆者特意使用「博物館」一詞，以彰顯三岩的地方特色。考察三岩社會的「技術器具」，發現它們採用了不同的製作材料，可大體分為以下五類。

一　木製品

木頭是人類最早使用的材料，在時間上甚至早於打製石器時代和鐵器時代，因為對於當時人類所使用的工具而言，最普遍存在的也是最容易處理的材料就是木頭。[8]根據生活習慣的不同，許多木製的生活和生產工具仍然在藏族農牧區中為人民群眾所使用。三岩地區擁有豐富的森林資源，許多自製的木器用具被製造出來，它們不僅加工簡易，而且十分實用，一直沿用至今。

1 木鋤

三岩地區早期的農業工具是鋤，並不是犁。[9]今天的三岩人仍然在使用一種比較簡單實用的生產工具——長柄木鋤。這種木質工具以手工操作，採用當地青岡木的樹枝與連體的一部分杈口為主要材料，在杈口處採取磨製與削製的處理方法，使其變得尖銳。也有的木鋤分為兩部分——木柄和木尖片，用牛皮繩把木尖片捆綁在木柄上即可。由於青岡木的木質堅硬，三岩土層又比較淺，因此木鋤可以輕易插入原本就鬆軟的沙土質耕地，實現簡單的耕地與碎土的需要。

2 木犁

犁是農業耕作中必不可少的工具，主要用途是翻土、壓草（茬）、起壟。最早的犁是用樹杈頭做成的，犁的發明和使用代表農業進入了犁耕文明，其顯著的特徵是有計劃的施肥和大型灌溉系統的發展。[10]三岩採取二牛抬杆的傳統耕作方式，所使用的犁多以青岡木為材料。當地以旱地居多，水田甚少，因此木犁亦以旱犁為主，一張犁包括犁鏵、犁床、犁壁、犁托、犁柄、犁柱等部件，再配上一個略

---

8 〔德〕利普斯著，李敏譯：《事物的起源》（西安市：陝西師範大學出版社，2008年），頁104。

9 同上，頁95。

10 〔德〕利普斯著，李敏譯：《事物的起源》（西安市：陝西師範大學出版社，2008年），頁99-100。

呈弧度的長形犁軒，因此三岩木犁也被稱為「長軒犁」。犁鏵也叫作「犁頭」，需要一定的硬度，以往把此處的木頭削尖、打磨即可。隨著鐵器傳入三岩地區，現在開始在犁頭上套用一種鐵製犁刃，便於耕種一些質地更為生硬的土地。

3 木製織造機

三岩較早就掌握了織布的技術，織造機全部採用木頭為材料，由支架、縱、線板、踏板、梭輪等部件構成。織布時由縱掛紡輪放線，通過串線板洞與織物卷軸相連而成緯線，腳踩織機使緯線叉開，叉開處由梭子穿過經線，如此反覆就織成了布。如需要編織圖案，需雙梭或多梭，不同顏色按一定規則串聯、結套。也可緯線和經線同時加線運作，在緯線上加彩線形成幅寬的編織物。但與藏區其它地方不同的是，三岩地區織布的活多數由男人完成，因此外界對三岩存在一種「男織女耕」的說法。

4 木陀螺和木紡錘

用織造機織布需要紡線，紡線的材料來自牧區的羊毛和牛毛。撚羊毛需要一種木製的陀螺搭配木碗使用，先用刷子把毛線聚攏一團，將線團的一端放入木碗中，用手旋轉木陀螺，拇指和食指同時圍攏成圓形，維持木陀螺快速旋轉，從而把線團一點一點撚成羊毛線後結成線團。牛毛則採用木陲陀，用兩根木塊捆綁成十字架狀，中間打一小孔，再用一根小樹枝嵌入孔中作為中心支架。

使用木紡錘時，用繩子在中心支架上打結固定，用力摔動紡錘使其做旋轉運動，同時不斷地輸送牛毛纖維，使牛毛絲均勻地相互纏繞在一起，一點一點地撚成牛毛線團。牛毛絨線不僅可編製牛毛繩，還可編製成牛毛帳篷。

5 木碗

木製的碗是三岩的一個地方特色。除了可與木陀螺配合使用以撚製羊毛線以外，木碗更多的時候用於盛裝食物，以滿足即時的口腹之需。三岩木碗是用雜樹的根部或樹瘤經削製打磨而成。上等木碗的木紋自然出色，似水流雲，數豹紋最為珍貴，經過酥油打磨後不乾不裂，裝食物不變味，喝茶也不燙嘴，甚至還有防毒的作用。木碗的種類很多，有抓糌粑用的大碗，有喝酥油茶的小碗，還有儲存物品的蓋碗。三岩人十分珍惜自己的碗，外出生產、出行時都要隨身攜帶自己的碗，一般不與別人共用，尤其不得讓女人使用男人的碗。

6 木桶

木桶是三岩人常見的生活用具，主要用來盛裝糌粑粉和青稞酒。在各式木桶中，酥油茶桶是每一個三岩家庭的必備器具。關於酥油桶，三岩人沿用了貢覺方言的叫法，稱其為「甲董」。茶桶能較好地把酥油、茶湯和鹽溶合，打出一口香噴噴的酥油茶。優質的茶桶選用上等柏木，做成內窄外寬的梯形木條，拼成圓桶形，有底，桶身用四道銅條箍緊，有的還用黃銅裝飾酥油茶桶。茶桶中還要有一根粗 3 釐米、長 1.2 米左右的圓木棍，前端裝一個圓形木板，直徑略小於茶桶口，有十字對稱半圓口四個，方便茶水通過，起到攪拌的作用，好的茶桶還做蓋，平時不用時蓋上，防塵土和髒物掉入桶中。

7 木盤

與木桶一樣，木盤也是三岩家庭常見的生活用具。用石磨加工青稞時，一般要在其下方放置一個木盤，其用意有二：一是防止滑動，使其放置平穩；二是使加工後的青稞粉不會落在地上，便於收拾。木盤採用樺樹的樹幹，切成長方型一塊，再鑿刻成凹型。木盤可分為大號、小號兩種：大號的長、寬、高分別為 150 釐米、60 釐米和 10 釐米左右；小號的長、寬、高分別為 90 釐米、40 釐米和 10 釐米左右。此外，木盤還可用來盛裝松茸和蟲草等珍貴食品，將其攤開後，放置在頂樓上曬乾備用。

8 木杵臼

木杵臼是舂米用的工具，既可用來搗去各種穀殼，也可用來搗碎食物或加工藥物。木杵臼分為木臼和木杵兩部分：截取青岡樹幹的一節，中間挖空以盛裝所加工之物，外部用牛皮繩或鐵線箍緊以防爆裂，這樣就製成了木臼；木杵選用青岡樹杈做成錘子狀，用手握柄，用力把錘頭錘向木臼的底部，如此反覆使所加工的食物或藥物搗成粉碎狀。

9 木穀朳

木穀朳是用來聚散穀物的簡單工具，分為木柄和梯面兩部分。木柄利用自然樹枝製作而成，長度為 150 至 160 釐米，梯面選用樹樁截成梯形平面，在中間處鑿一方孔，接上木柄即可。三岩人把樓房的三、四層作為曬場，一般把穀朳放置在附近以方便使用。此外，谷朳還可作為農具，在犁地後用來耥平泥土。

10 木槤枷

木槤枷是打穀脫粒用的工具，由木柄和敲杆組成。選用質地堅韌的青岡樹、花椒樹、毛桃樹的樹枝做柄，柄頭處鑽一小孔，橫穿長約 20 釐米的小木軸，木軸上再安裝一組平排的小木條，操作時用手上下揮動竹柄，使敲杆繞軸轉動，不停地敲打青稞或大麥使其谷殼脫落下來。

11 背簍

背簍是用竹、藤、柳條等做成的背在背上運送東西的器具。三岩的家庭也在廣泛地使用背簍，在高山峽谷地區運送各種不同性質的生活物品。但與其它地方的背簍有所不同，三岩地方不出產竹子，因此製作背簍的材料採用藤和細樹枝，以樹枝搭建框架，藤條自下往上編製成圓形的篾製品，背簍最終呈現圓錐狀，中間留空，筐眼上疏下密，兩邊再裝上提耳或背帶。

12 帚把

帚把是三岩人用來清理衛生的家庭用具。三岩家庭中所使用的帚把簡易實用，把收割後的青稞莖稈曬乾後收攏起來，一面散開，另一面用牛皮捆綁起來作為把手使用即可。

13 木鞍

由於地處高山峽谷，三岩的一些負重運輸（如運送柴火、貨物等）主要是靠犛牛來完成的，這就需要在犛牛的身上搭上一個木鞍。木鞍主要以青岡樹和青岡樹杈為原料，一副木鞍一般要用四塊木板合成，兩塊凸形的稱為鞍板，兩塊 U 形的稱為鞍轎，均由人力以手工砍成基本形狀，再經削、銼、磨等工序完成。上好的木鞍需要做到「三圓、二平、一合」:「三圓」是說木鞍的前後鞍橋圓，龍口圓，梁頭圓;「二平」是說木鞍在牛脊樑上的兩塊平面板要平整光滑，要同牛脊樑吻合；「一合」是指在黏合這四塊木板的時候，要處理好角度、寬度、弧度等問題，使它們實現「無縫式」聯結。

二　石製品

石製品較早就進入了人們生產與生活的領域。在舊石器時代早期的遺物中，打製石器已表現出非常明顯的專用性。到了新石器時代，石製器具有了進一步的發展。例如，卡若遺址上就發現了大量的石製用品，有石磨、石臼、石刀、石斧等。三岩社會迄今仍然保留了一些極具特色的石製品，有石灶、石磨、石盤、石杵臼等。

1 石灶

三岩家庭的灶塘設在樓房二層，底部用石板平鋪，再用黏土覆蓋後裱糊成一個凹形的灶塘。灶塘內使用一種三岩地區特有的石料，經雕琢後呈「工」字形，上橫短，用於支架鍋、壺；下橫長，成等腰三角形埋於土裏，起很好的穩定作用。這些石頭採自山上，不怕高溫，經久耐用，可用 2030 年，當地人稱其為「協坡」石，意為「堅硬的石頭」。灶塘四周用石板砌成正方形，石板外鑲嵌寬 10 至 15 釐米見方的四方木材做成個小平臺，可放置茶碗、茶壺。一家人按男左女右（面對灶塘）圍坐四周用餐取暖，俗稱「三塊石頭一個灶」。有的家裏還在土臺臨灶塘的一面鑲嵌兩塊小石頭，與灶塘裏的三塊大石頭中的一塊又可組成一個小灶塘，稱為「五個石頭兩個灶」。此灶的特點是省柴，便於取暖，因此一直沿用至今。

2 石磨

石磨用於加工糧食，主要用來磨製青稞粉。石磨的形制有大有小，大的直徑 1 米，重達數百斤，一般放置在專門的水磨房中，利用水力來轉動。水磨可分為兩層——上扇和下扇，但與內地水磨房採用上扇磨盤固定，下扇磨盤轉動的做法不同，三岩的水磨將下扇磨盤固定起來，中心鑿一圓孔，貫穿長木，下連車輪，嵌入上扇磨盤中，使上扇磨盤轉動。

小石磨的直徑只有 10 至 30 釐米，用手輕易就可轉動，可放置家中使用。三岩當地流傳一句諺語：「青稞長滿平原，一個石磨即可吞入磨完。」此話反映了石磨在三岩使用有一段較長的時間。但據三岩數位老年人的回憶，石磨是趙爾豐進入三岩後才開始普遍使用的，當時的石磨主要由外界交換而來。石磨工具的出現，表明此時的糧食加工技術水準已經有了很大提高。近 100 年來，三岩人在大力開墾土地與引進新品種，使得糧食產量有了較大程度的提高，三岩也開始有了加工糧食的迫切需要。

3 石盤

石盤同樣是用來加工糧食的工具。如果說石磨是在歷史的較晚期才進入三岩人的家庭的，那麼此前他們加工糧食一般採用石盤。這種石盤分為主機板和子板兩種，需要兩者配合使用，底下擱置一個方形木用來盛裝加工後的米粉。主機板和子板均呈長方形，主機板體形較大，子板體形則小許多。主機板上面並排刻有一條條的凹槽，先把青稞或小麥擱置在這些凹坑內，然後用雙手把握子板，用力在主機板上下搓動，裏面的青稞或小麥便可一點一點地被磨製成粉。

4 石杵臼

石杵臼是用來加工食物的石器，分為石臼和石杵兩種，需配合來使用。三岩的石臼採用圓形石塊，在石頭中間鑿出一個盆狀的窟窿，裏面用來盛裝加工物品。石臼必須配合石杵才起作用，石杵是具有一定衝擊力的石塊，呈條形狀，方便用手把握，使用時用它用力錘打石臼以搗碎食物。

三　陶製品

三岩很早就使用了陶器。三岩迄今保留著這樣的諺語：「夏天三個月保管好鐵器，冬天三個月保管好陶器，平時管好自己的嘴。」此話足以說明陶器在三岩家庭生活中的地位是何等的重要。筆者在三岩地區調查時發現：當地使用的陶器包括罐、缽、壺等器皿，多為土陶或黑陶，一些陶器身上甚至還出現了紋飾和圖案，顯示三岩人獨特的審美觀。三岩製作陶器的方法甚為原始，可分為兩種：一種是將泥坯放在實心堅硬的泥模上，用旋輪加工成型，手腳並用，用腳轉動旋輪，用手隨簡易的木製工具隨形捏製，成型後晾乾放入土窯中燒製；另一種是採當地的紅土，先用篩篩細後摻水和泥，然後用木版反覆拍至勻稱狀，當泥坯達到要求後放平成一片，先去製陶底部所需，再用木片像切麵一樣勻稱劃開，做成細條狀，然後將細條一圈圈地從底部往上砌，達到一定的高度後，用一個瓢形木製工具蘸水不停地將其塗平並使其光滑平整，成型後晾乾，最後用松樹皮包圍烘烤。

1 陶罐

陶罐主要以土陶為主，主要作為水缸用來盛水，也可盛青稞酒或藏白酒。近年來隨著金屬製品（如銅製水缸）進入三岩的日常生活，陶罐已經遭到了棄置，雖然當前三岩仍然採用陶葬的葬俗，但已經不如以前那樣流行了。

2 陶缽

陶缽的體形比陶罐小許多，一般以黑陶為主。陶缽目前依然在三岩人的家庭中被廣泛地使用，主要用來在製作青稞酒或藏白酒時盛裝經加熱後蒸餾成液體狀的酒水。有報導人指出，採用陶缽來盛裝青稞酒或藏白酒的液體，可以保留酒的原汁原味，這是一種古老的製酒工藝，三岩人希望能一直保存下去。

3 陶壺

陶壺同樣以黑陶為主，用來盛裝酥油茶、青稞酒或藏白酒。黑陶的造型精美，身上刻畫精美的藏式圖案或花紋。這些陶壺從外地購入，平時僅珍藏在家中，只有家裏來了貴客時才拿出來使用。

四　皮革製品

三岩雖然以傳統的農業為主，但也兼營一定程度的牧業。牧業在一些村子中甚至占到相當大的比例。三岩的畜牧業以飼養藏犛牛、綿羊、山羊等大牲畜為主，它們除了提供穩定的奶源外，還為三岩人提供過冬用的肉類食品。三岩人宰殺牛羊後，將其毛皮晾乾後備用。這些皮革原料，經過除蟲、鞣革等技術處理，可以用來加工成皮靴、皮袋和皮囊等生活用品。

1 皮靴

三岩人原來多赤腳步行，後來從貢覺那裏傳入長筒羊皮靴，深受三岩人的喜愛。靴筒一般用羊皮、牛皮、氆氌或褐子製作而成，可分為高筒和半高筒兩種，樣式基本一致。靴子狀似馬靴，以黑色牛皮作面料，中襯以紅綠或黑色布料、呢料作裝飾。靴底又分厚、薄兩種，厚底用數層牛皮或鹿皮重疊而成，薄底僅用一層牛皮，爛後可隨時更換。靴幫上部後方一般開有 10 至 15 釐米的口子，一是便於穿著，二是便於翻轉過來清洗內部的髒物。

2 皮袋

羊皮、犛牛皮由於皮質柔韌、皮層厚，具有耐磨、防水、防潮等特性，還可用來製作各式皮袋，用來盛裝糧食、水和其它物品等。在三岩，糌粑是家家戶戶必不可少的儲糧。三岩的多數村子位於金沙江岸，地處亞熱帶濕潤氣候，且逢雨季天氣潮濕時，糌粑的存放問題往往讓人頭疼，製作牛皮袋來盛裝是個不錯的方法。三岩採用犛牛皮為原料，用牛毛絨線縫製成條形，底部可用塗料畫上一些飾紋，以實現美觀的內在需要。

3 皮囊

皮囊也叫作「風囊」，是與灶具配套使用的用具。三岩用的風囊與藏族牧區所使用的傳統風囊相一致，使用羊皮或牛皮揉製而成，縫成上寬下窄的三角形，下窄處鑲一鐵管，長約 30 釐米，寬處縫上兩根木棍，一邊木棍上縫一繩扣。鼓風時，一手提壓風囊，風通過風管吹出，很好地起到吹旺爐火的作用。

4 皮筏

皮筏是以往三岩人比較常用的渡河交通工具。在剋日、羅麥、敏都和木協鄉，由於金沙江水一江相隔，村民為了交通方便，自己製作了皮筏來渡江。現在剋日和羅麥鄉依然保留有兩個渡口。

三岩的皮筏呈橢圓形，以藤條編織為框架，外包以犛牛皮，未膨脹前直徑為 160 釐米，寬 155 釐米，高約 15 釐米，落水膨脹後直徑達 45 米，可承載 45 人或 2 頭犛牛渡江。因金沙江水急石多，以皮筏渡江非常危險，因此需要有專門的人負責擺渡。擺渡者熟悉金沙江水情，但每次擺渡也同樣小心謹慎。擺渡前人們必先念誦經文，以求平安渡江；而乘客也需要嚴格聽從船夫的要求，按其指定的位置站立，不能隨意移動。因為皮筏入水後牛皮膨脹，所以船底較為柔軟，經驗豐富的船夫知道如何能夠平衡船體的壓力，從而避免船底因為受力不均而突然破裂，或船身因重心偏移而傾覆。擺渡過江通常是在冬季金沙江水位較低的季節進行，平時人們儘量減少這種渡江的行為，可見三岩人群之間的聯繫很大程度上受到了自然環境的制約。

五　金屬製品

以往三岩地區資源匱乏，特別缺乏金屬製品，沒有提煉金屬的技術，也沒有專門的鐵匠，連擁有一個鐵鍋都被認為是件極其奢侈的事情。以往的炊具大多以陶器為主，隨著三岩與外界的聯繫日益增強，許多鐵、鋁、銅鍋和合金製品也漸漸進入了三岩人的家庭。用金屬製品做成的炊具由於耐熱、堅固而具有天然的優勢，三岩人對它們無比珍愛，常常把這些金屬製的缸、鍋、壺、瓢、盆擦拭得乾乾淨淨、光澤照人，大小鍋、壺、瓢排列整齊，就是自己不洗臉，也要讓它們一塵不染。

1 銅水缸

三岩有「三寶」：駿馬、長槍（刀）、銅水缸。銅水缸為「三寶」之一，是當前三岩家庭中必不可少的儲水用具。銅水缸的體形異常龐大，一個缸的盛水量可供一家人飲用半月之久，而三岩人一般要放置35 個這樣的大銅水缸在家中。這是因為：一方面，三岩的很多家庭遠離水源，一次性備好數月的用水可實現省力、省事之便；另一方面，三岩地區械鬥與血仇頻發，在家中儲備長期的用水也是出於防禦的需要，一旦有械鬥發生，帕措族人就可據守在碉樓裏面數月不出。

然而，三岩地區並不出產銅礦，當地也沒有打銅工匠，這些銅水缸均由外地（主要是白玉縣城和昌都地區）購入，經過長途跋涉後才能運回家中。

2 鐮刀

鐮刀也稱為「割刀」，由刀片和木把構成，是用來收割莊稼或割草作為牲畜飼料的生產工具。三岩的鐮刀多是自己加工而成的，採用青岡木做把柄，經過拋光、打磨和上漆後，在柄的上端鑿上兩個孔，把鐵片裁成月牙狀，底部留下上下兩個細長條鐵片，反嵌入到木柄的兩個孔中固定起來即可。

3 鍘刀

鍘刀是切割草料的加工工具。與鐮刀一樣，鍘刀同樣由刀片和木把構成，但形狀為「刂」形。用鍘刀來鍘草時，需要配合使用一個木砧板，起到支墊和固定的作用。

4 斧頭

斧頭是一種砍削用的生產工具，通常用於砍伐樹木、劈木柴，也可用於一些木工活，如砍削一些粗大的木頭部件等。斧頭分為兩個部分——斧頭和斧柄。斧頭為金屬所製（一般為堅硬的金屬，如鋼鐵），刀口為弧形，以便於砍削；斧柄為木質，主要用青岡木做柄。三岩附近森林資源相當豐富，砍伐樹木、劈木柴不僅是日常生產勞作的一部分，同時也是一件費力的活，因此，家庭中擁有一把品質上乘的斧頭成為了許多三岩人的追求。三岩的斧頭主要由外部購入，也有人到鄰近的貢覺或白玉縣城請鐵匠專門打製。在三岩地區，斧頭除了砍伐樹木、劈木柴以外，還可用來屠宰犛牛，這種做法在藏區的其它地方並不多見，這也成為了三岩地區的一個特色。

5 鐵桶

隨著鐵器大量進入三岩地區，三岩人在釀造青稞酒和藏白酒時也開始使用鐵桶，而以往所使用的多為土陶。然而，這些鐵桶多數是利用原來的汽油罐加工而成的，裏面用鐵片焊接三個支架，以懸掛一個可置於內部的土缽，用來盛裝加熱蒸餾後所滴下的酒水。

總體看來，三岩的「技術器具」的製作原料包括了木材、紅土、石頭、皮革和鐵等，不僅種類繁多、功能各異，而且廣泛地運用在家庭生活和勞動生產上。表面上看，這些「技術器具」至少具備了三個顯著的特徵：

第一，簡易。三岩的工具多數採取了「因地制宜、就地取材」的原則，其中木器和石器占絕大多數，這大概與三岩地區高山環繞、土石堆積和森林資源豐富的自然環境有關。此外，無論是木器還是石器，它們的製作方法都相當簡單，使用靈活，無須進行太多的複雜工序，保留了許多原始的成分。為此，有人還特別指出：「三岩的社會形態處於較低的層次，相對封閉，生產力落後。」[11]

第二，省料。省料是相對於三岩社會處於整體稀缺和部分稀缺的狀態而言的。三岩的森林、土石資源相對豐富，並且由於有畜牧業而獲得了一定數量的皮革製品，但嚴重缺乏各類金屬用具。有鑑於此，三岩的器具基本遵循這樣一個製作的原則——最大化地節約資源。例如，能夠使用木材或石塊來製作的器具，就一定是由木器或石器來製作，或將兩者結合起來製作；有時還需用到一些如牛皮繩等皮革類製品；儘量減少對金屬的使用。

11 子文（劉偉）：《蒼茫西藏》（北京市：中國工人出版社，2009年），頁31。

第三，實效。必須指出，三岩各種生產和生活器具雖加工簡易，儘量節約使用一些有限的或稀缺的資源，但是並不因此而減少其實用性。相反，這些生產工具更適用於三岩的實際情況。例如，當筆者向當地人提問為何三岩的木鋤至今仍在使用時，有報導人指出：當地的耕地多處在峽溝的山坡上，坡度較大，土地貧瘠，土質疏鬆，屬跑土、跑肥、跑水的「三跑地」，特別是下雨天時水土流失嚴重，無法採用深耕的技術；此外，田地裏面要留下大量的石塊，一是起到壓土、護泥的作用，二是石塊下面還可保留一些水分，防止白天被日頭蒸發殆盡。這就是西藏特有的田地保墒的方法。

在貢覺縣政府辦公樓所陳設的三岩工具展廳裏，筆者看到了一組木鋤的技術演進過程。展廳裏所展示的木鋤有三把：第一把由取自同一棵青岡樹的樹坯製作而成；第二把在木鋤的木柄上用牛皮繩綁上了較為細緻的、類似鋤頭的石刀，石刀磨損後還可以由後向前推出繼續使用；第三把則在第一把的基礎上，用鐵製金屬皮套嵌在木槌的頭部製作而成。

從一定程度上來講，木鋤的技術演進過程，是三岩人採取文化制度來適應環境的一個縮影。這種文化適應一旦形成，便具備了長期的穩定性；只要這種文化適應依然能夠滿足當地人的物質與精神追求，則無需發生太大的改變。此種穩定性的持續時間相當長久，但這決不意味著三岩社會「原始落後」、「停滯不前」和「無法獲得進一步的發展」。

第三節　三岩民居

「從風籬發展到四面有牆的房屋，從樹屋到城堡，人類建築的發展史像一部記錄人類力量和智慧的發展歷程的傳奇。」[12]這是因為，建築不僅僅關乎實際需要和經濟因素，還關係到存在的意義，這種存在的意義源於自然、人類以及精神現象。[13]

民居作為人類建築的實體形式，是人類有意義的創造性活動，體現人類的生存意義，表達人類的精神追求。不同地域不同族群的社會群體，往往各自發展出獨具特色的民居建築形式。三岩的民居，便是三岩的社會群體在一定歷史時期內，與一定生態環境和文化制度相適應而產生的「適應模式」。

三岩民居地基紮實、體積龐大、樓身高聳，儼然一座座壁壘森嚴的碉堡。三岩民居也被稱為「康爾」，「康爾」是藏區對碉堡式建築物的統稱。三岩「康爾」是三岩人對獨特地理環境的適應，既是對傳統建築歷史的傳承和發展，也受到了帕措制度的深刻影響，是一種滿足三岩居民生活方式和居住行為的建築。

三岩的碉樓式建築，最早可追溯到 4,000 至 5,000 年前的卡若時期。歷史上藏族建築的發展，同樣經歷從洞穴居住到地面建築的階段。對西藏昌都卡若遺址的考古發掘顯示，卡若遺址的時間跨度較長，從早期到晚期跨度達 1,100 至 1,200 年。建築風格從地窩棚式到晚期的擎簷碉樓式，顯示在建築結構和營造技術上的一次飛躍，其顯著性的標誌是：建築從圓形地穴逐漸向地面、空間發展；建築屋層數由單層向雙層發展；居室由單間向雙室、多室發展；建築材料從泥和木棍向卵（毛）石、木楞、木柱方向發展；營造技術從最初的架設木骨塗抹草泥燒烤技術，逐漸發展到用木楞架屋、砌築石牆。其中碉式

12 〔德〕利普斯著，李敏譯：《事物的起源》（西安市：陝西師範大學出版社，2008年），頁33。

13 〔挪威〕克利斯蒂・安諾伯格-舒爾茨著，李路珂、歐陽恬之譯：《西方建築的意義》（北京市：中國建築工業出版社，2005年），頁7。

建築物的出現，成為藏式建築的早期母型，對後來藏式建築風格的形成產生了極其重要的影響。[14]

若從經濟形態方面分析，卡若遺址的早中期以鋤耕農業為主並輔之以狩獵活動和家畜飼養，到了晚期轉變為以部分農業為輔，以畜牧業為主。為了適應這種變遷，卡若遺址的後期出現了一種「乾井式」的建築形式。這種下層欄畜、上層住人的石牆房屋，迄今仍然流行於藏區，被稱為「西藏高原獨特的房屋結構方式」。[15]綜合考古和傳說兩方面的資料加以分析，有學者提出，西藏的原始居民中至少有兩種因素：一種是以狩獵和游牧為主的土著民族；一種是由北方南下的氐羌系統的民族，他們可能帶來了先進的農業。以後西藏的種族和文化，有可能就是以這兩者為主體，再接受其它的因素綜合而成的。[16]

此種說法放在整個西藏地區，略有以偏概全的嫌疑，但用來解釋三岩峽谷的族源與歷史卻頗有說服力。事實上，三岩當地族群的來源更為龐雜，但至少包括了原始土著以及後來遷徙而來屬於氐羌系統的新民，當地陸續發掘出的石棺葬就是一個佐證；三岩人採取碉樓式的建築更或多或少反映出氐羌系統的民族所帶來的碉（塔）建築文化的影響，至少其中的文化因素被保存了下來，一直延續至今。

一般而言，這些碉（塔）式建築有一個基本的要求，即要有相對聚居的各邦和山寨的民眾，以及所建的相對集中的聚邑，否則不可能產生碉樓這類建築物。[17]這說明碉樓式建築產生於社會化高度集中的

14 楊嘉銘、趙心愚、楊環：《西藏建築的歷史文化》（西寧市：青海人民出版社，2003年），頁910。

15 同上，頁10。

16 霍巍：〈論卡若文化類型的發展演變〉，《中國藏學》1993年第3期，第95頁。

17 楊嘉銘、趙心愚、楊環：《西藏建築的歷史文化》（西寧市：青海人民出版社，2003年），頁18。

狀況，特別是不同的族群之間相互處於敵對狀況時，由於軍事和防禦的需要，碉樓式建築容易取得進一步的發展。

一　帳房

從經濟形態考慮，三岩或許發生過以游牧為主的生活方式向定居式生活的轉變，具體表現在住所的選擇上由帳房開始轉向樓房。帳房也就是帳篷，是種可遷移的房子，其起源來自風籬，後者被認為是世界上最早的房子，是後來兩種主要房屋類型——圓形小屋和方形小屋的雛形。[18]

據雄松鄉的報導人的說法，他們的祖先在六七百年前從德格地區遷徙到三岩，最初是居住在石洞裏面的，以牧業為主，後來才從察雅人那裏學會了撚毛線和編製帳篷的技術。時至今日，三岩在放牧或耍壩子時仍要搭建帳房；與藏區的其它地區相比，它們並無太大的差異。由於世代以游牧生活為主，牧民一般採用以牛毛繩編製而成的「黑帳房」為其住宅，這種牛毛帳房經久耐磨，可防風雪，還可拆散下來以便犛牛馱運。一般用黑牛毛紡線，編織成寬 60 釐米、長 10 米左右的粗氆氌，縫合成四大塊長方形的幕帳。但與高原其它牧區所不同的是，三岩地區編製犛牛繩和製作犛牛帳房的活計大多是由男人來完成的，而藏區的其它地方，則多以女人為主。

搭帳房有一定的講究，先要確定選址，選擇避風、朝陽的壩子，然後請喇嘛過來念經，以確保沒有冒犯土地神，同時也能保祐人畜興旺、牛（羊）群多產。架設時，用兩根 10 釐米直徑的木棍支撐一根橫樑，用 6 根牛毛繩將木棍固定，再將兩片最長幕帳的一邊拴在橫樑

18 〔德〕利普斯著，李敏譯：《事物的起源》，（西安市：陝西師範大學出版社，2008年），頁25。

上，在另一邊縫 6 個紐扣，穿上 6 根牛毛繩向兩邊拉開，用 4 根木棍支撐兩邊的繩索，拉緊後將繩子固定在木樁上，一個長方形的「住所」就算搭建完畢。帳外周圍有 20 條牛毛繩拉伸拴在木樁上，四周要挖排水溝，周圍幕帳外用牛糞壘成矮牆，以防風雪從帳房腳下刮入。帳房前方設門，門上放置護幕，白天將帳房布向外撩開兩邊，方便出入，晚上放下用帶結緊，以防寒風襲入，帳房頂開有一長縫天窗，便於採光和放煙，下雨時可將另一塊幕帳拉上蓋住。帳房的大小據人口的多寡而不同。小號帳房至少有 12 平方米，可住 23 人；大號帳房可達 30 至 35 平方米，可住 58 人。

牧民常住的帳房裏，居中砌著灶臺，高約 60 釐米，寬約 50 釐米，長約 1.7 米，上面砌一個溝槽，槽內放牛糞，槽沿上架鍋，即可燒茶煮肉。灶臺自然把帳房分為左右兩半，進帳的右邊為男席，左邊為女席，客人也坐右席。灶臺後或男席上方時常有供佛的地方，一般在木箱上設有神壇、擺有佛像。除牛毛帳房外，還有一種「人」字形的白布帳房，兩邊設有幕帳，稱為「古帛」。這種帳房用於夏天夜晚守羊和放置酥油、乳製品，也可在耍壩子、出門臨時夜宿時用，一般能住 4 至 5 人。

牧民冬季都有定居的冬房。這種冬房是用土木結構建造的，為平房，內部分為四五間，面積較小，一般都在 50 至 70 平方米，高不過 2 米，其特點是避風溫暖。20 世紀 90 年代後，政府鼓勵牧民定居，幫助游牧民在冬季牧場修建定居房。1993 年，政府在阿旺九村投資修建牧民定居房 36 套，1999 年又修建 45 套，總投資達 200 多萬元，讓祖祖輩輩「逐水草而居」、「日落而息，日出而作」的游牧民也能過上安居樂業的生活。

考察帳房的情形，裏面一般為開闊的公共空間，沒有分割出私人場所，帳房的中央由一個灶臺佔據，爐灶隨便割下幾片草皮即可堆成，旁邊有時也會豎立一根柱子，上面掛上哈達或其它的宗教物品。灶膛升起的煙柱，恰巧從位於中心上方的帳房頂部的洞口直沖雲霄，光線也是通過此洞進入的，從而實現帳房內部採光的需要。相比之下，三岩民居的樓房分為三至四層，但每層內部均為開放結構，同樣不設私人空間；二層樓房為居民的住所，這裏一般不設視窗，就算有也會把視窗造得異常地狹小，據說是為了防止敵人的子彈從外部射入。單憑狹小的窗門，已經無法滿足內部的採光需要，需從房子的中央處開一個比較大型的洞口，方便光線投射進來。這樣看來，三岩樓房的建造工藝，在空間上實現了對帳房內部佈局的移植。

二　樓房和「碉樓」

如果說從帳房轉向樓房是三岩民居的第一次轉變，那麼從一般樣式的樓房轉向碉樓式的樓房則可視為第二次重大的轉變。三岩修建碉樓式樓房，首先要有大量的土木石作為建築原材料。三岩「西部荒山曠野，悉為游牧之地，……地中碎石岑岑，不知收撿」[19]，碎石塊在三岩地區俯拾即是，至於泥土，更是隨處可挖取。三岩地區的土質多為紅土，是青藏高原地區土地資源的一種類型，含有大量的鐵錳元素，它們經過長年累月的氧化作用，漸漸變成暗紅色或赤紅色的鐵錳氧化物。這些泥土和水後具有黏土的特性，十分適宜用來作為建築材料。雖然修建樓房還需要耗費大量的木材，但這在三岩地區亦非難事。由於三岩地處高山峽谷，氣候多樣，植被和森林資源豐富，這就為三岩人建造高樓提供了十分便利的條件。

19 劉贊廷編：《武城縣志》，《中國地方志集成・西藏府縣志輯》（成都市：巴蜀書社，1995年），頁147。

比較三岩片六鄉與白玉縣山岩鄉的村落建築外貌，雄松、敏都、沙東和山岩四鄉的碉樓多為土石結構，建造體形異常龐大，樓層較高，多為連體結構（即兩三棟碉樓並排或背靠背連在一起），一般為四層建築，所用木材相對要少一些。相比之下，剋日、羅麥、木協三鄉的樓房多為土木石結構，體積要小一些，樓層也要低矮許多，許多樓房僅僅修建成三層高就已足夠。由於附近有豐富的森林資源，這些樓房在建房材料上儘量多地使用木材，由此形成一層為土石結構，二、三層為木架「崩空」房的奇特外觀。有鑑於此，筆者認為這是由於雄松、敏都、沙東和山岩四鄉人多地少，資源尤其匱乏造成的。由於整體稀缺的外部作用力更大，四鄉之間的械鬥與其它三鄉相比來得更為激烈與頻繁。出於防禦方面的需要，促使四鄉的碉樓愈修愈高。此點也能說明，三岩地區的碉樓最初是由一般的平樓逐步發展而來的。

1 樓房

剋日鄉的民居與雄松、沙東等鄉碉樓式建築群有所不同，其建築風格倒與貢覺片的民居十分相似。與其它藏區的樓房相比，這些樓房的建築面積算是比較大的了，皆為兩層以上樓房，以土牆、石牆為主，極具本地特色，在當地藏話中稱為「慷巴」，為房子之意，與康區其它地方的叫法相同。

貢覺片的民居建築多為土（石）木結構，外牆為土牆或石塊砌牆，內部用木料作框架，樓層間架設地板，可分為兩層或三層。城鎮一層為倉庫，農區一層為畜圈。從二層中間開設天井，天井南面設一個布瓦的閣樓，作為經堂、住房；西北角設廚房；北面為糧食和雜物倉庫；東北角設一至兩間客房，還在東面或西面外牆修建外掛廁所，也有修在北面牆外的，建築面積一般在 400 至 800 平方米，最小的也有 150 至 300 平方米。民房宅基多選擇建在向陽山坡、避風有山泉的較高位置，一般不修在平地或河邊。隨著生活水準的提高，群眾開始把天井口用鋼架、玻璃、塑膠袋密封起來，這樣冬季天井就像一座溫室，既提高了整幢房屋的室內濕度，又隔絕了風沙的侵襲。夏季把側面的玻璃窗打開，就可降溫、通風。頂層一般是只有三面有牆的草料房，晾曬房比住房面積小，房前形成平臺，用來晾曬糧食、衣物等，平時也放一些秸杆、雜物。貢覺民居也同藏區其它地方一樣，室內樑柱要雕刻彩繪，色彩鮮豔，富麗堂皇，有的房屋內牆上也繪有八寶吉祥圖。中等以上的家庭都設有專門的經堂，裏面供奉佛像，儲藏經書，掛有唐卡，牆壁、藏櫃和木柱上多有彩繪，這裏是全家最整潔、裝飾得最好的地方，這個房間是不住人的，只供喇嘛念經。較富裕的家庭還專門給年紀較大的家長布置寢室，寢室同時也是老人日常念經的地方。廚房是住宅中最寬大和最有特色的地方，多為 30 至 40 平方米，大的則有 60 至 70 平方米，是一家人的主要活動場所，兼客廳和廚房功能於一體。在春、秋、冬季，也有些人家利用灶或火爐上的熱量取暖，晚上睡在廚房的卡墊上，此時廚房又兼具臥室功能。

2 「碉樓」

三岩民居的建築風格十分獨特，在藏區的其它地方甚為罕見。三岩民居俗稱「碉樓」，藏語稱其為「康爾」，意為高樓，是種帶有軍事防禦性的建築物。與貢覺片的「慷巴」相比，三岩的碉樓建築面積更大，一般為三層至四層，少數還有五層的。其特點是連片建築，牆厚少窗，易守難攻，形同碉堡。此種建築風格充分表現出三岩舊時代械鬥、仇殺的傳統陋習，為防禦復仇者、保全自己而發展演變成今天這種民居。三岩民居建築幾百年來始終遵循著兩個原則，一是房屋必須體現防禦功能；二是本帕措成員的房屋儘量建在一起，形成城堡式的防禦建築群。

20 世紀 80 年代中期，劉偉曾到三岩地區考察了三岩碉樓的大體情況：「三岩房子『康爾』都是土夯的，低層畜養牛羊，二三層住人，頂端晾曬農作物或其它東西。房屋高達十幾米，大都修建在地勢險要的山坡上。這種碉堡式的建築是中級野蠻社會的典型居房，上面沒有窗，只有槍眼。一來是帕族之間打冤家防衛用，二來作為氣窗，給屋內通氣，漏入些光，上樓下樓全憑一根砍出鋸齒樣腳蹬的圓木。」[20]根據他的描述，可畫出三岩碉樓的大體外觀。

這種貌似「中級野蠻社會」的典型居房，其實修建起來須具備相當的技術含量，需要人們對碉式建築的基本結構形式和營造技術有具體的認識和把握。例如，隨著樓房空間高度的增加，要計算好地基的深度；架好橫樑並計算其承重力；做好外圍護牆收分技術；根據氣候條件，將房屋的屋面做成平頂。此外，還需掌握樓房內的分層轉上技術、開窗與採光的技術，以及砌築牆體的基本工藝等。

三岩房屋外牆均為土質圍牆。修建時先把地基挖好，地基深為 1 至 1.5 米，用塊石砌築地基，用稀泥土黏合，地基要砌出地面，待地基凝固後，就在地基上用兩塊厚木板做夾板，夾板寬約 40 釐米，長約 4 米。打圍牆的土不能太濕，以手捏成團不散為宜，每次填土約 15 釐米，夯實後約 5 釐米，就這樣一層層往上打，高可達 15 至 20 米。因為牆體太高，為了穩固，牆體下部厚度可達 1.2 至 1.5 米，上部也有 0.5 至 0.6 米。整棟房子先打外牆，再用大量木料進行分隔，一般分為四層：一層為畜圈，二層為廚房、寢室，三層設經堂、糧倉，四層為曬場、草料庫。由於房屋外牆太高，工程量很大，一般建築一幢佔地面積 120 至 150 平方米（12 根柱子）的房屋，需要兩至三年時間，而且一旦開工，除了正常休息外，中途不能停工。因為

---

20 子文（劉偉）著：《蒼茫西藏》（北京市：中國工人出版社，2009年），頁31。

外牆太高，打夯時打得太快就會垮塌，因此打完一層後要晾曬幾個月，待牆體幹後接著再打。有的也因家境貧寒，經濟條件差，沒有五六年的時間是無法建成的。完工後的樓房會變得異常地結實，起到很好的防禦與保護作用，甚至可以抵禦一些小規模泥石流等自然災害的侵蝕。

就碉樓內部結構而言，整個外牆不設窗戶，每層牆壁的四周都開有數個直徑為 10 至 15 釐米大小的圓形或三角形小洞，既可向外瞭望，又可作射擊孔。碉樓無院子，只用柴火堆牆，高不過 2 米，每年秋季必須補充柴薪，門口一般拴有一隻十分兇猛的看家狗。第一層僅留單扇門，能出入大牲畜即可，為畜圈，有許多木柱支撐著二樓的地板，高 22.5 米。一般在進門的左手邊靠牆角處開一四方洞，用一根獨木梯通往二層。二層是個大間，不設隔間，佔地面積有多大，該間房就有多大，這裏也是全家人吃飯、會客、家務活動和住宿的地方，為主室，中央只有兩根長約 7 米的柱子和梁支撐著三樓的地板。在房間進門的最裏邊的右角處，不設灶臺，但在平地設有四方形的火塘一個。在二層樓梯口的上方開有一個四方洞，二樓和三樓也有一根獨木梯相連，這個四方洞既是通往三層的樓梯口，又是二層的通風排煙口和採光口。三層靠左邊架設有一個「布娃」（木籠），一般是經堂和老年長輩的臥室，右邊是糧食和雜物倉庫，也可堆放畜草，這層的間隔有 2.53 米高。又有一根獨木梯通往四層，該層屋面靠後邊建有一排長廊，占屋面的 1/3 左右，主要用來堆放秸稈、畜草，屋面的其餘部分則為曬場，是晾曬、脫粒、揚谷的地方。除了能供家人在閒暇時間觀賞風景以外，四層還是個絕佳的「瞭望臺」，這裏視野開闊，成為村民利用屋頂進行溝通的場所。一旦村中有事或有外人進村，村民的第一反應是站在屋頂觀察動靜，因此屋頂起到了很好的守哨與偵察的作用。

三岩民居還有一個獨特之處，即很少是由一戶單獨修建的，同一帕措成員的碉樓往往緊緊相連，少則 23 戶，多則 10 餘戶，房屋前後左右連成一片，形成一個龐大的、氣勢雄偉的碉堡建築群。這些房屋以帕措為單位，戶戶有暗道相通，可自由往來，便於抵禦外來者侵襲，易守難攻，形成「依山據險，屯聚相保」的聚落方式。在這裏，碉樓和住宅是緊密聯繫在一起的，碉樓和民居之間從平面關係到空間組合的相互銜接、滲透，與院牆組合為一個牢固的防禦體系。1995 年，敏都鄉發生一起震驚內外的仇殺事件，昌都「1・12」小分隊組織了 24 名幹警對犯罪分子卓約赤列的家——一幢在當地屬於中等規模的碉樓實施了包圍，但卓約赤列據守在堅固的碉樓內負隅頑抗，小分隊先後使用了爆破、燃燒彈和火攻，最後才將其攻破，為此還付出了犧牲 3 人、重傷 2 人的沉重代價。

此外，房屋相連還有一個目的，就是節約建築成本，減少工程量。親戚們可以借鄰居的一面牆體作為自己房屋的牆，有的把房屋修建在兩個親戚的中間，這樣就可借用左右兩面牆，極大地節約了工程量，節省了勞力和建築資金。三岩民居在建造時，本「帕措」的青年男女都要來幫工，只吃飯不拿工錢，但每晚都要準備酒菜，這也是一筆不小的開支，所以，在三岩地區幾代人才能建一次房，許多房屋如有一面牆垮塌，只能修建這面牆，而不敢重新修建整幢房子，因此在各村都能看到百年以上的老房。雖然社會在發展，三岩的仇殺、復仇陋習也大為改變，但群眾建房的習俗沒有多大變化。

單從整體外觀而言，三岩民居確實修建得高大森嚴，氣勢宏偉，表達了一種對高度的崇拜。在藏族社會中，這種崇拜還可用石塊、樹枝和插在房頂、山口或盔上的旗幟來表示。[21]高度崇拜的概念可能最

21 〔法〕石泰安著，耿昇譯：《西藏的文明》（北京市：中國藏學出版社，2005年），頁227-230。

先來自天。由於山與天相接，或者說與天的距離最近，山也成為天的代理人。藏族王朝中的首位贊普，據說就是從一座神山上走下來的。贊普的王陵多建造在人們所確定的贊普世系起源的地方，人們有時也稱之為「山」，認為這些山「與天際相連，甚於天」，它們「擴大了贊普世系」。[22]在「天」轉化成為「山」的過程中，對神山的崇拜體系也漸漸形成。神（聖）山不僅是「當地的神仙」或「當地的主人」，還是戰神；此外，它還可代表贊普或首領。[23]這種觀念深入人心，並且很好地與苯教的思想結合起來。三岩地區中，乃布神山為其共同的神山，據說是三岩的祖先最初從西方趕來了一群群的大山，祖先死後其靈魂就停留在其中的一座——乃布神山上。在三岩碉樓的三層，一般設有一個煨桑敬神的場所，該場所面對大山為宜，其形狀甚至類比成山的模型，這明顯是種大山崇拜的反映。

對天的崇拜逐步轉移到對神山的崇拜，這種價值觀直接體現在三岩人的碉樓建築工藝上。如果說神山是世界的中央支柱、天柱或地釘，兩種表達方式均來源於家庭和帳房。[24]帳房裏面為公共空間，中央由一灶臺佔據，灶膛升起的煙柱從中心上方的屋頂洞口直沖雲霄，光線也從該洞口射入。三岩碉樓的建造實現了對帳房空間的移植，雖然樓房可為三至四層，但每層內部均為開放空間，樓房的中央處開了一個比較大型的洞口，方便光線投射進來，有些住宅用透明的塑膠紙蓋在洞口處，以防止雨水侵入。此種做法同樣來自帳房中的灶爐的概念。家宅之中，還使用了連接各層的大門。實現各層連接的，是一種由青岡木樁特製而成的木梯。木樁為圓柱狀或半圓柱狀，身上挖上槽

22 同上，頁224。

23 同上，頁226-227。

24 〔法〕石泰安著，耿昇譯：《西藏的文明》（北京市：中國藏學出版社，2005年），頁235。

口，梯子稍有傾斜地（有時幾乎是垂直）放置在門口上。這些木梯被比喻為連接天界的「木繩」。[25]必須指出，這些木梯的級數必須為單數，不能為偶數，其中又以3、9、13級最為常見，這與藏族群眾崇尚單數的思想觀念是相一致的。

由此可見，三岩人的世界觀會直接或間接影響到人們的行為，這種概念投射到三岩人的家宅中，便促使當地人長期持有一種把房子修建得高大、寬敞的心理嗜好。進一步考察三岩民居的內部結構，其軍事性和防禦性的特徵尤其突出，明顯受到帕措制度的作用與影響。例如，把地基打得很深，把牆身打得很厚，把樓層修得很高；相比之下，窗子則修得很小甚至不設視窗。使用無須固定起來的木梯，在防禦上具有很強的機動性，如在遇到敵人的攻擊時，便可一層一層地撤走，以防止敵人依次進入更上一層樓房。此外，修建四層頂樓，除了可作為簡易的曬場以外，更為重要的是起到偵察、瞭望和守哨的作用。

概而言之，三岩碉樓就地取材，把藏族的傳統民居與軍事性碉樓有效地結合起來，既傳承了傳統民居的歷史與傳統，又擴展了藏族民居的建築藝術風格類型，具有自然、宗教和軍事的三重屬性，較好地做到了自然、人與神三者的和諧統一。

第四節　服飾文化

服飾作為一種文化符號系統，既是一個民族或族群最為顯著的標誌和徽記，也是民俗文化中最絢爛多彩、最富美感和最具魅力的文化現象。

---

25 同上，頁236。

同是藏族，藏區內各地人民的服飾卻有鮮明的地域特徵。總體而言，藏族的服飾可分為三大類：①衛藏服飾類，有拉薩型、工布型、日喀則型、阿里型；②康巴服飾類，有昌都型、稻城型、嘉戎型、木裏型、迪慶型；③安多類，有海周牧區型、海東農區型、若爾蓋型、華銳型、白馬型。[26]由於所處地域和生活習慣的差異，三大區域的服飾文化也呈現出各自的特點：衛藏服飾雍容華貴，安多服飾華冠麗服，而康巴服飾則英武而粗獷。

康巴服飾獨具特色，主要有藏袍、無袖坎肩、圍腰、袍裙、長布衫等；腳下穿傳統藏靴；帽類以金盞帽、禮帽、狐皮帽最為流行；男女裝飾極為豐富，從頭到腳都有不同的色彩、形狀以及不同的圖案裝飾，一般由金、銀、瑪瑙、珊瑚、松耳石等精工細做而成，尤其以婦女華貴的頭飾最為引人注目。

然而，即便屬同一文化區域，不同地方的服飾還是呈現出各具特色的差異性。例如，康巴地區的服飾因地域和氣候的不同也有差異，有的人將其分為昌都型、巴塘型、迪慶型等，簡直令人目不暇接，眼花繚亂。正如現在流傳在康區的一首古老民歌所唱到的：

不是昌都人，昌都裝飾我知道，昌都裝飾要我講，鑲銀皮帶腰間掛。

> 不是貢覺人，貢覺裝飾我知道，貢覺裝飾要我講，三串項珠胸前戴。
>
> 不是德格人，德格裝飾我知道，德格裝飾要我講，頭頂珊瑚閃光耀。
>
> 不是康定人，康定裝飾我知道，康定裝飾要我講，紅絲頭繩頭上拋。

26 參見安旭〈藏族服飾文化〉，《西藏藝術研究》1995年第3期。

不是理塘人，理塘裝飾我知道，理塘裝飾要我講，大小銀盤發上弔。

不是巴塘人，巴塘裝飾我知道，巴塘裝飾要我講，銀絲須於額上交。

不是鹽井人，鹽井裝飾我知道，鹽井裝飾要我講，紅絲風帕頭上包。

就其所屬區域而言，三岩自然屬康區的範圍之內。由於生態環境極其特殊——地處高山峽谷、交通不便，帕措制度的影響久遠，藏傳佛教寧瑪派（紅教）深入人心，三岩的服飾發展出自身的特色。除了同時具備英武而粗獷的特徵以外，三岩服飾還有一個重要的特徵——古樸、簡約。70 多年前，羊澤對三岩的裝束有專門的描寫：男子多白色或紅色氁衫，異常簡樸，亦間有著無面羊裘者。[27]三岩人的衣服製作技術雖然簡單，裝飾材料雖然有限，但這並不妨礙他們對審美的追求。三岩人愛蓄長辮，無長髮者也要做假髮，女子喜好各類珠子等小物作裝飾。劉贊廷記載三岩「女子耳環重有數兩者，恐將耳眼墮穿，內安竹管，以隔之。男子蓬髮，以紅綢裹首，無面羊裘，……」[28]皆是三岩人審美觀在生活中的表現。

藏族服裝的基本特點是長袖、寬腰、大襟，其外衣布料多為毛織品、畜皮，富貴者也有穿綢緞、布匹的。早在 100 年前，就有人曾對康區居民的服飾進行過專門的描述：「藏民男子皆寬袍大袖之衣，腰繫絲帶，頭戴呢帽，或裹絨巾，足著毯子長靴。女子衣長衫，毯裙，

27 羊澤：《三岩概況》，趙心愚、秦和平編：《康區藏族社會歷史調查資料輯要》（成都市：四川民族出版社，2004年），頁405。

28 劉贊廷編：《武城縣志》，《中國地方志集成・西藏府縣志輯》（成都市：巴蜀書社，1995年），頁153。

繫腰帶，頭戴巴珠，項圍珠串。」[29]放在今天的三岩地區，這樣的描寫依然甚為恰當。

當前三岩地區有兩個主要的節曰：一為藏曆年；一為每年藏曆六月初一進行的為期 10 天的「蓮花生大師法會」。在這些盛大的節日裏，三岩人把珍藏在家中最漂亮也最引人注目的服飾翻箱倒櫃地找出來穿在身上，彷彿在帕措之間、帕措內部家庭之間進行著一場絢麗多彩、百花鬥豔的「服裝秀」。通過這些規模盛大、萬人空巷的節日盛典，三岩人的日常穿著幾可展露無遺。

一　藏裝

藏裝是三岩地區的傳統服裝，分以下 6 種。

1 藏袍

如果說漢族服裝以上衣下裳為套，藏族則是衣裳連成一體為袍，康區藏語稱其為「葛熱」。藏族長袖袍，款式大方實用，日遮體，夜禦寒，有男女款式之分，也有冬夏之別，還有農區、牧區之分。

藏袍左襟大，右襟小，長及腳跟，屬大襟服裝。藏袍以黑色氆氌或布料為材料，男子穿著時需從腰部提起，下擺齊膝蓋，用腰帶紮緊，成短裙形，腰上成大襟裝，腰間形成一個可裝物品的腰包。女式藏袍右襟大，左襟小，穿著方式與男式差不多，只是藏袍下擺要齊腳腕，成長裙形。在三岩地區，舊時藏袍多為粗氆氌面料，由於加工技術落後，尤如麻片般粗糙，男穿白色女穿黑色。藏式襯衫也屬於大襟服裝，男式多為白色，女式有粉紅、綠色等。富貴者多用綢緞製作。

---

29 陳蕖珍：《艽野塵夢》（拉薩市：西藏人民出版社，2009年），頁15。

襯衫也是一襟大一襟小，袖子比衣身長 35 寸。褲子不論男女，基本為黑色布料，褲長齊腳背，腰大無腰扣，穿時摺收於腰間，以褲帶束住，褲襠有的從內開衩，有的不開衩。民主改革後，內地工業布料逐漸運進境內，藏族開始多用布料縫製藏袍、藏衣和襯衫。

牧區因海拔高，風大雪厚，氣候寒冷，所以牧民服裝多以皮袍為主。皮袍一般是用綿羊板皮製作，有毛面朝裏，無毛面板皮朝外，不加面子，「無面羊裘，無謂男女」。牧區的皮袍肥大，袍袖寬敞，臂膀伸縮自如，穿著時，有的內穿襯衫，年輕男子則光身穿裘皮，白天當衣抗風雪禦嚴寒，夜晚解頻寬衣當被褥。為方便幹活，可脫去一袖或兩袖，束於腰間，頭戴紅絲髮辮，彰顯出康區牧民豪放的性格和豁達的風度。皮裘袍穿著時與農區藏袍穿著相同，在腰間束一腰帶，懷裏和腰間成一大行囊，裏面可裝不少隨身用品。牧區男子穿皮裘褲，女子以皮袍為裙，內穿秋褲。

不論是農區還是牧區，人們在腰間的束帶上都要佩帶火鐮、腰刀等裝飾品。隨著農牧民經濟發展和生活水準的提高，進入 20 世紀 90 年代，貢覺部分藏族群眾和機關幹部職工開始縫製高檔節日藏式禮袍，藏語叫作「查日桑」。這種禮袍用花錦緞為底，用花細氆氌、水獺皮和虎豹皮鑲邊製成長袍，尤以男式禮袍昂貴，動輒數千元，貴則幾萬元。男式藏式禮袍一是用水獺皮鑲邊，邊寬 10 至 20 釐米，一般需 4 至 6 張水獺皮；二是用虎皮鑲邊，邊寬 20 至 30 釐米，需虎皮一整張；三是用豹皮鑲邊。女式藏式禮袍只用水獺皮鑲邊，富裕者鑲寬邊，用水獺皮 3 至 4 張。藏式禮袍用料昂貴，製作精緻，男子還要戴整張的狐狸皮筒帽，女子戴經過縫製的狐皮帽。這種禮服一般只有在藏曆新年等重大節日穿戴，一年也就使用 3 至 4 次，平時都壓箱底。

2 藏襯衣

藏襯衣分對襟、左大右小襟、無袖口等類。對襟襯衣袖口短，其它襯衣袖口均長過指。以白、紅、黃三色最為普遍，多以布、綢為料。

3 藏滾身

藏滾身多為夾層，以質地厚實的布、絨、緞為料。冬季多穿皮毛夾層滾身。常以紫銅作扣，以金銀織錦裝飾袖口、領口、胸邊。

4 藏腰帶

農牧區的藏腰帶各有不同。農區婦女多以布料、綢緞、氆子為腰帶，以大紅、粉紅、桃紅和橘黃色最為普遍；牧區婦女多以皮為腰帶，兩端用銀質或銅質圖釘成雙排釘上，圖釘上刻有圖案花紋，帶中則用銀圓或銅圓栓成兩排作飾。男子以當地紡織的毛線腰帶為主，也有係綢緞腰帶的。

5 藏帽

冠帽式樣多姿多彩：有用牛、羊毛絨編織的氊帽和絨帽，分黑白兩色，青年男女喜戴黑色氊帽，中老年喜戴白色絨帽；有用竹片作基墊，上覆白色綢料，周飾紅、黃布製作而成的遮陽帽，可擋烈日，可防雨雪，牧區婦女尤為喜歡；請客會友，頭戴呢禮帽、金盞帽，顯得粗獷、瀟灑；寒冬臘月，以全狐皮橫抹額上，垂尾於腦後，或戴羊皮羅松帽，覆垂至肩，倍感俊武、溫馨。帽子在當地很珍貴，是青年男女相互追求時的信物，可作為愛情的象徵和訂婚的紀念。

6 藏靴

以氆子為主料製成的叫氆子靴，以氆氌為主料製成的叫氆氌靴，以藏片為主料製成的叫藏片靴，從雲南下關一帶進的貨叫吉當靴，從西藏貢覺進的貨叫貢覺靴。藏靴狀似馬靴，以黑色牛皮作靴幫，靴尖上有鷹嘴狀的鉤，靴筒以紅黑兩色牛皮作面料，中襯以紅、綠、黑色布料或呢料作裝飾，內襯厚實的絨布以保溫；靴幫和靴筒相接處用金銀織錦線綴飾；靴底分厚、薄兩種，厚底用數層牛皮重疊而成，薄底僅一層牛皮，爛後可隨時更換；靴幫上部後方開 10 至 15 釐米的口子，一是便於穿脫，二是便於翻轉而清洗內部髒物。穿藏靴必須要有靴帶，靴帶一般用彩色緞帶和飾有彩紋的毪子帶合製而成，它是男女心愛之物。男女相戀，以靴帶為信物者頗多。

二　僧尼裝

由於三岩以紅教寧瑪派為主，喇嘛服裝多是以紅布製作的無袖長衫，起著襯衣和褲子的雙重作用。外罩是以紅色氆氌製作的滾身，有布夾層和羔皮夾層兩種，背面和邊都用金銀織錦裝飾。還用丈許紅色呢料或布料纏身搭於肩上，用氆氌或呢料製成桶形下擺栓於腰間，腳登藏靴或鞋。喇嘛不穿褲，不蓄髮，平時不戴帽，但帽子多達 10 餘種，是他們身份的象徵。在舉行佛事活動時，喇嘛戴黃色雞冠狀帽，堪布戴黃色三角帽，活佛戴蓮花帽。三岩的尼姑（覺母）不蓄髮，一般不著喇嘛裝，多穿俗家服裝。20 世紀 80 年代以來，也有身著內地尼姑裝的。

三　配飾

除了注重基本的穿著以外，三岩人同樣講究配飾與服裝的搭配，有「頭以發裝飾，身以汗毛飾，即為人子，當以珠寶飾」的說法。

1 髮飾

三岩成年男女都留長髮，皆編髮辮。男子一般編成如錐小辮散披背後，或加以牛毛，編成如臂粗、長丈許的大辮，盤其外發。女子都用紅軟頭繩、彩色毛線、緞帶等合編發中，挽在頭上，左右髮結用綠松石、紅珊瑚珠裝點，額中髮際線上紮鍍金銅泡花，泡花中間嵌一顆大蜜臘珠。蓋玉、山岩一帶的婦女，還將頭髮絲絲分開，紮成無數小辮。小辮之外，添編「茶呷」兩條，自頭左右側抄合於腦後，與小辮混合，可保持髮式數月不亂。昌臺一些地方的婦女，於髮辮上再加布帶兩條，合於頭頂，分批兩方，稱為「折哈」；上戴有花銀質鈍圓錐體兩枚，稱為「涅波」。無論貧富，四時不廢。一般來說，姑娘紮單辮，嫁後紮雙辮，這已經成為三岩地區百年不易的風俗之一。

2 耳飾

女子雙耳皆有耳墜；男子只墜左耳，也有慮小兒難養而穿右耳飾者。耳墜常有兩種樣式，一種圓形，稱「耳環」，用金或銀鏤成龍鳳形體，嵌珊瑚及松耳石於外側；一種長形，稱「耳璫」，全為金質，上方仍為貫耳之環，下方嵌長綠玉或珊瑚兩段，長達 2 寸。

3 領飾

三岩藏族婦女多著領扣，銀質，雕鏤兩個，聯球式公母兩扣，戴於金絲緞之兩端。用時圍於襯衣領外扣之，仿如西服領帶。男子不用此物，而以珠寶項圈戴於頸上。

4 手飾

手飾主要有兩種：一為戒指，一為手鐲。戒指又稱「驅環」，男女皆戴，富家金質，嵌瑟珠、琥珀、珊瑚、綠玉等；貧家銀質或銅質，嵌假珊瑚、珍珠等。戴戒指不僅很好地起到裝飾的作用，而且還有避邪之意。在藏區的其它地方，戒指還被用來作為愛情的信物。戒指戴在不同的手指上有不同的象徵意義：如帶食指表示未婚，戴中指表示已訂婚，戴無名指為已婚，帶小指為獨身等。相比之下，三岩地區戴戒指則無此方面的含義，女孩戴戒指，兩手除了拇指以外，一般其餘的手指均要戴上，充分顯示其美觀的視覺效果。除了戒指以外，手鐲也是每個婦女必不可少的飾件。手鐲多用金銀製成，不嵌珠玉，也有以寶珠連成串，纏繞臂腕，以代鐲者。

5 胸飾

三岩藏族男女胸間大都掛一「呷烏」，多為銀質，或圭形，或圓形，或方形，內裝佛像的照片或經活佛加持過的經文、藏草藥和護身符籙等。人們或戴於項下，或向左挎於肩；以帶繫上，上掛於頸，下垂於腰。戴佩此物，認為可驅邪護身，靈者槍刀不能傷。上等佛盒用黃金、白銀、白銅製成。以銀製盒，則用黃金鑲上八吉祥圖。佛盒的形狀有馬頭式、圓形、六棱形、腎形等樣式。

6 腰飾

三岩男子在腰部橫插兩尺左右長的腰刀或掛上火鐮和念珠等。火鐮佩在右腰側，刀或短劍佩在左腰側。三岩女子腰前圍一個七色的花緞「幫典」，腰間要束一條彩色綢帶，腰帶的左右配有小刀等掛飾，腰帶的端頭掛許多長度幾乎觸地的銀質長鏈鎖，鏈子的端頭掛許多小鈴、小刀套和彩色的穗子。此外，她們還可戴上一種稱作「恰瑪」的腰帶，在一條中間寬兩頭窄的紅牛皮帶上鑲有數顆花銀泡，銀泡上嵌有紅珊瑚。兩頭有銀製帶環作扣，繫在腰帶外面，周圍再可掛上銀盒、小腰刀、針包、銀元串等工具、飾物來裝飾腰部，以增強整體的美感。

四　三岩服飾的發展特徵

考察三岩服飾的總體發展與流變，發現其具備了四個顯著的特徵：

1 由稀缺轉向豐富

100 多年前，陳蕖珍曾對墨脫「野番」的穿著進行描述：「披髮跣足，無衣裳，上體著領褂，下體以裙二幅前後遮之，皆用竹編成之也。」[30]由於三岩地區存在整體稀缺的情況，當地人又長期作為「化外野番」，當時三岩人同樣存在衣不覆體的情況。但與以往的墨脫採用「竹製品」覆蓋下體的做法不同，三岩人一般會在腰間繫一塊皮或布作為遮羞之用。即使到了 20 世紀七八十年代，在三岩地區的少數地方還可見到那種不分男女，上身赤裸，下身圍一張皮、紮一帶子遮羞，赤腳走路的人們。更有甚者，在春耕和秋收勞作時，有的男子全身一絲不掛，僅在生殖器上纏上一根紅繩表示不敢放肆。後來，儘管外部地區的衣服、布匹也紛紛進入三岩，三岩人平時也很少穿上。馬麗華曾就此作過說明：「因為貧窮，從前的三岩人不分老幼幾乎終年赤身裸體，只在腰間繫一塊布，僅有的衣物也只在外出時才捨得穿。那顯然是一段不堪回首的往事，待到十多年前中央電視臺去拍一部專題片，請求村民扮演一下從前的自己，恢復當年的打扮，大家認為不體面不尊嚴，死活不肯，付給他們錢也不肯，據說後來在鄉領導的行政命令下，才勉強配合拍了幾個鏡頭。」[31]

---

30 陳蕖珍著：《艽野塵夢》（拉薩市：西藏人民出版社，2009年），頁75。

31 馬麗華：〈走出三岩〉，《經濟與社會》2002年第3期。

誠然，近幾十年隨著經濟水準不斷提高，三岩人「缺衣」的窘況已經一去不復返了，鄰近地區的服飾乃至漢族的服裝大量地湧入三岩。一旦到了當地的法會節日和過藏曆年時，三岩人往往把珍藏在家中的貴重服飾統統穿在身上，彼此之間儼然進行著一場百花鬥豔的「服裝秀」。

2 受帕措制度的深刻影響

由於帕措制度的存在並在社會政治層面上發揮著積極的作用，三岩人在服飾上也深受這種制度的影響。例如，三岩地區冬天要戴一種簡易皮帽，此帽以整張羊皮製作而成，整個帽子就像是個帶毛的羊皮，戴時可包纏頭部。由於此皮帽做工一致，帕措在舉行成員大會時，帕措頭人一般要反戴該帽，這是區分頭人與一般成員的一個主要標誌。又如，三岩男孩一旦到了 15 歲，就要舉辦「配刀禮」，標誌其成為了正式的帕措成員，在其腰間配上一把長（短）藏刀，外出時必須攜帶，主要作為防衛的武器。三岩男子特別喜歡藏刀，常常不惜鉅資以金銀鑲嵌刀把、刀鞘。再如，三岩地區禁止從男人的身上或其所穿著的衣服上跨過，認為該衣服是該成員的靈魂的一個寄所，若從上面跨過，會影響這名成員的戰鬥力，導致其容易在械鬥中受傷甚至死亡。

3 受到傳統宗教思想的滲透

對三岩人來說，宗教與生活是密不可分的。宗教信仰既然是生活的一部分，自然也就滲透並反映在服飾上。

首先，在三岩眾多的裝飾品中，以瑟珠、珊瑚、瑪瑙、綠松石等最為常見。一定程度上，這是一種傳統宗教思想滲透下的「石頭崇拜」的心理反映。例如，瑟珠在藏語中稱「絲爾」，是藏民族心中最為珍貴的神物。法國著名藏學家圖齊曾指出：「瑟珠具有魔力，它具有保護佩戴者使之消災免禍的能力。這和佩戴玉能預知變故，佩戴綠松石能淨化血液，避免染上黃疸病一樣，佩戴瑟珠能防止邪惡精靈的侵襲。這種侵襲會使人突發疾病或突然死亡……藏人中流傳著許多出售珍貴瑟珠者不久就患病或死亡的故事。」[32]三岩人對珊瑚、瑪瑙、綠松石等特別鍾愛，這可能同樣源於類似的心理，即認為「石頭能消災降福，是一種吉祥之物」[33]。對於他們而言，這些石頭既然具有非凡神秘的保護力，自然而然就應該是一種聖物，將其佩戴在身上就能起到趨吉避凶、功德圓滿的神奇功效。

其次，崇尚奇數是三岩的一個文化特色，這同樣是受到了傳統宗教思想的影響。例如，女子身戴 3 串項珠是三岩服飾的特色之一。當地人在奇數中特別崇尚「3」、「9」、「13」等。以瑟珠為例，「瑟」上小圈稱為眼，單眼較雙眼的價值高，五眼、七眼、九眼的瑟珠更被視為其中的珍品。飾物中若能達至「9」數會被看成靈驗的護身物，讓佩者分外滿足。這是因為，「9」對苯教來說是一種神聖的數字。此外，「108」在佛教中也是一個重要的吉祥數字，該數也與「9」有密切的關聯。由於數位的特殊屬性可以互滲，108 作為 9 和 12 的公倍數而具有特殊的力量。[34]

最後，在三岩地區，無論男女老少，均要在胸間掛一「呷烏」，內裝佛像的照片或經活佛加持過的經文、藏草藥和護身符籙等。謂佩此物，認為可驅邪護身，靈者槍刀不能傷。在受到其它帕措的常年威

32 〔法〕圖齊等著，向紅笳譯：《喜馬拉雅的人與神》（北京市：中國藏學出版社，2005年），頁186。

33 張鷹：〈藏族人的裝飾〉，《西藏民俗》2004年第6期。

34 〔法〕列維-布留爾著，丁由譯：《原始思維》（北京市：商務印書館，1997年），頁214。

脅、械鬥又經常性地發生時，佩戴「呷烏」以保護帕措成員的安全，無疑具有重大的宗教心理學意義。

4 受鄰近地區和漢文化的雙重影響

「女子身上要戴 3 串項珠」的做法，實際上是貢覺地區的一個服飾文化。但三岩人同樣認同此種審美觀，顯示鄰近地區（特別是貢覺縣和白玉縣周邊地區）的服飾文化對三岩所造成的重大影響。此外，三岩女子除了在腰間束一條彩色綢帶以外，腰前要圍一個七色的花緞──「幫典」。「幫典」是以五彩為基調，以多種色條組合而成的裝飾性圍腰。只有西藏、巴塘、理塘、德格一帶的已婚婦女才繫這樣的圍腰。三岩婦女喜歡繫上一件「幫典」，同樣是受到了周邊地區（巴塘、理塘、德格等）的影響。一般城市婦女的圍腰小巧而精緻，兩邊上角有花紋或貼花，鄉下婦女圍腰寬而長。從女性是否繫有圍腰往往可判斷她的婚姻狀況。近年來，發生了一種新的趨勢：三岩一些富裕的家庭開始在藏袍的邊上鑲嵌虎皮、豹皮和水獺皮。相傳吐蕃時期，軍隊四處征戰，對有功者進行獎勵，獎勵辦法是把這三種獸皮割成長條，像哈達一樣掛在脖子上，不同的獸皮表示不同等級的功勳，隨後他們都縫在衣領上作為自豪的標誌。而現在的獸皮則是財富的象徵了。以往三岩的藏袍鮮見此種裝飾方法，但現在卻能流行開來，說明三岩內部已經存在一定程度的貧富差距。

民主改革後，隨著社會的進步和多民族的交流，三岩的服飾也受到了現代化與漢文化的巨大衝擊。隨著三岩與外界特別是漢族社會的交往越來越頻繁，念書經商的人日益增多，時髦的年輕人也開始逐漸穿戴漢裝，一般的衣著已經與漢人無異。在三岩地區，穿著藏袍的女性占多數，尤其是上了年紀的老太太，依然堅持天天穿著藏裝，作傳統的打扮；但也有許多人，尤其男性，把漢裝和藏裝混合著穿。時至今日，在三岩的村子裏見到穿著短藏袍上衣和牛仔褲搭配在一起的年輕人，再也不是一件讓人稱奇的事情了。

第五節　婚姻家庭

婚姻家庭是人類社會的基石。人類學把婚姻定位為兩位配偶或多位配偶之間的聯合，該聯合在文化上受到承認，並在配偶之間、配偶和他（她）們的孩子之間，以及配偶和他（她）們的姻親之間建立起某些特定的權利和義務；這些權利和義務包括（但並不局限於）性、勞動、財產、養育子女、交換和身份等。[35]人類為了自身以及後代的生存，必須應對這樣一種挑戰，即如何處理好兩性關係以建立一種穩定的社會關係。無論以何種形式出現，婚姻均提供了一種特定的文化結構。

另一方面，家庭被定義為「一種社會團體，以公共居住、經濟合作，以及生育後代為特徵」。[36]作為一種社會制度，家庭居於社會的核心地位，主要體現在五個方面：第一，對於個人而言，他們首先來自家庭，又通過婚姻來維繫家庭，家庭是他們首先歸屬的團體，也是個人與社會發生作用的堅強後盾。第二，家庭是個人社會化過程的必要中介。傳統文化的傳遞，首先是在家庭內部實現的；個人的生活何以發生轉變，家庭是其持續發展的動力源泉。第三，只有通過婚姻與家庭這種受社會認可的形式，個人才能滿足諸如性生活、人口再生產以及其它各種情感方面的需求。第四，孩子的撫育問題同樣離不開家庭，家庭是維持人類與文化獲得持續發展的一個不可或缺的環節。第

35 Haviland W A, etal. *Anthropology: The Human Challenge*. Belmont: Wadsworth, 2005: 493.

36 Murdock G P. *Social Structure*. New York: Macmillan, 1949:2.

五，個人的社會身份、宗教信仰、政治角色以及經濟地位等內容的獲得，首先來自家庭；只有通過家庭，社會才能決定個人日常生活的交際模式，滿足社會自身正常運作的需要。

一　婚姻形態

當前的世界有三種常見的婚姻形態，即一妻多夫制、一夫一妻制和一夫多妻制，在三岩地區均可一一找到。

（一）一妻多夫制

一妻多夫制指兩個或多個丈夫在性生活上共用一妻，他（她）們共同撫育子女，使子女獲得比其它婚制較好的生存條件。一妻多夫制在世界上極其罕見，但在藏民中卻是一種習以為常的婚姻形式。石泰安論及西藏的婚姻時曾說過：「最典型的婚姻形式似乎還是一妻多夫制。無論在農業人口中，還是在牧民中，幾乎到處通行這一制度，僅僅是在安多未曾出現過。」[37]藏族實行一妻多夫制，主要是採取兄弟共娶一妻的家庭組織形式，究其原因不外有三：第一，西藏地區的財產是按照男方血統來傳承的，加上耕地相當有限，採取兄弟共妻可以維持家庭財產的完整，防止後代子孫重新對其加以分割；第二，該婚制可以控制人口的增長，避免對有限的資源施加壓力；第三，由於當地存在農、牧、商業並存的情況，實行兄弟不分家可以讓一個家庭儲備足夠的勞力以應對這三種不同的生計方式。[38]

---

37 〔法〕石泰安著，耿昇譯：《西藏的文明》（北京市：中國藏學出版社，2005年），頁93。

38 Levine N E, Silk J B. “Why Polyandry Fails, Sources in Inability in Polyandrous Marriage”. *Man*, 1997(3) 375-398.

據筆者在三岩所做的入戶訪談獲知，兄弟共妻制是種讓人欽羨的家庭組織形式。一個家庭若有數位兄弟，按照傳統習俗他們必須共娶一妻。就其目的而言，三岩人行一妻多夫制具有相當的功利性：第一，實現兄弟不分家，維持家庭財產不被分割，無須消耗大量財力和物力另外修建一座碉樓，同時保持家庭雄厚的經濟實力；第二，在本家族中聲望高、門風好，外人稱頌其兄弟團結，兄弟參與農、牧、商等多種行業，家庭負擔少，經濟收入高，妻子賢慧，家庭和睦，這樣便在無形中提高了家庭的社會威望；第三，家庭人口多、勢力大，在政治上處於優勢的地位，其它的家庭（帕措）與其發生矛盾或處於敵對狀態時，均要仔細斟酌、謹慎對待。據 1999 年的一項調查報告顯示，貢覺縣三岩區現轄沙東、剋日、羅麥、雄松、敏都、木協六鄉，共有居民 2,232 戶、人口 13,318 人，其中一妻多夫的家庭有 304 戶、1,964 人，分別占總戶數和總人口數的 13.6%和 14.7%。[39] 2006 年，筆者曾特意考察雄松鄉崗托村總計 30 戶家庭的總體情況，發現該村行一妻多夫制的家庭戶占總戶數的 2/3，遠遠高出其它兩種婚制的比例；至於行兄弟共妻的丈夫數，從 2 個至 5 個不等，最多的甚至達到了 7 個，這表明了三岩行共妻制的比例或者更高，或者在地區上出現了分佈不均衡的情況。

必須指出，實行兄弟共妻制有個前提條件，即家庭中至少生育兩個或以上的男孩。當這些男孩長大成人後，他們才能共娶一妻，進而組建一個兄弟共妻的家庭，該傳統一直延續至今。馬麗華調查過計劃生育工作在三岩的實施情況，她指出：「按三岩傳統觀念每家應有兩個以上男孩。飽受生活之累的主婦們只要生過兩個兒子都不願再繼續生育。去年有醫療隊來，在麻醉藥品用光的情況下，仍有人情願忍痛

39 呂昌林：〈昌都地區一夫多妻、一妻多夫婚姻陋習的現狀、成因及對策〉，《西藏研究》1999年第4期。

堅持做了手術。」[40]何以「飽受生活之累的主婦們」必須要生育至少兩個兒子？馬麗華沒有提供合理的解釋。其實究其原因，正是一妻多夫制這一風俗在其中發揮著功效。一個家庭，只有擁有兩個或以上的兒子，日後才有可能在組建新家庭時實現兄弟共娶一妻的需要。

關於兄弟共娶一妻的現象，有學者指出：嚴峻的經濟壓力導致兄弟之間的團結不斷加強，反過來壓抑住兄弟之間的進取心；在這種場合下導致了一種被壓制的亂倫式的渴望，通過共妻可以得到部分實現。[41]誠如所拉德克利夫—布朗所言：「兄弟姐妹組中的內在團結，以及與它相連的個人間的聯合，在不同的社會中以不同的形式呈現出眾多的數量……正是考慮到這種結構性原則，我們必須用來解釋娶小姨（娶妻子的妹妹）、兄弟共妻制（一個女人與兩個或以上的兄弟婚姻結合，目前是一妻多夫制中最為常見的形式），以及過繼婚（娶兄弟的寡婦）。」[42]由於帕措的存在，三岩人尤其重視兄弟之間的凝聚力，實行一妻多夫制婚姻，則在一定程度上強化了這種聯繫。

（二）一夫一妻制

誠然，一妻多夫制被認為是種理所當然的婚姻形式，但一夫一妻制的家庭也在三岩社會中普遍存在。一夫一妻制指一戶家庭只有一位男子者就娶一妻，或一個家庭中即使有數位同胞兄弟，但他們各自娶妻，分居生活。就世界範圍而言，一夫一妻制是種佔據主導地位的婚制，一方面原因在於它維持了兩性的平衡，另一方面原因在於它的經

---

40 馬麗華：〈金沙江畔有三岩〉，《作家雜誌》2003年第2期。

41 Prince Peter of Greece and Denmark, H R H. *A Study of Polyandry*. The Hague: Mouton, 1963:552-568.

42 Radcliffe-Brown. “The Study of Kinship Systems”. *Journal of Royal Anthropology Institute of Great Britain and Ireland*, 1941(1/2):7.

濟花費更小，所盡的義務也更少。[43]實行一夫一妻制婚姻，一方面人口繁衍快，戶數增加多，對外發生械鬥與糾紛時由於帕措成員多、力量大，當其它的帕措與其發生矛盾時能很好地發揮出威懾的作用。然而，兄弟之間分家析產的一個直接的後果，是導致其生活品質下降了許多，生活一般比較貧困。另一種情況是，兄弟們雖各自娶一妻分居，但無力修建一幢屬於自己的樓房，無法獨立門戶，故多共居住一房，各安一灶起炊，此種情況在三岩地區也屢見不鮮。

近 10 多年以來，由於三岩長期貧困落後，人口基數大、可耕作農田少，抱著「一方水土無法養活一方人」的理念，西藏昌都地區和貢覺縣曾先後三次大力提倡在三岩地區實行移民安居政策，無論是在財力還是在物力上均給予了三岩人以最大的援助，為此三岩一共外遷了 7,000 餘人，最遠的遷移到西藏的林芝地區定居，最近的也去到貢覺縣城和鄰近的幾個鄉安頓下來。在這幾次移民潮當中，許多原本屬於兄弟共妻的家庭紛紛分家，一些原本在行共妻制的兄弟脫離了原來的家庭，另外組建了一夫一妻制的家庭並移居到外地居住，此舉也在一定程度上減少了原來行兄弟共妻制的家庭的丈夫數。當前三岩中行一妻多夫制的比例開始下調，行共妻制的丈夫（兄弟）也有所減少。但許多家庭仍至少保持兩個丈夫的數目，以便讓一個丈夫專注於農業生產，另一個丈夫從事畜牧業活動，妻子則留守家中操持家務，只有這樣才能搞好一個家庭的經濟。

（三）一夫多妻制

由於三岩流行兄弟共妻制婚姻，這樣便在客觀上造成了一個後果：當地有大量的多餘婦女，即使她們進入了婚姻市場，也無法滿足

---

43 Queen S A, Habenstein R W, Quadagno J S. *The Family in Various Cultures*. Cambridge: Harper & Row, 1985:46.

一一出嫁的需求。在西藏其它地區，一妻多夫家庭的男子通常以婚外情作為補充，但三岩卻嚴禁此道，因為當地人從小就懂得男女關係是不能亂來的，否則就會在帕措之間引發械鬥。因此，當地罕見私生子的現象。例如，四川白玉縣山岩鄉人口現達 2,000 餘人，但從 1950 年至今僅僅出現了 3 名私生子，該數明顯少於白玉縣其它鄉。為此，有人曾發表感慨：「三岩一地，婚娶有禮，男女之間，非正式夫婦，尤禁互相狎昵，……風俗純良，此為僅見。」[44]此外，三岩地區把私生子稱為「多累」，原指犛牛與黃牛雜交後生育出的幼崽，該詞帶有「雜種」的意思，明顯帶有貶義，表明此行為並不受到社會輿論的歡迎。那些在婚姻市場中剩餘出來的女子所面臨的選擇僅有兩種：要麼終身不嫁，要麼出家當覺母（尼姑）。應當承認，這些剩餘出來的女性，為三岩所實施的第三種婚姻形式——一夫多妻制創造了便利條件。一夫多妻制可視作一妻多夫的對立面，即一個家庭中僅有一名丈夫，但同時有兩位或兩位以上的妻子，夫妻們共同組建起一個家庭。

雖說世界上一夫一妻制更為常見，但一夫多妻制卻在多數的社會文化中受到青睞，其比例占世界社會文化總數的 80% 至 85%，行該婚制的地方集中在非洲和亞洲，在歐洲和北美洲的少數地區也可見到。許多行一夫多妻制的社會要求男人必須相當富有，這樣才有能力娶到兩個以上的妻子。例如，在新幾內亞西部的卡匏克（Kapauke）人中，一個男人擁有數量愈多的妻子，會被認為是種愈加理想的婚姻形式；事實上，當地原先行一夫一妻制的家庭，妻子往往敦促其丈夫花錢購買額外的妻子。[45]在以種植業為主的社會中，由於婦女需從事

44 傅真元：《三十年來之白玉》，趙心愚、秦和平編：《康區藏族社會歷史調查資料輯要》（成都市：四川民族出版社，2004年），頁120。

45 Pospisil L. *The Kapauke Papuans of West New Guinea*. New York: Holt, Rinehart and Winston, 1963.

大量的農活，一夫多妻制發生的幾率更高。在這些社會中，婦女不僅作為生產勞動者，而且視作生育子女的工具，她們不僅具有經濟價值，往往在家庭經濟活動中也擁有較大的自由度與話語權。此外，一夫多妻制還經常出現在暴力（包括戰爭）頻發的社會當中，許多的年輕男性在械鬥中喪失了生命，由此造成男少女多的情況。[46]

然而，三岩地區儘管默許一夫多妻婚姻制的存在，但它絕非主流的婚姻形式，充其量不過是另外兩種婚制——一夫多妻和一夫一妻的補充機制。一夫多妻制的家庭在三岩社會中並不多見，當地行一夫多妻制的一個主要原因，是家庭的財產僅以男性血緣來傳遞，如果家中沒有男性成員，其家產要被同一帕措的其它男性成員接管，對此本家庭成員不能持有異議。由此可見，一個家庭能否生育男性的後代成員具有重大的經濟價值。一個男人如果最先娶入的妻子無法生育，或者不能生下男嗣，便可再娶另一個女子為妻；為了生下兒子以實現傳宗接代的需要，他還可繼續娶第三個妻子甚至第四個妻子；對此首妻方的帕措不能反對，因為這一不成文的法則同樣適應於妻方的男性帕措成員。正因為如此，在三岩社會中，一個男人如果沒有生下一個兒子，就不能算作真正的父親，也不算作真正的男人，不僅自己自怨晦氣，就連外出也倍感顏面無光。例如，在 20 世紀 50 年代，木協鄉發生過這樣一個特殊的案例，卓約帕措的熱瓊曾娶了兩個妻子，但兩人均無法給他生下兒子，後來熱瓊又連續娶了另外三個妻子，但五個妻子最終都沒能為年近 60 歲的熱瓊生下一個兒子，熱瓊一家也成為了當地人的笑談。

---

46 William A Haviland, etal. *Anthropology: The Human Challenge*. Belmont: Wadsworth, 2005:498-499.

（四）多夫多妻制

實際上，三岩地區還有可能存在這樣一種婚姻形式——多夫多妻，即一個先行兄弟共妻的家庭，由於妻子無法生育或生下男嬰，不得不另外迎娶一妻，造成了兩個或數個兄弟在性生活上共用兩個或數個妻子的事實。在一個家庭裏，由於不同的妻子容易產生各自的利益中心，因此迎娶的第二個妻子又以首妻的姊妹為佳。三岩地區很少發現行多夫多妻的家庭，儘管有報導稱在三岩的鄰近地區——四川俄亞的納西族、藏族存在兩兄弟或三兄弟共娶兩姊妹的現象。[47]

二　生殖崇拜

三岩社會極其看重男嬰在家庭中的經濟地位，把生育的意義看得尤其重大，由此導致當地的生殖崇拜呈現出鮮明的特色。由於男女生殖器是生育的基本條件，當地對男性生殖器似乎存在某種特殊的嗜好。例如，當地存有這樣一種奇特的風俗：一群婦女有權圍住一個男人，將其衣服脫個精光，並且隨意玩弄男子的生殖器，被圍困的男子不能生氣，其它男子見狀一般也不會勸阻，認為這是很平常的事情。三岩人將自然界中的一些山峰、石柱、山洞分別象徵男、女生殖器加以崇拜。例如，在雄松鄉的勒宗山、勒久山和紮岩山的三山河谷的中央處矗立著一座小山丘，形如男性的陽具；而紮岩山的正面則有兩個洞口，上下排列，上洞形如婦女肚臍，下洞則形如婦女的生殖器。在當地人的眼中，這裏是生殖崇拜的聖地：如果夫妻不能生育，或者家裏想要生下子嗣，就可相約在這裏轉上一圈，據說十分靈驗。

---

47 宋兆麟：《夥婚與群婚——金沙江奇俗》（昆明市：雲南人民出版社，2003年），頁139。

又如，在山岩鄉的八學村東南山上有個「賜子神山」，山上有一水晶洞。在這裏，山洞就是子宮，石柱就是陽具。如果圍繞山洞與石柱轉上一圈，可見到一對由一男一女組成的送子神像，神像下可挖到小石頭。如果挖出了紅色石頭，代表會生男孩；如果挖出白色石頭，則代表會生女孩；如果挖不出石頭，則代表無法生育。婦女還可選擇在那些類似陽具的石柱上坐一坐，據說來自神山的陽具可以幫助婦女受孕。

三　婚嫁禮儀

由於三岩社會存在骨系制和嚴格意義上的外婚制，來自男方血系的成員世代嚴禁通婚，因此婚姻往往涉及兩個不同帕措的交往，必須認真對待，處理不當就會引發帕措之間的械鬥。由於帕措的影響，三岩的婚姻帶有一些明顯的特徵：第一，本帕措內部成員禁止通婚，女子必須嫁出，不得招婿上門；第二，帕措之間的通婚圈相當狹窄，一般以相鄰的村子為主；第三，中小型的帕措傾向於把己方女兒嫁入大帕措，形成婚姻的聯盟；第四，具有姻親關係的帕措之間一般存在著交換婚姻，即在娶對方女兒過門的同時，也把己方的女兒嫁給對方，不斷地加強這種聯盟的關係；第五，存在著比較嚴重的早婚現象，男女（尤其以女方最為突出）未滿 16 歲即結婚的案例很多。

男女過了 15 歲的年紀，就到了談婚論嫁的年齡，此時帕措要召開內部成員大會，以決定他（她）們未來的婚嫁問題。當前男女結婚的年齡推遲了不少，但當事人的平均年齡也在 20 歲上下，多數是女方比男方小幾歲。無論是娶另一個帕措的女兒，或是把己方的女兒嫁給對方，三岩人首先考慮的是對方帕措的勢力如何，權衡該聯姻所能帶來的各種利弊。多數情況下，婚禮採取由家長包辦的形式，許多婚姻在確定前當事人雙方均毫不知情，儘管也存在事先獲得他（她）們應允的情況。即便如此，在確定理想的對象之前，還是要通過帕措成員大會進行集體的表決。在獲得帕措的同意之後，還要請巫師[48]或喇嘛進行占卜和打卦，看男女雙方的生肖命相是否搭配，如果彼此相剋，則需重新選擇。一旦男女雙方匹配成功，帕措雙方便要各自在內部籌辦盛大的婚禮，以慶賀一個新家庭的誕生。

相對於婚姻而言，婚禮是一種傳統的形式，它強調婚配雙方的聯合獲得了社會公眾的承認。在許多社會文化中，為了承認婚姻的合法性，均要舉行盛大的婚禮，並通過這一文化傳統彰顯出它們對婚姻基本功能的高度重視。[49]關於婚禮的施行情況，劉贊廷在《武城縣志》中曾記載：「在未設治以前，無酋長無禮節無婚姻，婚娶無慶悼。」[50]羊澤記載了四川山岩地區存在兩種婚姻：「一為求婚式，有如內地的納采，其迎親時，亦有慶賀宴客之儀，鄭重其事，始終不渝。一為合作式，隨便結合，異常簡單，並無何種手續。」[51]以往三岩地區的婚嫁是否存在一段不講究禮儀的鬆散時期，現在的說法依然眾說紛紜，但當前三岩社會特別注重訂親、嫁妝和結婚儀式，卻是一個不爭的事實。如提親—定親—送親—完婚等，有一套煩瑣的過程。

提親的時候，帕措派遣本方 13 名能說會道的男人，帶上自家備製的糌粑和青稞酒去對方的帕措提親。抵達對方的帕措以後，先把青

48 男巫師在三岩被稱為「莫瑪」，女巫師被稱為「哈帕」，均為帶有薩滿性質的宗教人員。

49 Haviland W A, etal. *Anthropology: The Human Challenge*. Belmont: Wadsworth, 2005: 486.

50 劉贊廷編：《武城縣志》，《中國地方志集成．西藏府縣志輯》（成都市：巴蜀書社，1995年），頁153。

51 羊澤著，趙心愚、秦和平編：《三岩概況》，《康區藏族社會歷史調查資料輯要》（成都市：四川民族出版社，2004年），頁404。

稞酒灑在女方的家中祝福。女方的帕措會召集包括女方家長在內的成員共同商議婚事，這時婚禮的當事人不能在場。提親人以說唱的形式徵求對方的意見，他必須口若懸河，不斷地曉之以理、動之以情，一直到對方答應這門親事。提親成功以後，就要初步商量定親的辦法、確定婚期以及商談嫁妝的數量。

到了定親的時候，由男方帕措派人將青稞酒、犛牛肉帶到女方家，女方家人和帕措族人一起參加，再次討論具體的婚期，同時確定嫁妝的數量以及所攜帶的牲畜數。值得指出的是，與原始部落社會時期娶妻時男方大多要贈送聘禮（財產）給女方的做法截然相反，三岩地方需要妻方攜帶一定數量的嫁妝到夫方去，此點可以看作是當地進入了精細化農耕社會的表現之一。如果說聘禮是男方家庭補償給女方家庭由於嫁女所造成的勞動力損失，嫁妝則是女方攜帶自己的家產走入夫方的家庭，藉此加強原來以父系為繼嗣原則的家庭的財產。當地流行一妻多夫制婚姻，由此導致了可婚育婦女的剩餘，造成了婦女在婚配市場處於一個相當不利的地位。因此，一名婦女能否給夫方家庭帶來豐厚的嫁妝，會在一定程度上影響她能否成功出嫁。最後，由於妻子從娘家帶來了屬於自己的財產，便也給自己在夫家的未來生活提供了堅實的物質保障。

由於涉及嫁妝的問題，定親可以看作是一場精彩的外交談判，男方總是千方百計提高嫁妝的數量，女方則想方設法討價還價。經過一番激烈的爭辯，雙方最終確定一個彼此均可接受的嫁妝數額和迎娶的婚期。據筆者入戶訪談的調查獲知，由於三岩地區資源稀缺、家庭人口眾多，女方能帶入男方家庭的財產並不算多，一般為一些隨身的衣服、被席、1 至 2 頭犛牛，價值為 2,00 至 5,000 元不等，富裕一點的家庭還可攜帶上一小份屬於自家的土地。

一旦婚事確定下來，就要籌辦婚禮之事。婚禮宜安排在冬、春季進行，一般認為，婚禮在夏、秋季舉辦會造成莊稼歉收。冬季舉行婚禮的人數最多，這裏有三個主要的原因：第一，已過收穫季節，是農閒時間，家裏有比較充裕的時間來籌畫婚禮；第二，冬季一般要宰殺牲畜，有充裕的肉類食品保證；第三，冬季節日比較多，村裏多數外出讀書、打工和經商的人都會回來與家人團聚。除了冬季以外，在春季播種前後有一段農閒的時間，此時操辦婚禮的人也不在少數。

到了迎娶新娘的日期，男方帕措會派遣 13 名能說會道、擅長唱歌的人前往女方家迎接新娘，距離近的話選擇走路，距離較遠的則牽上一匹高頭大馬。3 人同時帶上 20 斤左右的青稞酒，一旦進入女方家門，便要扯開嗓門唱起祝福的歌曲——《獻哈達歌》，一直唱到女方家出來接受哈達為止。《獻哈達歌》的歌詞冗長，唱起來可持續半小時之久，歌詞大意如下：

太陽還沒有從地平線上陞起，天空還彩霞滿天，
沉睡的烏鴉還沒有睜眼，林中的雀鳥剛開始歡叫，
國王還沒有喝早茶，王後正在穿衣起來，
我早起燒火喝茶，騎上駿馬，
帶上美酒來迎親。
有嘴不說兩三語，不多嘴舌腐爛，
有靶不射幾次箭，不知箭手在何處，
路經寬闊草壩時，野牛群群跟過來，
過此山路很順暢，達到山頂休息時，
望見新娘家的房子，房頂飄揚白經幡，
猜想定是講佛人，來到看時真如此，
在山腰休息時，望見新娘家的窗子，
窗子金光閃閃，猜想家中很富有，

來到看時真如此。
今日我手捧三色哈達，
白色敬獻給天上的神仙，願上天賜給平安和幸福，
黃色敬獻海龍神，願賜給風調雨順五穀豐，
綠色敬獻護山神，願保祐人丁興旺牛羊肥。
新娘頭髮似茂密的森林，佩戴米粒似孔雀美，
仙女一樣下凡來，「茶嘎」裝飾頭頂戴，
似祥雲環山襯美麗，耳環垂弔有福氣，
兒孫滿堂活到百，頸飾富麗顯貴氣，
勤快善良又溫柔，新娘的美麗人人贊，
新娘的福氣無人比，祝願新娘早添子。[52]

此時女方的帕措成員早已聚居女方的家裏，雙方你來我往對唱起來。唱完《獻哈達歌》以後，新娘在弟弟的攙扶下走出來。唱歌的人在唱完歌後將哈達掛在新娘的脖子上，然後每一位帕措的成員都要過來對新娘說一些吉祥如意的祝福話語。喝酒、唱歌和跳舞以後，女方的親戚、伴娘，以及帕措的成員要護送新娘上門，人數可達 10 多名。

送親隊伍來到男方的家門，雙方又開始對唱起來。歌曲的內容並沒有什麼特別的講究，一般是看到什麼就要唱與這樣東西有關的內容，主要是要唱出吉祥喜慶的氣氛來。例如，看到男方家的門口站著一個漂亮的女孩，在她的肩膀上背著木桶，裏面裝滿了水，女方送新娘的人中就要走出一人唱《水歌》，歌詞大意如下：

吉祥雲彩滿天布，仙女臨凡負仙露。

52 稅曉傑、范河川、楊雅蘭編著：《發現山岩父系部落》（北京市：中國青年出版社，2007年），頁184-185。

哈達敬神他留住，分賜新人都幸福。
銅瓢鑄成是「甲部」，金光閃亮賽寶珠。
用瓢舀水開山祖，要定方位是先初。
一不舀水面氣露，二不舀水底泥土。
只舀中部甜甘露，其中來歷有典故。
四水六崗三種湖，五湖四海鴛鴦浦。
盛裝仙露神木樹，三香樹木把水儲。
一香是印度檀木，二香藏地柏香木。
三香漢地好紅木，做成水桶盛萬物。[53]

看到男方家門口堆滿了柴火，女方送新娘的人中就要走出一人唱《唱柴》，歌詞大意如下：

來到親家的家門口，看到堆如山的柴，
木柴全是檀香木，香氣充滿房四周，
是供三寶的物品。[54]

看到男方家的大門，女方送新娘的人中就要走出一人唱《門歌》，歌詞大意如下：

一道門是金居，二道門是銀居，門板用的是檀香木，
門上嵌有百種好珠寶，氣勢不凡振人心。[55]

---

53 稅曉傑、范河川、楊雅蘭編著：《發現山岩父系部落》（北京市：中國青年出版社，2007年），頁184-186。

54 同上，頁187。

55 稅曉傑、范河川、楊雅蘭編著：《發現山岩父系部落》（北京市：中國青年出版社，2007年），頁187。

看到牛廄，女方送新娘的人中就要走出一人唱《牛廄歌》，歌詞大意如下：

> 這親家的牛廄，圈有裏外中三圈：
> 外圈滿是馬和騾，各個肥大又健壯，是給親家好騎士用；
> 中圈滿是黑犛牛，壯肥讓人好羡慕，牛肉酥油從不缺；
> 裏圈裝滿了肥羊，濃密潔白毛似雲，毛織衣物穿不完。[56]

進入家門後，新娘要坐在毛毯上，上面有一個用麥子鋪成的「卍」符號[57]，坐下後要喝三碗鮮牛奶，意為敬天敬地敬父母。新娘要在新郎家住三天三夜（女方親戚和伴娘要留在新郎家）。在此期間，男方家裏白天要招待客人，晚上舉辦歌舞比賽，家裏充滿了喜氣洋洋的氣氛。

三天以後，男方要把新娘送回其娘家，新娘留下一件衣衫在男方家。之後，新郎再選擇一個佳期[58]，帶來 12 人來迎接新娘。這時女方會送來嫁妝，新娘回到男方家才算完婚。經過這一系列的過程，新郎新娘就可以同衾共枕，組建一個新的家庭，一起開始新的生活。

四　家庭生活

家庭生活中，夫妻雙方均有明確的分工。當帕措無集體活動時，丈夫會經常待在家中，偶而也會外出；但妻子是家庭的操持者，負責下地勞動的安排和擠奶、打酥油、推磨、煮飯、背水、養育子女等煩

---

56 同上，頁187。

57 「卍」為苯教的雍仲符號，表示吉祥如意之意。

58 時間長短不一，短則一兩周，長則一兩年。

瑣的工作，有老人在家的還要服侍老人。一般而言，丈夫除了參加帕措的集體活動，如械鬥、征戰外，還需負責犁地、修房時打牆、砍柴、夏天為山上放牧的婦女運送物品、加工毛皮、針線活以及副業收入（挖蟲草、松茸、貝母，外出偷、搶等）。妻子主要負責早、中、晚的飲食，背水，砍柴、背柴，修牆時挖土、背土，耕田時鬆土、鋤草、收割、脫粒、入倉、加工，餵養牲畜，擠奶，打酥油，等等。夏季婦女還有內部的分工：一部分時間上山放牧，一部分時間用於操持家務、田間管理等。

當妻子懷孕後，一般要在一樓的牲畜棚生產。孕婦臨產時，選擇在一樓主要有三點考慮：一是傳統風俗如此；二是據說在牲畜棚生產會如牲畜的生產一樣，不容易難產；三是認為婦女的羊水和血被是骯髒的，不能夠玷污聖潔的火塘和房間。婦女生產時，男人是不能在場的，否則會給他帶來不幸；一般以夫家或妻子家有經驗的婦女（如母親和姐姐等）負責接生。孩子生下後數天，母親才可以搬回屋內，但也只能找個角落臨時休息，等到孩子滿月後才可搬回原來的住處。如果生下了孿生子，三岩人會認為這是不吉利的象徵，有悖常理，必須做佛事來禳除災害。在三岩人的認知世界裏，但凡異常的東西或現象，不是大吉便是大凶，不是受到歡迎便應該排斥。顯然，孿生子屬後一種。這兩種態度均可從大量的民族志資料中得到佐證。例如，剛果的巴庫巴人有孿生子便舉行盛大的慶祝儀式，認為神靈對該家庭彰顯神威，而該家庭的家長往往倍感榮光。東非的查加人若有孿生子，便認為是凶象，必須要殺死孿生子中的一個才能平息惡魔，防止災難的發生；若一胎生育了三個，則必須三個都殺死，而孩子的母親也被認為是災星，人人均避而遠之。一種說法是因為孿生子有兩個父親的緣故。

除了性別存在明顯差異之外，三岩的年齡組差別也頗值得關注。

男性青少年的成年禮一般在他們年滿 15 歲的時候舉行；年滿 15 歲的女孩不舉行專門的成年禮，但她們可從此留起秀髮，表示已經「長大成人」。此後他（她）們不僅可以結婚生子，還可參與家庭的日常經濟與生產活動。一般認為，男孩到了 16 至 18 歲才能夠獨立承擔起家庭生活的重任。孩子一般從 6 歲開始就參與家庭的生產勞動，如採集蟲草和貝母、摘野菜、放牧等。

成年人雖然平等地參與家庭事務，但家裏還是要有一位能力比較強的人擁有較大的決策權。一般而言，如果與父母同居一屋，父母（尤其父親）擁有話語權。如果是一個兄弟共妻的家庭，長兄往往處於主導地位，但兄弟之間往往又能做到關係融洽，能就有關家庭生計的問題召開家庭會議，每個人都能夠平等地發表意見。如果妻子的能力較強，她也能在家裏的經濟活動中佔據重要的地位。但在三岩的剋日、羅麥、木協等鄉的一些村子中，由於過分強調男人在家庭中的主導地位，女性被完全剝奪了家庭經濟活動的話語權，成為了男人的附屬品。

當老年人年滿 60 歲後，便逐漸退出家庭生活的中心。除了幫忙照看年幼的孫子以外，年滿 70 歲的老年男性不再參加帕措與家庭重大的生產勞動，他們更多的時間專注於宗教活動（如轉經、念經等），但老年婦女依然從事一些力所能及的日常勞作，如做飯、餵養牲口、擠奶、撚毛線等。

概而言之，由於歷史上長期處於法外之地，類似宗族組織形式的帕措又在其中發揮著積極的影響，婚姻家庭在三岩地區呈現出一種截然不同的景象，在這裏：家族（帕措）的利益遠大於個人的利益；活者的價值遠大於死者的價值，生育和撫養後代家庭成員（特別是男性），成了家庭生活的重心，為此當地依然保留許多具有生殖崇拜意義的信仰與儀式；男人的社會與經濟地位遠大於婦女的社會與經濟地位；在各種婚姻形式中，由於一妻多夫制（兄弟共妻制）長期成為了當地的主導性婚制，兄弟之間的情感聯繫被不斷地強化，成為了各種家庭成員關係中的「優勢親屬關係」。

第六節　喪葬文化圈

如果說婚姻與家庭是家庭新成員誕生的搖籃，死亡則是人類生命終結後的最終歸屬，而喪葬是連接生人與死人的人生儀式。「死人歸天後，遭逢此絕大損失的生人，便墜入方寸皆亂的情緒中，這種情緒對於個人或社區都是很危險的，倘若沒有喪葬的儀式——這儀式也是普遍存在的——以資調劑，其危險就難以克服。」[59]從這個意思上講，葬式不僅溝通了親人與亡靈的裂痕，更可充當起社會整合的重要功能。喪葬儀式的種類繁多，不同的地方流行不同的葬法，有土葬、火葬、水葬、天葬、樹葬等，無不具備社會生活的象徵意義，呈現出豐富多彩的文化內涵。因此，喪葬儀式不僅是人類正視和處置死亡的一種文化現象，而且也是傳統文化的一個組成部分。

在藏族社會裏，很少出現只有一種葬法的情況，多數情況下是數種乃至多種葬法並存。這些豐富多彩的喪葬儀式，往往是由於所處的自然環境、社會形態和宗教信仰不同所造成的。[60]藏族在文明早期就出現過不同的葬法。例如，涅赤贊普被認為是吐蕃最早的王，他以及隨後的六位後裔贊普合稱「天赤七王」，他們均擁有發光的天繩，當兒子能夠騎馬時，父王就會用發光的天繩回到天中，不在人間留下遺骸。然後，到了第八代贊普——止貢，他堅持要與自己的一個臣民比

59 〔英〕馬淩諾斯基著，費孝通譯：《文化論》（北京市：華夏出版社，2001年），頁84。
60 華銳．東智：〈華銳藏區的喪葬習俗淺論〉，《中國藏學》2008第2期。

武，結果在決鬥中不僅身亡，而且還割斷了天繩，由此失去了與天界的聯繫。止貢之後的歷代贊普（「地列六王」）被迫實行土葬。[61]採取土葬的贊普的墳墓也建造得越來越低，由高到低依次為：①岩板和黏土地；②岩板和牧場的分界處；③江河；④闕；⑤平原；⑥山谷低處。[62]這些文獻說明，藏族在文明初期至少出現過兩種以上的葬法——天葬和土葬：「天赤七王」時期所反映的可能屬於天（風）葬的範疇，即「不在人間留下遺骸」；「地列六王」時期所採取的明顯屬於土葬的範疇，而且實行土葬的地域在逐步地擴大。兩種葬法迄今仍被藏族所實施。一定的時期內，某種葬法可能居於主導地位。考慮到西藏的文明最初是在河谷地區建立起來的，文化融合與變遷發生得相對頻繁，因此葬俗發生整體性的變遷是可以理解的。

相比之下，三岩地處高山峽谷，交通被數座高山所阻隔，在這樣一個相對封閉的地域內，族群間的互動與文化融合雖時有發生，但變化的頻率相對緩慢。各種特質文化亦帶來了各自的葬俗。例如，考古研究發現，康巴地區在遠古時期曾廣泛地實行石棺葬，在岷江流域、雅礱江及金沙江流域均有實行石棺葬的典型的遺址和墓葬群，涉及的地區包括現在的四川白玉、甘孜、爐霍、德格、巴塘等縣，以及西藏的昌都地區，在實行時間上多處於戰國兩漢時期。[63]在西藏貢覺縣毗鄰三岩地區的相皮鄉，發現了數量頗多的石棺葬遺址，屬於西藏古墓群的第二期。[64]四川山岩鄉劣巴村的石棺葬也有比較大的規模，採用

61 達倉宗巴・班覺桑布著，陳慶英譯：《漢藏史集》（拉薩市：西藏人民出版社，1986年），頁71-75。

62 〔法〕石泰安著，耿昇譯：《西藏的文明》（北京市：中國藏學出版社，2005年），頁27。

63 紮西茨仁：〈甘孜州石棺葬文化概述〉，《康定民族師專學報》1990年第1期。

64 楊嘉銘、趙心愚、楊環著：《西藏建築的歷史文化》，（西寧市：青海人民出版社，2003年），頁21。

自然石板片，有棺箱、棺蓋、棺底，少見石板，隨葬的器物以陶器為主。[65]筆者在三岩地區做田野工作時也獲知，當地人在開墾荒地時，經常會發掘到石棺葬的墓地；此外，他們還認為無論是石棺裏面放置的器物，還是手骨的體型，均與他們常見的有所不同。一般認為，石棺葬是種古老的葬俗，是羌、氐民係和藏族先民經常採用的一種葬法，雖然當前早已不再實行，但這種葬法所帶來的文化因素可能在三岩峽谷裏沉積下來，並對其它的葬法產生了影響。在漫長的歷史長河中，各族群在遷徙、互動的過程中帶來了各種特質的文化，這些文化因素疊加、沉積起來並且相互作用，外加高山峽谷地區多樣化的生態條件，使得三岩峽谷出現了多種葬法並存的現狀，三岩亦構建出極具特色的喪葬文化圈。

一　三岩地區的葬法

當前三岩地區存在或認可的葬法多達 12 種，分別為天葬、土葬、水葬、火葬、樹葬、壁葬、岩洞葬、甕棺葬、塔葬、乾屍葬、還原葬、二次葬等。以下一一作簡要的說明：

（1）天葬。天葬是三岩人最為看重的理想葬法。三岩過去每座寺廟都有固定的天葬臺和行葬人員，由專業的喇嘛負責。人死後，捆頭於雙膝之上，在腹部貼放一張神像，即把屍體用牛馱運至天葬臺處，解開繩索，脫下死者的衣服，把屍體放在由長方形條石組成的屍臺上。用死者腰帶繫其頸，拴在屍臺所立石樁上。碎屍手先割下腦袋，用死者衣物包放一旁，再按刀法劃割（對「靜死」者在其屍身上劃 13 個十字架；對「凶死」者在其身上劃 12 個交叉；對「逆死」者

65 范河川：《父系原始文化的活化石：山岩戈巴》（成都市：四川大學出版社，2000年），頁73。

在其屍身上劃 12 條橫豎線）。劃割完畢後，碎屍手馬上拿出骨號吹響，群群兀鷲聞聲而至。待到兀鷲食盡皮肉和五臟六腑，再將骨和頭在一臼狀石板上碎為骨泥，拌上酥油糌粑後撒向鷹群，讓它們吃個精光，天葬也就告終。若遇到兀鷲不至，碎屍喇嘛便要一邊念經，一邊燃燒拌有酥油的松柏枝，濃煙衝天而起，帶有特殊的香味隨風向四周散開，大多時候便可招來一撥又一撥的兀鷲。倘若兀鷲過來後不吃屍肉，碎屍喇嘛便一邊念經，一邊先自己割下一塊屍肉慢慢嘗食，兀鷲見狀便會爭著搶食。這大概是碎屍喇嘛與兀鷲久聚成友，形成了條件反射的緣故。也有喇嘛法術使盡後也無法招來兀鷲的極個別現象，就只好將屍體就地埋葬。此時旁人便會議論這人罪孽過重，無法往生，死者家屬的心裏也會留下陰影。過去幾十年以來，三岩許多地區的森林資源遭受到嚴重的破壞，一些村子無法再喚來兀鷲，天葬也一度被終止實施。直至 2003 年開始，臺西寺的阿宗白洛活佛重新喚來了兀鷲，天葬又重新在三岩地區流行起來。

（2）土葬。三岩地區流行土葬，葬場比較固定，一般選擇地勢平坦的壩子或山腳下，以臨近村子為佳，當地稱其為「度壘」。每個帕措均有屬於自己的「度壘」，並在前面加上自己帕措的名字，如巴羅帕措的墓地稱為「巴羅度壘」，夏果帕措的墓地則稱為「夏果度壘」。土葬時先由喇嘛在屬於自己帕措的墓地內選定一處，然後挖直徑 1 米餘長的方形坑，坑的四周用木柱做樁，坑底再鋪上木板。下葬時屍體預先放置在一個大木箱內，用繩子背到「度壘」處，打破箱底讓屍體直接接觸地面，同時解開繩子；然後把屍體放入土坑裏，解下衣服[66]，讓其裸身並採取屈肢蹲坐的姿勢，通常情況下讓其面朝東方

66 死者的著裝不能是皮質的衣袍，因為當地認為如果穿上了皮質的衣袍，意味著死者在來世會投胎成為有皮毛的牛、狗、羊等動物。

為佳[67]。屍體放置完畢後，用圓柱排緊做蓋，填土，最後用石塊壘起墳堆。石塊下面可壓著亡者脫下的衣服作為標誌，也可在上面放置一塊雕刻有經文的石板。土葬到了一定的時間以後，還需把死者的屍骸再挖掘出來進行焚燒，具體的日子需由喇嘛打卦後確定。到了選定的日子，將其屍骸擱置在預先架起的「井」字形柴堆上，然後點燃柴堆，不斷地傾倒酥油將屍骸燒成灰燼。翌日，需將骨灰與泥巴和在一起，然後塗抹在墓地邊那些刻有經文的岩石上；等到太陽將這些泥巴曬乾後，再將這些泥團堆集起來，在上面再插上一根掛滿了經幡的木樌。以往三岩除了天葬以外，土葬是最為流行的葬法。此外，每個帕措的「度壘」裏面，還要開闢出另外兩片墓地：一片叫作「赤度」，專門適用於凶死、病死（如患痲風病）、上弔死、摔死、淹死等意外死亡的族人；一片叫作「窮斯」，是專門掩埋未滿 15 歲死亡的小孩子的墓地。

（3）水葬。水葬均有固定的拋屍地點，由喇嘛拋卦後選定一處行葬。先將死者捆成一團，請喇嘛念經 3 天後才能出葬。水葬一般不分季節，出殯時間多在天亮之前。水葬有兩種方式，即整屍拋入江河中和肢解屍體後逐塊拋入，採取何種水葬方式，須由喇嘛打卦決定。水葬的葬地有預先安置好的木墩，若實施肢解屍體的方式，則待屍體運至後，由持刀者（由專人負責，一般為本帕措成員）先割下頭來，連骨搗碎，與糌粑攪拌成團，拋於河中喂魚，再將余屍宰割成小塊投入河中。水葬之後，還要把死者生前的衣服、背袋以及四周血土一齊投入河中，然後燃燒松柏枝和糌粑致祭。有些地方會在拋屍處插上一個「巴卡」木牌，並豎起「呢嘛旗」，據說可防止亡靈作祟。三岩採取水葬也有特定的對象，此葬法適用於死於難產、醉酒等的人群，年紀

67 東方是太陽升起的地方，代表輪迴或新生。

較大的亡者一般也適合採用水葬。此外，三岩還存在一種與土葬相結合的水葬方式，即先把屍體埋葬幾年後再把屍骨取出，拿到水葬點後拋入江水中。此種葬法看重水葬的象徵意義，可視為二次葬的一種。

（4）火葬。選擇火葬同樣需要喇嘛打卦決定。與鄰近許多地方（如在貢覺片和白玉縣城）實行單屍火葬的做法有所不同，三岩實施火葬一般採取雙數的形式。與土葬一樣，火葬也有固定的葬址。人一死，馬上捆成一團坐放於木箱內，用灶灰調泥嚴封箱子的縫口，上面用刻有經文的石板壓住。再看村中還有無存放者，如村中早已有人存放屍箱，即可請喇嘛來主持火葬。將屍箱一起抬到公共的火葬地後，由喇嘛念超度經文。行火葬前用柴呈「井」字形架於四周，直至掩過屍體，澆上酥油或菜油以助燃。如果村中沒有他戶人家存放屍箱，那就將其放置在家中，一般放置在底層（以圈養牲畜為主），等到第二個死者出現時即可共同請喇嘛來。葬時連箱一齊燒掉，焚燒完畢後，再撿屍骨合葬或放進一個乾淨的山洞。也有人將骨灰和泥做成小土坨，拋入河中或放置瑪尼堆旁，或者放置在寺廟的轉經處，有條件的話還可帶到昌都縣城或拉薩的大寺廟內。

（5）樹葬。樹葬在三岩地區甚為流行，當前仍在實行當中，在藏區其它地方此種葬法罕見。實行樹葬的對象一般為夭折的小孩（一般在 15 歲以下）。當這些小孩不幸夭折後，先將孩子按呱呱墜地時的樣子捆綁，再放置於可裝下屍身的木箱中。然後請喇嘛打卦占卜選擇吉地，一般會選在兩水交匯的茂密樹叢中。確定吉時後，再將這些木箱子掛到大樹枝上，一般集中掛在一起，遠遠看去極像一個個蜂箱。樹葬在當地藏語中稱為「僚息」或「鍾斯」。「僚」的詞面意思為麵糊，指沸水中攪入麵粉做成的食物，「息」指很差的死法，「僚息」大概指混沌不清的死亡方式。三岩地區對夭折的孩子實行樹葬，據說可鎮住短命鬼再來投胎，防止日後下一個孩子的死亡。

（6）壁葬。壁葬實行的對象一般為德高望重的長者，或 80 歲以上的老人。三岩人認為這類長者和老人是吉祥、財源和運氣的象徵，為使這些運氣不外溢，就在頂樓的一處牆角挖成豎長方形洞，洞牆內砌好柏樹枝，將屍體的五官塞滿酥油赤身立放洞中，用泥封嚴，遇有脫落，隨時糊補，長期掩埋於牆壁中，不再移葬。

（7）岩洞葬。岩洞葬的選址和樹葬相似，它是將小孩的屍箱放在一個向陽的山洞中，或是大石頭下面，山洞一般不深。裝有小孩屍體的木箱或木桶以被陽光照射到為最佳。屍棺一般要用石塊壓住，防止野獸破壞裏面的屍體。

（8）甕棺葬。甕棺葬所針對的死者要更小些，一般只有 1 歲左右，多數死於難產。用作甕棺的通常是家中的一些舊罎子，口徑 20 釐米左右，高約 50 釐米。壇口用大石塊嚴嚴蓋住，再用泥封住縫隙。甕棺一般放在家中，因此，它也是室內葬的一種。數年後，家人會將甕棺內的遺骨取出，埋葬於外面的土葬場中。在三岩，很多地方都有專門土葬小孩的墳場。從這個意義上講，甕棺葬也算是二次葬的一種。

（9）二次葬。二次葬指一個亡者涉及兩種不同的葬法，如上文所提到的先土葬後火葬、先土葬後水葬的葬法和甕棺葬等。在三岩乃至鄰近的一些地區，至今仍存在一種室內葬與室外葬相結合的形式，一般是年紀達 80 歲以上、在家中頗有威望的人才有資格享受這種特殊的待遇。當人死後先作乾屍處理，放置滿 12 年後，才搬出火化。每家只能存放一具遺體，即只有當第一個抬出去火化後，才可考慮存放第二具的遺體。

（10）塔葬。只有當大活佛和大堪布死後，才能行塔葬。先用酥油熬煮過的布片緊緊纏滿屍身，在進行火葬後，將骨灰存放在佛塔中供奉，稱之為佛骨塔或靈骨塔。這種骨塔是藏傳佛教特有的產物，它們造型獨特，雕琢精美，多用銀、銅鍍滿塔身，再以純金點鍍塔尖，塔座內存放各種名貴珍寶，受到信眾的瞻仰與朝拜。

（11）乾屍葬。實行乾屍葬的對象以大活佛和大堪布為主。先用特別配製的防腐草藥水將屍體從頭到腳清洗，然後用檀香和松柏枝煙熏，再對屍體進行盤坐姿處理，最後用經鹽水熬煮過的布片緊緊纏裹。一切就緒之後，即可將屍身坐放在木箱內，用摻入了鹽巴的乾沙填滿空隙，使屍體全乾，方封蓋存放於佛堂內，永作祭祀。

（12）還原葬。還原葬只能適用於大活佛和大堪布，這也是受三岩人認可的一藏葬法。例如，由於歷史的原因，白玉縣安章寺活佛甲色在 1956 年去世後便被草草埋葬在離寺 2 公里的乾溝內。至 1979 年掘出時，屍體全乾未腐。運至寺內後，設法將屍體做盤坐姿勢，置於特製的精美坐墩上用泥塑佛像法修補還原，形真神似，呼之欲動，長期供眾生朝拜祭祀。

以上涉及 12 種葬法，種類較多，且均為三岩社會所認同。必須指出，三岩內部各村子實施的情況有所不同，在金沙江的東岸與西岸其差別更大，一個村子一般採取 3 至 4 種葬法已經夠用，不可能覆蓋所有的葬法。例如，一些村子以天葬、土葬為主，以水葬為次；另一些村子則以土葬為主，以水葬、火葬次之。即便如此，考察這 12 種葬法，可大體將其分為兩類：一類以銷毀屍體為主，另一類將屍體保存下來，至少希望在社會意識的層面上做到這點。

天葬、土葬、水葬、火葬屬於第一種範疇，即以銷毀屍體為主，其餘葬法屬於第二種，即以屍體保存為主要目的。此種做法與藏族社會傳統的觀念是基本一致的，因為西藏社會實行的是父權社會典型的雙重喪葬制度。普通人死後，要將屍體徹底銷毀，而貴族（尤其是喇嘛）則設法將屍體保存起來。另外，三岩人認為普通人的屍體要獻給野生動物，如果屍體被各種食肉猛獸吃掉或帶走，那麼死者的靈魂就會升上天堂；如果死者的屍體很快地被吃掉，就證明他（她）生前是個善良的人；否則，就說明他是一個道德敗壞的人，其靈魂將受到殘酷的折磨和懲罰。[68]

然而，筆者認為，三岩人採取「銷毀屍體」的做法，或許與宗教所提倡的「四大皆空」的觀念有更為密切的關聯。「四大」（即地、火、水、風）的觀念最先來自印度，後來傳入藏區為藏民所接受。這種宗教觀念認為宇宙是由地、火、水、風四種元素構成的，而人的身體也是一種物質，所謂「塵歸塵、土歸土」，讓人體回歸到自然的原始狀態無疑是種理想的歸宿。[69]

另一方面，在所有希望保留屍體的葬法中，又可分為兩種：神聖的和世俗的。神聖的葬法有塔葬、乾屍葬、還原葬等，其特徵是僅適用於宗教領袖或精英階層，保存他們屍體或遺骸的做法，明顯帶有象徵性作用，即在宣講佛法、訓誡世人時起到積極的說教作用；其餘的葬法可籠統地歸納在「世俗」的標籤之下。它們得以遺留下來，一個可能的原因，是古代各民族與族群所實行的原始的葬法，與藏傳佛教滲透到信眾的過程中相互妥協的結果。有趣的是，這些葬法（如樹葬、壁葬等）的實行對象，大多被佛教或當地社會認為是些不合乎常規死亡狀態的人，即它們無法以正常的思維方式納入到佛教的道義系統當中。正以為如此，它們才得以以一種「另類」的方式保留下來。

二　最具特色的樹葬

在三岩地區實行的各種「另類」的葬法中，樹葬最有特色，同時

68 〔德〕利普斯著，李敏譯：《事物的起源》（西安市：陝西師範大學出版社，2008年），頁316。

69 馮智：《靈塔與金身：歷代達賴班禪生死儀軌》，（海口市：海南出版社，1997年）。

也最具象徵意義。樹葬，即挖空樹干將屍體安置其中或把屍體擱置在樹上的葬法，曾為世界一些民族所採用，是眾多葬俗中最奇特也最為罕見的一種。我國的鄂倫春、鄂溫克、珞巴、瑤和藏等民族也曾實行過樹葬，但多數民族早已停止該葬法，目前仍然採用的民族已所剩無幾。

在三岩地區，若初生嬰兒死產、難產，或是孩子在 15 歲前夭折，經喇嘛打卦後選擇吉日實行樹葬。實行樹葬有指定的場所，初次選定適宜實行樹葬的地方，事先要請當地活佛念誦經文，過程與「做七」相同。把嬰兒屍體掛在樹上那天，還需請活佛或喇嘛到現場念經，請求當地的山神（或土地神）接納亡靈。樹葬對樹種沒有特殊規定，一般以青岡樹、松樹或野桃樹為主，要求枝葉茂盛，樹幹粗壯，分杈越多越好。對選址也有特殊要求：一是在十字或丁字路口；二是在兩河或多河相匯處。其喪葬方式如下：幼兒死後，首先要對屍體做出標誌，方法是用酥油在屍體手掌的掌心處點上一個紅點；接著把屍體擺成胎兒出生前蜷縮的姿勢，再用布料或毛毯將其包裹起來，裝入預先塞有稻草的方形小木箱、毛木桶或塑膠桶中；最後往箱裏撒些鹽或灌滿沙。根據屍體的大小，木桶或木箱的長短不一，長的近 1 米，短的約 40 釐米。木箱的四周均用竹釘來固定，不能採用鐵釘；按照報導人的說法，採用鐵釘會把孩子的靈魂釘住，使其無法正常投胎和超度。葬址地一般選在靠近河邊的森林地帶或十字路口處，用牛皮繩（鐵絲）將木箱或木桶捆綁或固定在大樹半腰的樹干上或樹杈口處，以任其跌落腐爛為宜。

2006 至 2008 年期間，筆者曾在金沙江兩岸的三岩地區進行田野工作，查明實行樹葬的地方涉及 4 個鄉至少有 7 個葬址：分別是位於四川白玉縣的蓋玉鄉、山岩鄉和西藏貢覺縣的剋日鄉、羅麥鄉；其中蓋玉鄉有葬址 3 處、山岩鄉 3 處，剋日、羅麥鄉兩鄉合用 1 處。蓋玉鄉 3 處葬址中一處位於鄉政府通往洞中村的路上，一處位於鄉政府後面山腳的懸崖處，另一處位於金沙江北岸支流降曲河灘上的森林裏。

洞中村的樹葬點規模最小，在距離洞中村不到兩公里的一個山溝處。樹葬點位於兩水匯合處的西側的小樹林內，行樹葬的僅為一棵雲南松，樹上有 8 個容器，其中木箱 4 個，木桶 3 個，櫻桃樹皮所做的圓桶 1 個。地上還散落有一些箱子和木桶的碎件，經清點還原後為 4 個木箱和 2 個木桶。

蓋玉鄉政府那處規模要大很多，有三棵樹，全部為野桃樹，一大兩小，大樹高約 15 米，小樹不到 10 米。最大的樹上密密麻麻擱置 21 個木箱或塑膠桶，樹下還散落約有 50 個箱子的殘骸，箱內的骨塊、衣服、毛毯、玩具等物品撒落滿地；在另兩顆小樹上，箱子的數量分別為 2 個和 1 個。

降曲河灘那處規模最大，在河兩岸均有分佈。南岸行樹葬的樹有三棵，均為櫻桃樹。第一棵樹位於最南部的河水邊，上面掛了 24 個容器，其中 1 個塑膠桶，1 個木桶，其餘全為方形的木箱；第二棵樹共掛有 13 個，其中有 2 個木桶，3 個塑膠圓桶，其餘均為木箱；第三棵樹共掛有 18 個，其中酥油桶 1 個，圓桶 1 個，其餘均為木箱。北岸有四棵樹，均為雲南松，第一棵掛有 13 個容器，其中木桶 4 個，最小的一個為直徑僅 20 釐米左右的立方體；第二棵所處的位置恰好位於上山的路上，上面僅剩 1 個殘破的木箱，依稀可見裏面有一件毯子和一些衣服；第三棵樹上僅剩下 1 個塑膠桶，已破舊，樹下有散亂的酒瓶及鋼碗等；第四棵離另外三棵的距離較遠，該樹體形較大，樹上共有 7 個木箱，掛的位置也相對要高。

山岩鄉下轄三個行政村：劣巴、色巴和巴巴。每村各有一處葬址。劣巴村的樹葬點位於距離鄉政府北部約 3 公里的小樹林處。這裏共有三棵青岡樹，高約 10 米，三樹呈品字形排開，中間有一條小溪流過。其中兩樹在溪水北岸，樹間相距約 6 米；另一棵在溪水南岸，距離北岸兩樹的中間距離約為 15 米。每棵樹的周圍長出些許小樹，形成樹叢。北岸左邊的樹上掛了 21 個容器，其中木箱 19 個，塑膠桶 2 個，全部扎紮實實卡在樹椏或杈口上，用纜繩、牛皮繩或鐵絲捆綁固定；右邊那棵樹有 3 個木箱，較大較新，估計懸掛的時間不長；南岸的樹上有 4 個木箱，較小較舊。從盛裝屍體的箱子的用料看，絕大多數是木箱，有些箱子明顯看出曾用於貨物包裝，少數幾個塑膠桶無一例外均是破舊的背水桶。山岩鄉其餘兩村行樹葬的地方，情形大抵與此相同。

在金沙江西岸、西藏貢覺縣的三岩六鄉中，僅剋日、羅麥兩鄉存有樹葬風俗，其葬址位於兩鄉之間交界處的一片茂密的小樹林中，為兩鄉共用。一條溪水從小樹林中蜿蜒流過，溪水兩旁稀鬆排有若干大小不一的青岡樹，其中兩棵較高較粗，樹上掛有 20 多個木箱，另有一些較小的樹上也零星掛有一到兩個木箱。

從地理位置看，四川白玉縣的蓋玉、山岩兩鄉位於金沙江東岸火龍溝自然保護區境內，這裏是一片原始森林，樹種眾多，樹木繁盛，水利資源豐富，但同時交通閉塞，愈往南走地勢愈高愈險，生存條件也愈加惡劣。山岩鄉以往屬蓋玉區管轄，兩地行樹葬的情況大體相同。

在金沙江西岸的三岩地區（屬西藏昌都貢覺縣管轄），唯一的葬址位於剋日、羅麥兩鄉的交界之處，恰好與對面的蓋玉鄉隔江相望。剋日、羅麥兩鄉均有渡口，依靠牛皮船可以抵達對岸，兩岸聯繫密切，相互間多有親戚走訪。與此形成鮮明的反差，三岩另外四鄉——沙東、敏都、雄松和木協根本不行此葬法，孩子夭折多採用陶葬、土葬或水葬，當地人對樹葬的說法聞所未聞；此外，鄰近貢覺片的牧區多採用天葬，也不行此葬俗。可以推斷，剋日、羅麥兩鄉的樹葬習俗，極可能是從蓋玉這邊（金沙江東岸）傳入的。

關於樹葬的歷史，從箱子的陳舊程度上判斷至少有一兩百年以上。根據入戶訪談的結果，多數人已無法回憶出行該葬法的具體時間，往往給出一個籠統的答案：世代相傳，有好些年頭了。三岩地區以往流行苯教，目前寺廟以寧瑪派為主。三岩之所以採取樹葬，一種可能是受到了外來文化的影響。我們知道，三岩有多種族源，其遷入的時間也有先後之分，三岩的樹葬極有可能受到外來文化的啟發。其傳播的流向是順著金沙江自北朝南，並由河的東岸傳入西岸。然而，從當前樹葬與藏傳佛教密不可分的淵源關係來看，樹葬風俗不像是一種古老的習俗，倒像是在藏傳佛教在此地確立統治地位後才形成的。佛教也許不是導致樹葬在三岩產生的直接起因，但至少是導致其獲得發展的重要原因，表現在：第一，樹葬符合佛教宣揚靈魂不死以及轉世的一整套價值觀，是對其的完善與補充；第二，樹葬無論是打卦、儀軌還是選址，佛教都積極參與，發揮著重要的作用；第三，樹葬迎合了人們精神與情感的內在需求，這也是佛教要獲得發展與支持所必須提供的一個重要的社會功能。總之，在佛教的大力提倡下，樹葬才成為了一種制度化的葬俗，並在三岩流行起來。

概而言之，三岩的樹葬形成了自己鮮明的特色，主要表現在三點：第一，它實施的對象局限在一定的範圍，即包括一切未滿 15 歲的孩童，不分男女；第二，它的實施有固定的場所，一般位於神山上，附近有水源，有樹叢，在一定程度上，這些場所充當起社區公墓的功能；第三，它的分佈呈現地區的不規則性，主要集中在金沙江的東岸，在西岸較少見。

此外，樹葬具有鮮明的象徵意義，有必要解讀其中的人類學含義。象徵性是人類學新近發展出的理論，象徵是人類學所從事的工作重點，是解釋符號網路體系，闡釋符號對人類世界所具有的文化含義，以維繫社會與文化世界兩者之間的不可分割性。葬法作為一種社會化的符號系統，其象徵意義指向的是社會生活，表明生活的群體化程度已經相當高。據考古學的發現，早在6萬多年前的中石器時代（Middle Paleolithic），屬於尼安特人的一個遺址中發現了一具屍骨的雙手曾被人交叉疊放於胸腹部，它後來又發生了移動的情況（此種做法在5萬年後才在當地成為一種葬俗）；在現屬伊拉克的山裏達洞穴（Shanidar Cave）中，有一具尼安特人的屍骨，在它周邊的泥土上探測到了花粉的痕跡，顯示死者生前身上曾放有花卉，可能舉行過某種形式的葬禮；另外一些屬於莫斯特文化（Mousterian）的遺址上，一些屍體身上撒有一些紅色的碎石片，這些碎石片是由一種特別的鐵礦石磨製而成的；[70]此外，遠古時期的克羅馬農人（Cro-Magnon man）也會實行這樣一種「有趣的」習俗，他們會在埋葬死者時將紅色染料（紅赭石）塗在或撒在屍體上，或在後來第二次埋葬時塗在或撒在骨頭上。[71]

從三岩樹葬所實行的內容上看，它所具備的象徵意義同樣是不言而喻的。首先，實行樹葬的人在年齡上有嚴格要求。在藏族的傳統觀念中，13歲是判斷個人是否跨入成年人的標誌。《敦煌本吐蕃歷史文書》記載：「王子能騎馬時，父王即逝歸天界。」一般認為，王子能騎馬應在13歲左右。松贊干布就是13歲繼承王位並完成統一大業，格薩爾也是在13歲時參加賽馬並奪取王位的。但在三岩地區，判斷個人是否跨入成年人的標誌是看他（她）是否年滿15歲。其次，行葬前需對屍體做出標誌（如在屍體的掌心處用酥油點上紅點），目的

70 Haviland W A, etal. *Anthropology*: *The Human Challenge*. Belmont: Wadsworth, 2005: 225-226.

71 〔美〕約翰・B. 諾斯、大衛・S. 諾斯著，江熙泰等譯：《人類的宗教》（成都市：四川人民出版社，2005年），頁7。

是讓山神迅速認出並接納亡靈，以便其早日進入輪迴。最後，對於樹木和選址均有特殊要求：一是在丁字路口或十字路口，象徵著經常有人陪伴亡靈；二是在兩河或多河相匯處，河流象徵著母親的乳汁，源源不斷地流入亡靈的心田；三是選擇的樹木必須是生長在十字路口或兩河相匯的草壩上，樹必須粗壯高大，枝葉茂盛，象徵人丁興旺，後繼有人。

中國五行觀念中，「木」代表著那些孳生發展中的生命體、有機物和在發展程序中的事物。[72]西方學者也認為「樹」是一種親屬關係的象徵符號，是「人類生命通過後代獲得持續存在的適用性符號」。[73]樹葬的實施，其象徵意義尤其明顯：樹有根，生根發芽；水有源，源源不斷；人有子孫，生生不息。因此，有理由認為，正是「樹」的這種象徵性，才是導致樹葬在三岩實施和流行的根本原因。

第七節　方言、格言與神話

語言是文化的一個組成部分，並對文化起著重要的作用。這是因為，語言是文化的基石——沒有語言，就沒有文化；從另一方面看，語言又受文化的影響，反映文化。可以說，語言反映一個民族的特徵，它不僅包含著該民族的歷史與文化背景，而且蘊藏著該民族對人生的看法、生活方式和思維方式。

要瞭解三岩人的人生觀、生活方式與思維方式，有必要對三岩的語言進行系統的研究。在此，筆者特意選擇了三個有特色的研究領域：三岩方言、格言和神話。

---

72 牟作武：《中國古文字的起源》（上海市：上海人民出版社，2000年），頁68。

73 Russell C.“The Tree as a Kinship Symbol”. *Folklore,* 1979(2):217.

一　三岩方言

眾所週知，藏語是藏民族交際與思維的主要工具，屬於漢藏語系藏緬語族藏語支，一般分衛藏、康和安多三大方言。三岩屬於康區，三岩的藏語方言屬康巴方言中的昌都南部土語群。與康區其它的康巴方言相比，三岩方言在遣詞造句和語法結構上基本相同。三岩藏語是在繼承古藏語的基礎上，融合了鄰近地方方言演變而成的，在康巴方言土語群中具有鮮明的代表性，表現在語音、詞彙和語法三個方面。

1 語音

三岩方言與整個藏區的藏文一致，是一種拼音文字系統，以 30 個字母為基本輔音，有 4 個基本母音，顯示幾組明顯的對立：塞音、塞擦音、擦音聲母有清濁對立；清音有送氣與不送氣的對立；聲母的基輔音有清濁對立等。與拉薩、安多口語相比，三岩的語速稍快一些，尤其注重清濁塞音與清濁塞擦音、濁塞擦音與半母音、雙唇音與聲門音、舌尖前中後音與舌面前中後音的細微區別。另一顯著的特徵是，三岩方言保留了許多古藏語的語音和語調。三岩各鄉之間的藏語雖然有一點差異，但相互交流基本沒有障礙，其共同點是語氣重、強，讀字清晰，語音與書面語十分接近。

2 詞彙

除了語音之外，三岩方言在詞彙和語法上也與書面語十分相似。三岩方言的詞彙有一個鮮明的特徵，即復音詞多、單音詞少，名詞、形容詞存在大量重疊的情況，主要表現出四個特徵：第一，保留著相當大比例的古藏語詞彙。例如，當地稱呼朋友為「蝦波」，大為「切瓦」，小為「窮瓦」，這些詞彙與拉薩古藏語的詞彙是基本相通的。第二，派生詞很多，尤以單音節詞根復合而成的合成詞為多數，用來區分性別、年齡以及表功能、形狀、色澤、程度上的差別等。例如，「根」是用於表示輩分的詞根，「阿帕」與「帕根」的區別是父輩與祖輩（或曾祖輩及以上）。第三，經常會用到敬語，用以彰顯親疏不同的人際關係。例如，在招呼對方，順便詢問對方「你到哪裏去？」時，朋友之間或一般身份的人，使用主語和謂語均不加敬語，但若在外交談判、節日慶典時遇到長輩或有身份的人（如活佛、宗本）時，均要在主語和謂語前面添加敬語。又如，與親屬朋友打招呼，則視對方的年齡、輩分、性別，借用親屬稱謂的爺爺、婆婆、舅舅、叔叔、哥哥、姐姐、弟弟、妹妹等敬語的形式相稱。例如，一般稱呼舅舅為「雄布」，但用敬語時則稱其為「阿擁」。第四，比喻、諺語中使用的詞彙音節少，意思簡潔、形象豐富、貼近生活。例如，「敵人來了一起拔刀，朋友來了一同端碗」、「青稞長滿平原，一個石磨即可吞入磨完」、「犏公牛耕地，黃公牛伸頸」等，充分顯示了三岩方言用詞簡潔、直觀，洋溢著質樸、純真的生活情趣。

3 語法

三岩方言十分接近書面語，句子的語序和其它藏區的方言一樣。關於三岩方言的語法概述，主要有九點：

第一，從句子成分來看，可分為主語、謂語、賓語、定語、狀語、補語等。主語和謂語是句子的首要成分；賓語、定語、狀語和補語等是句子的次要成分。

第二，句子採取典型的「動居句尾」的結構，以「主—賓—謂」的形式為主。

第三，多數情況下，定語由形容詞、數（量）詞、指示代詞充當時在中心語後面，由名詞、人稱代詞、疑問代詞等充當時則在中心語前面，中間由領屬格助詞連接；狀語一般放置在謂語的前面；補語則放置在謂語的後面。

第四，主語和賓語均為名詞，名詞有單、複數之分。複數主要通過在名詞後面添加附加成分表示；然而，如果該名詞前面已經出現了指示代詞、不定代詞、量詞或數詞時，則無須再添加附加成分。

第五，充當主語或賓語的人稱代詞有第一、第二和第三人稱的區別，除了區分主、賓格以外，同樣需區分單、複數；第一人稱雙數和多數有包括式和排除式的區分；指示代詞還有遠、近之分。

第六，從時態上看，句子分為過去、現在和將來三種，通過在動詞前添加前成分來表示；動詞有命令式、祈使式和疑問式三種，通過在動詞前添加前成分、後成分或根據該詞韻母的曲折變化來表達；動詞又分為自動態和使動態兩種；存在動詞還有類別範疇，能發生時間變化。

第七，形容詞既可作為定語修飾名詞，也可作為謂語使用，但作為定語時一般放置在被修飾名詞後面，且有人稱、數、時態的變化，其變化形式與動詞基本相同；形容詞有普通級、比較級和最高級三個級別的區分，其中比較級又分為三等，即較（高）、更（高）、很（高），均使用分析手段。

第八，助詞的運用呈多樣性，有結構（格）助詞和語氣助詞等，表示趨向、從由、領屬、施動、受動、工具、住所、比較等一般均要使用到結構（格）助詞。

第九，量詞表達雖然不是很多，但有動量詞和名量詞之分，部分量詞來源於相關事物某一部位或某部分的名稱。

二　三岩的格言

格言是一個民族語言的文化精髓，在語言結構上簡潔、精練，在內容上重現大量的人生經驗與規律，不僅寓意深刻，而且蘊含教育意義，是人們喜聞樂見的語言形式。在日常生活的各種場合中，三岩人常常使用格言，它們有些在遠古時期就已經形成並發展起來，有些則屬於即席的發揮與創造。因此，在各種諸如說笑、開會、婚禮、調解糾紛等場合，總是少不了使用短小精悍、比喻形象的格言以說明深刻的生活哲理。能否熟練地運用格言，也成為衡量一個人的口才與能力的標準之一。

對三岩地區的格言進行收集和研究，可以很好地站在本土人的視角，加深對本土文化的理解。流傳在三岩地區的格言有許多，本土學者范河川對此有初步的研究，現摘錄如下：

1.〔啞子有巧言，盲人有慧眼〕啞巴能說話，瞎子能見物，喻沒有可能，往往用於諷刺。
2.〔傻子假裝聰明，傻氣愈顯十足〕意謂不懂裝懂，欲蓋彌彰。
3.〔難以言說的心情，就像啞巴做了夢〕喻心境難以表達，就像啞巴無法說夢一樣。
4.〔花言巧語不頂用，鹽水喝了不解渴〕意方法與目的不一致，沒有把問題實質抓住。
5.〔沉默不語，說是啞巴女；講出道理，說是多嘴婦〕意謂說也不是，不說也不是。
6.〔說起來旭日東昇，幹起來黃昏朦朧〕喻只會說不會做。語近「言論的巨人，行動的矮子」。

7.〔樓房雖是高層，陰影終須落地〕說明無論如何發展，終究離不開根本。
8.〔左看右看是親屬，大門相背屋相連〕意謂彼此間的關係難以隔斷。
9.〔綢緞雖舊花紋在〕喻人老志不衰。
10.〔無訟是強者，無債便富人〕意謂沒有爭論、沒有債務是最好不過的。
11.〔無事偏生非，無根硬找據〕喻無中生有，無理找理。
12.〔短兵相接乃英雄，遠處放箭是懦夫〕意有膽量的應面對面地對付戰鬥，進行單打獨鬥。躲起悄悄打，不是大丈夫。
13.〔鈍刀割不動肉，無知辦不成事〕說明沒有能力或知識的人不會辦事。
14.〔只要頭腦不糊塗，嘴裏的話兒講不休〕喻只要有知覺，就要鬥到底。
15.〔駿馬奔馳大道上，螻蟻無力來阻擋〕喻小人物阻擋不了強者的行動。語近「螳臂當車」。
16.〔老年人的主意好，年輕人的心眼靈〕說明老人見多識廣，經驗豐富，遇事能拿定主意，年輕人思想活躍，心眼靈活。
17.〔老未老，看皺紋，哭未哭，看眼淚〕喻口說無憑，只有事實才是真憑實據。
18.〔斑斕猛虎既然能在林中發威，白色獅子可在雪山振鬣〕喻一方進行挑釁，一方就要作還擊的準備。
19.〔海洋雖大不聲不響，小溪雖小嘩嘩流淌〕喻修養深的人不宣揚自己，半瓶水的人卻響叮噹。
20.〔喝乾海水不解渴，吞下大山肚不飽〕喻貪得無厭。
21.〔大海裏投毒，山林裏放火〕意窮凶極惡。

22.〔不去海中島，難得如意寶〕喻不親歷險境，就不能獲得成功。
23.〔沒有幾次衝突，難成知心朋友〕意不打不相識。
24.〔後山是金剛岩石，前山為神樹香柏〕喻前有援引，後有支持者，而且都是強有力的。
25.〔只要松柏滿後山，焚香用柴不求人〕意留得青山在，不怕沒柴燒。
26.〔石頭擊酥油，遭殃的是酥油，酥油擊石頭，倒楣的還是酥油〕喻雞蛋碰石頭。
27.〔口袋裝石頭，壯膽不怕狗〕喻有了對付手段，不怕對方來犯。[74]

概而言之，三岩格言具有三個鮮明特徵：①原創性。良好的口才是帕措成員的必備技能。帕措之間除了進行各種大小不一的械鬥外，具有外交性質的辯論、談判和講和也是一項日常性的工作。三岩人進行辯論時，猶如佛教中論經，精彩的語言令人折服。在無數次爭鬥與辯論的較量當中，容易創造出大量閃爍著智慧之光的精彩言語，這些言語經過沉澱和藝術加工，便成為了格言。②寓意深。很多格言大量地引用隱喻和推理來說明主題，這些比喻不僅淺顯易懂、形象生動，而且推理合理、邏輯清晰。③全民性。三岩的格言享有「活著的語言大河」的美譽，老少婦孺在日常生活中皆可信手拈來，不僅運用得體，而且使用熟練。

74 參見范河川：《父系原始文化的活化石：山岩戈巴》（成都市：四川大學出版社，2000年），頁96-98；稅曉傑、范河川、楊雅蘭編著：《發現山岩父系部落》（北京市：中國青年出版社，2007年），頁194-197。

三　三岩的神話

除了格言以外，三岩的神話同樣不勝枚舉。神話是原始人的儀典和法典，是他們的「聖經」，是他們對歷史的記述，是先人智慧的百寶箱，是古人的心理學。[75]神話同時還是民族精神的表現。馬克思在談到古代民族的思想歷程時也指出，古代民族是在幻想中、神話中經歷了自己的史前年代。[76]此話足以反映，歷史與神話是相互滲透的，神話是一個民族的思想寶庫，民族的各種「神話幻想」，實質是他們關於自己生活的種種描述，其中也包括了各種心理表現和精神傾向。

三岩的神話大多是以記敘文的體裁，即以講故事的形式流傳開來的。三岩方言雖有口語和書面語言的區別，但大多數三岩人並不識字，能讀會寫的人集中在寺院裏，主要出於閱讀與朗誦經文的需要。然而，此點並不妨礙這些神話在三岩地區以故事的形式口耳相授、世代相傳。

每當帕措召開成員大會，或舉行各種慶典儀式，又或在過藏曆年時歡聚一堂，再沒有什麼比聆聽老年人繪聲繪色地講述那些帶有神話色彩的故事更振奮人心了。無論是在帕措頭人召開成員大會的碉樓內，在點燃篝火的神山上，還是在孩子準備就寢的枕頭旁，都有精彩的神話故事，三岩帕措的傳統與知識就是這樣以故事的形式傳給了後代，後代也要以同樣的形式傳給後代，就這樣一代代傳承下來。

以下是在金沙江兩岸、三岩地區廣為流傳的一些神話和傳說：

75 〔德〕利普斯著，李敏譯：《事物的起源》（西安市：陝西師範大學出版社，2008年），頁275。

76 〔德〕馬克思：《〈黑格爾法哲學批判〉導言》，《馬克思恩格斯全集》第3卷（北京市：人民出版社，2002年），頁205。

故事1　三岩帕族的起源

在一個遙遠的年代，三岩有一個男人，他從太陽落下的西方趕來一群大山，圍在金沙江邊，建立自己的家園。他的三個兒子叫他帕羅紮，帕就是父親。大兒子吉覺瑪學會了父親的巫術占卦，他後來成了三岩羅麥人的祖先；憨厚的二兒子加蓋邦丹只會種地喂牛，他後來就是雄松人的祖先；三兒子阿蓋卡學神勇好鬥，他住在木協，以後就是三岩木協人的祖先。

不知過了多少年，帕羅紮死了，兒子們相信帕羅紮的靈魂還在乃布神山上，到阿拉曲神泉或者是到馬希曲果神泉、紮通曲果神泉，兒子們從那清亮的泉水中都可以看到父親沉思的眼睛。他們的兒子們、孫子們代代繁衍下去，就叫作帕族了。

故事2　麻風病的起因

以前有一個叫阿布的孩子，每天去乃布山放羊，那裏青草豐美，山上還有一條清涼的溪水。溪水旁綠樹成蔭，還有一塊巨大的圓石，上面可以睡人。這裏是阿布放牧嬉耍的樂園，調皮的阿布每天去放牧，路過神泉、神水都要趕羊去喝，他不知道，他得罪了神山神水，已經患上了麻風病。有一天，阿布蜷臥在圓石上睡著了，樹蔭涼爽地蓋在他的臉上，阿布的小夥伴次多從村子裏出來尋他，一直來到乃布山上，當次多躡手躡腳走近阿布時，看見一條小紅蛇從阿布的鼻孔裏鑽了出來，小紅蛇有手臂長，顯得像條羊毛線，次多嚇呆了，一動也不敢動，小蛇繞過岩石，遊過草地，在溪水邊喝足水，然後又鑽進阿布的鼻孔，次多像被火槍打中的獐子一樣飛快跑下了山。

就這樣一直過了五個月，次多總是躲著阿布，阿布也一天天萎靡不振。後來，次多忍不住把自己的發現告訴了父親，父親告訴了次多一個法子。

那一天，當蛇溜到溪邊喝水，早就躲在樹後的次多一躍而起，搖醒阿布，把羊皮襖蓋在苔蘚斑斑的圓石上，然後拉著阿布一溜煙跑下了山。七天以後，次多和精神煥發的阿布又溜到了乃布山，走到溪邊，只見那圓石爛得像個蜂窩，上面到處都是小蛇的孔洞。

後來，三岩人不管是打冤家，還是兩族結好，都對乃布山神發誓言，內容多半是：如果違背誓言，就讓神懲罰得麻風病。

故事 3　蝙蝠人的傳說

幾百年前，在西藏三岩雄松鄉崗托村附近的一處懸崖上，有若干天然的山洞，裏面住著一群蝙蝠人，有數百隻之多，體型與人相仿，身上長有翅膀，能在天空自由飛翔。它們擁有相當程度的智力，遠遠地觀察人們幹活，喜歡模仿人的動作。人們稍有疏忽，它們就襲擊小孩和幼畜。人們長期為其所困，但又無可奈何。

一天，村裏有一位長者終於想出一個辦法，他們帶上美酒佳餚，到蝙蝠人經常出入的地方，圍坐一圈開始大塊朵頤，喝酒唱歌，然後人們各自操起刀槍相互廝殺，其實他們當時使用的是木製的刀槍。到了晚上，他們故意留下食物，拿走木製刀槍，卻留下了真刀真槍。

當夜深人靜時，蝙蝠人也模仿人的樣子喝酒吃肉，然後拿起真刀真槍相互廝殺起來，結果死傷慘重，最後僅剩下一隻飛往南方。

故事 4　關於蛇多的解釋

在四川山岩鄉的樂巴村東面阿業呷吹神山的山腳下，住著兩姐弟，姐姐叫樹莫色澤，弟弟叫樹莫巴登。姐姐不僅貌美如仙，而且心地善良，家中大小事物均由她來操持；相比之下，弟弟好吃懶做，年過 15 歲依然少不更事，一天到晚只知道吃、喝、玩耍。

有一天，姐姐對他說：「你已經是大人了，不幫家裏幹點活是不行的，你應該像個男子漢一樣到山上打獵去。」弟弟推搪不過，只好扛起火槍來到錯松貢山上，但從早上走到傍晚，一隻野獸的身影也沒有看見。於是，他來到了錯松貢山的三個聖湖邊。聽說湖裏住有龍王，於是他對著湖大聲連喊三聲：「請你賞賜我一些獵物吧，我願意把姐姐嫁給你。」三聲剛喊完，就有一大群的獐子從西邊跑過來，他高興極了，舉起槍向跑在前面的最大的一隻獐子開槍，獐子應聲倒地，他背起獐子往回走。

走在半路上，他看見兩個穿著華麗衣服的人牽著一匹白馬駕雲而來，白馬上還坐著姐姐。於是他好奇地問道：「姐姐你這是去哪裏啊？」姐姐答道：「你剛才不是答應了龍王要把我許配給他嗎？現在龍王派人來娶親了。」弟弟聽到後十分著急：「姐姐你可不要走嘛！你走後我可怎麼辦啊？」這時候，兩個穿著華麗衣服的人說道：「既然你許諾把姐姐嫁給龍王，龍王也已經賞賜給你獵物了，你若想反悔，請把這只味道鮮美的獵物還來。」弟弟聽到後連聲說：「不不不，我兌現諾言。」於是背起獐子回到家中煮熟來吃。但三天後獐子吃完了，饑腸轆轆之下，弟弟想起了姐姐。

於是他來到聖湖邊，大聲喊道：「阿姐樹莫色澤！」聽到弟弟的呼喚，姐姐從湖中走出來，手裏拿著一個箱子，告訴他說：「你扛著這個箱子要不停地往回走，路上要做兩件事，一是聽到身後有牛、羊、馬的叫聲千萬不要回頭，第二是箱子要回到家中才可以打開。否則會得來很不好的結果的哦。」在姐姐的千叮嚀、萬囑咐下，弟弟答應了。他扛起箱子就往家的方向走，走著走著，聽到身後有牛、羊、馬的叫聲，而且聲音越來越大，禁不住好奇心的他回頭看了一下。這下可好，本來跟隨在他身後的一大群牛、羊、馬全部掉頭往湖邊走了，怎麼驅趕都不再回頭，轉眼間就消失在湖裏面。他感到十分懊悔，但別無他法只好繼續扛著箱子往回走。快到家門的時候，他累得要把箱子放下來休息一下。緩過氣以後，他卻再也忍不住想知道里面究竟裝的是什麼寶貝，於是他又忘記了姐姐的囑咐，未進家門就打開了箱子，裏面卻鑽出了許多的蛇。最後弟弟兩手空空，再次懊悔不已。這就是三岩地區蛇多的原因。

故事 5　阿媽石的傳說

很久很久以前，仁真澤翁是日紮秋神山的女兒和阿幹絨噶的兒子，但生下他之後母親就被神山帶走了，因此他自小由父親養育成人。後來仁真澤翁喜愛誦經拜佛，成為一名當地有名的白衣喇嘛，每天總是騎著一匹白馬四處給人念經消災，深受人民的愛戴。

然而，父親阿幹絨噶不想孩子每天外出，想把他留在自己的身邊，於是悄悄地偷了他的白馬。仁真澤翁發現自己心愛的白馬不見後，通過占卜知道是自己的父親所為。當他請父親把白馬還給他時，父親說道：「我可沒有偷你的白馬，世上哪有父親偷兒子東西的道理？」於是他請兒子再一次打卦，但卦卜依然顯示是父親偷了無疑，於是仁真澤翁再一次請求父親歸還白馬。父親又說道：「你的卦絕對沒算準，是魔鬼在作怪，你念經把他咒死吧。」

仁真澤翁沒有辦法，於是開始念起了咒經，第二天父親阿幹絨噶就吐血而死了。仁真澤翁看到後無比內疚，於是決定離開這個令人傷心的地方。當他走到日紮秋神山腳下時，突然想起了母親，便在一塊位於半山腰的石頭上刻下了「阿媽」兩個字，後人稱之為「阿媽石」。

故事 6　青稞洞的故事

據說，有一個老漢，有一天在山上砍柴，突然看見一隻受傷的獐子站在他面前，眼睛裏好像有話說：「救救我吧！」於是老漢將它藏在草叢中，躲過了獵人的追擊。獐子被救後告訴老漢：「你到瓦西結去，那裏有個洞，你可以得到青稞，以後你就可以不這麼辛苦地勞作了，但這件事情你不能告訴其它的人知道。」

老漢到了瓦西結境內，看到有一高約三丈的岩石，岩石中間，有一手可觸及的洞穴，等他一到，此洞突然傳出一陣陣山崩地裂的巨響，接著從洞中流出白花花的青稞。

老漢急忙用口袋接住青稞，將口袋接滿後，老漢遂將身上的衣服脫下堵住洞口，洞中的青稞就不流了。他返回家中將青稞釀成青稞酒，請來村裏的人共同飲酒，大家非常奇怪，就問老漢怎麼有這麼多青稞來釀酒呢？老漢喝醉了，就告訴了大家事情的經過。於是他帶著村裏的人又到洞裏來取青稞。他讓村民們取下衣服，但此時洞中已不再流出青稞了。

故事 7　格薩爾迎娶珠姆的傳說

白玉南區蓋玉鄉，以前稱為「蓋吉」，部落眾多，統稱為「山岩」，有一個嘎部落的首領有三個女兒，大女兒名叫珠姆，非常美麗動人。父親和部落將她許配給人，但她堅決不答應，非要自己選不可，於是受到眾人嘲諷，但她仍堅持自己的做法。

由於山岩「蓋吉」這個地方地處巴塘和德格兩條進入西藏昌都道路的中間，戰略地理位置非常重要。格薩爾賽馬稱王後，為了拉攏山岩人，他聽從了部下的建議親自來到「蓋吉」找部落首領議和。然而，當時山岩所有的部落都不願和他結盟，這讓他非常生氣，於是跑到沙馬鄉山上一腳把歐帕拉山上的一尊佛像踢倒了。這一舉動讓沙馬人刮目相看，非常熱情地款待他，請他喝酒唱歌。

三碗酒剛下肚，格薩爾便拿出背在身上的長弓，射出了三支箭：一箭射穿大石頭，一箭射穿對門山，一箭射進章都岩石中。這讓在場所有人都深感佩服，大家歡呼著盡情舞蹈飲酒。酒醉之後，格薩爾趴到一塊石頭上呼呼地睡著了，自己隨身攜帶的書在翻身時掉了下來。該書後來被沙馬人撿到，沙馬人非常能說會道且會用典故傳說，據說就是因為這個原因。在從沙馬回來的路上，格薩爾看到一個非常美麗的女孩（珠姆）在蓋玉河的溫泉裏洗頭，他一下就被她的美色吸引住了，一不小心讓自己的印章掉進了河中，聲響驚動了正在洗頭的珠姆（該印據說化成了石頭，迄今依然靜靜地躺在蓋玉河上）。她抬頭一看，在眾多的將領中格薩爾最勇猛、最出眾，於是一眼便看上了他。

她回去告訴父親，父親便讓格薩爾娶珠姆為妻，這正合格薩爾意，格薩爾非常高興。但珠姆父親提出了兩個議親的條件：一是嘎部落不送嫁妝；二是必須把一個從金沙江上游來的魔王「也康」殺死。格薩爾十分爽快地答應了這兩個條件，他親手殺死了荼毒三岩人民的魔王「也康」，並把珠姆迎娶回家。後來，山岩地區眾多部落最後也都歸順了格薩爾王的統治。

由以上臚列的神話故事可知，三岩的神話擁有一個共同的特點：人類完全融於自然之中，表現出一種物我同類的思想。在三岩人看來，無論是人、天、地、自然現象，還是動物、植物、神山、龍王、英雄等，它們均處於同一基礎之上，並可在以帕措為主導的生活方式中活動。

誠然，神話故事承當起一定的社會功能：人們開始講故事，講他們自己的希望和恐懼，講部落的歷史，講它的禁忌和為什麼必須遵循禁忌，講這個充滿奇異的世界以及這個世界是怎樣誕生的……。[77]在筆者看來，三岩的神話故事至少在社會整合的層面上有四種社會功能：

第一，維繫團體凝聚力。每逢節日慶典，帕措全體成員都必須在有山神的地方集會。他們點燃篝火，熏煙祀神，然後由帕措頭人講經並喝酒盟誓。這是一個重申帕措族源與歷史的場合，故事 1 以及類似的神話故事，由長老團的成員一次又一次地講述。如果說這些故事有什麼共同點，那就是，它們反覆陳述三岩帕措的「共同起源」，強調「天下帕措是一家」的集體榮譽感。對這些集體認同反覆地強調，很好地發揮著維繫團體凝聚力的作用。

第二，起到良好的建構作用。除了加強集體認同以外，故事 1 和故事 2 還解答一些容易讓人困惑的哲學與社會問題，如：「我們是誰？」「我們來自哪裏？」「為什麼男人說了算？」「為什麼有人會患痲風病？」等等。這些故事實質起到某種社會建構的作用，把人們的思想從那些讓他們既難以理解又無法解釋的自然現象中解脫出來，從而讓他們安心地把全部的精力投入到日常的生產、生活當中。此外，這些神話故事還賦予神山和聖泉以某種神聖性，既可讓其充當仲裁者的角色，又能以懲罰的形式（如讓人患痲風病）樹立其權威性，這點

77 謝選駿：《神話與民族精神——幾個文化圈的比較》（濟南市：山東文藝出版社，1987年），頁1。

在法律缺失但又亟須維護秩序的地方，具有積極的建設作用。

第三，發揮寓教於人的教育意義。毋庸置疑，三岩的許多神話故事在當地發揮出較強的訓誡功能。如故事 3 告誡人們在惡劣的自然條件下戰勝自然須依賴智慧（文化）；故事 4 講述好逸惡勞的人注定沒有好的結果；故事 5 提醒人們注意帕措制度下父子之間的緊張關係；故事 6 說明不能守住秘密的人最終將自討苦吃。這些道理，通過身臨其境般的故事來講述，不僅具有較強的感染力，同時也有更強的說服力。

第四，具有傳承藏區傳統文化的作用。如前文所述，三岩人一直希望通過與藏族的中心文化建立起某種實質性的聯繫，力圖共構一種文化「同質性」，從而把自身的區域文化融入一個更為龐大的文化體系當中。故事 7 可視作是這一文化心理的嘗試。它較好地把三岩的帕措部落文化與鄰近地區的格薩爾文化有機地結合起來，有效地起到傳承歷史與傳統的中介作用。

第八節　年節、民間娛樂和體育活動

豐富多彩的年節文化是藏區的一個特色，節日文化也是一種綜合的文化現象。節日的形成有一個漫長的歷史過程，民族節日的形成大多源自原始宗教祭祀活動。[78]三岩的年節慶典，既是增強三岩人與自然、人與神、人與人聯繫的重要場合，更是增強帕措社會團結的重要時刻。

另一方面，民間娛樂和體育活動同樣在維護社會正常運作的層面發揮著積極的作用。馬氏在《文化論》中就曾講道：「遊戲、遊藝、運

78 陳立明、曹雪燕著：《西藏民俗文化》（北京市：中國藏學出版社，2003年），頁288。

動和藝術的消遣，把人從常軌故轍中解放出來，消除文化生活的緊張與拘束。」他又說道，「成年人的遊戲的主要功能是娛樂性的。此外，它對於社會組織，對於藝術、技巧、知識和發明的發展，對於禮儀的倫理規律、自尊心理及幽默意識的培養，也都有很大的貢獻。」[79]

以下就三岩地區的年節與民間娛樂和體育活動展開具體的闡述。

一　年節

三岩地區的節日慶典與其它藏區大體相同，一年中最為重大的節日分別是藏曆新年和熏煙節。

1 藏曆新年

眾所週知，藏族最大的節日是藏曆新年，與漢族的春節相似，但時間不統一，根據藏曆換算而定。就是在貢覺縣內，各鄉過藏曆年也存在時間不一的情況。例如，貢覺縣城的幹部職工在藏曆一月一日過新年；相皮鄉的察底、桑珠榮村、曲麥村在藏曆十一月一日過年，藏語稱「桑巴羅薩」；傳說曲麥村過新年藏語稱其為「約波羅薩」，意為傭人節，據說是曲麥村為了讓傭人早點回家過年，便把新年提前了，以便傭人早去早回；三岩地區的群眾過藏曆年，時間一般定於藏曆十二月一日，這與鄰近的拉妥、阿旺、哈加等鄉，以及周邊一些村莊的做法相同。

以往三岩內部過藏曆年的時間各村也有所不同，這是因為它們採用各不相同的紀年方法：除了從山外面其它藏區學來的藏醫天文曆算之外，有以接生羊羔為始計算日月的，有以月亮圓缺來計算日月的，

79 〔英〕馬淩諾斯基著，費孝通譯：《文化論》（北京市：華夏出版社，2001年），頁87、91。

也有按照春插秋收的季節來計算日月的。在四川白玉縣山岩鄉，以往還存有一種特別的曆算方法，並以民歌的形式世代口耳相傳。羊澤對此曾留有記載：「（山岩）三村所用曆法，繫屬自創，以廢曆正月為其六月，餘可類推。」[80]該曆法把一年分為吉、中、平、煞四季。吉季為西曆春季，約為 2 至 4 月，是求神拜佛的黃金季節，期間他們要敬奉山神以求來年風調雨順，多做善事，不殺生靈，修理農具，準備耕種田地。中季為西曆夏季，但時間上有所差異，約為 5 至 7 月，家裏的農活全部由女人操勞，男人們外出打工或上山打獵。平季為西曆秋季，約為 8 至 10 月，外出的男人全部回來，參加秋收。煞季為西曆冬季，時間為 11 月至來年元月，這時家家戶戶宰殺牛羊、釀製青稞酒準備過年。這個季節又稱為凶季，男人們一般不宜出遠門。按以上四季的劃分，三岩春節一般在西曆 12 月中下旬，即在 12 月 15 日至 12 月 30 日之間。由於他們有自己的春節，傳統春節對於三岩人來說並不十分重要。

現在三岩地區的曆法基本採用傳統的藏曆，由西藏天文曆算研究所根據藏曆的推算方法進行計算和編制頒行，現把過藏曆年的時間固定在每年的十二月一日，這天也成為了三岩人最為傳統的節日。把藏曆年提前到十二月一日是因為，到了藏曆正月的時候，春天已經很接近了，三岩多數家庭開始忙於春耕，沒有太多的時間和精力籌備過年，所以提前了一個月來過新年。

在節前一個月，要殺好牛羊，準備好肉類食品；在節前半個月，各家各戶要打掃屋內灰塵，洗淨衣被、用具，縫製好新衣服；到了十一月二十五日左右，就要備足糌粑、青稞酒、藏白酒、酥油、乳酪、人生果和「卓居」等各類麵食；藏曆十一月二十九日的除夕，各家都

80 羊澤：《三岩概況》，趙心愚、秦和平編：《康區藏族社會歷史調查資料輯要》（成都市：四川民族出版社，2004年），頁404。

要吃團圓飯。吃團圓飯時要蒸包子，這裏有一個類似於衛藏地區的「吐古」風俗，即在做包子時，餡裏放上鹽、辣椒、紙、木炭、羊毛等九種含有象徵意義的東西，如木炭代表黑心，辣椒代表口齒伶俐，紙代表狡猾、虛偽，羊毛代表心腸好、善良等，如果誰吃著什麼就要現場剝開，憑此預測來年的徵兆，不同人的不同結果，往往引起?堂大笑，全家便洋溢在喜氣洋洋的氣氛中。新年降臨時分，就要去爭搶「頭水」，或背「淨水」，以求來年祛病增福。初一，主要進行各種祭祀活動。先在家裏煨桑煙祭，供奉佛、菩薩和神。然後外出，到當地的神山祭祀山神，或祭祀地方保護神。從初二開始，走親串戶，互相邀請做客，喝酒、聊天和跳鍋莊等。大年十五，帕措要舉行煨山神祭。由帕措中輩分最高的男性長者主持，將各戶奉給山神的祭品集中起來（一般包括茶葉、酥油、奶渣、糧食等），做成混合食品。然後在祭神處點燃柏樹枝，祭祀者念誦《祈福經》，高舉祭品圍著柏枝徐徐轉上三圈，口中不斷高唱祝福的頌詞。與此同時，人們面向火堆，將祭品投入火中，男人們舉槍向天或火堆射擊，並一起高呼當地大小山神的名字，遍請它們前來享祭。祭祀完畢，將剩餘的祭品當作山神反賜的恩施，圍坐共食。期間還要進行賽馬、射箭（擊）比賽、抱石比賽等節目助興，直到將所帶來的酒水全部喝盡，才盡興而歸。

2 熏煙節

貢覺地區敬拜本地土地神、村神，一般是在大年初三進行熏煙；拜祭多吉昂卡等共同的神山，一般是在藏曆五月十五日熏煙。三岩地區的熏煙活動要舉行三次：一次為冬季，選在過藏曆年期間的十二月十五日，祈求山神保祐歲歲平安；一次為夏季，統一定於藏曆六月十五日，祈求山神庇祐人畜興旺，即將長熟的莊稼豐收；一次在秋季，時間約在藏曆七月十五日或八月十五日，感謝山神護祐豐收。

熏煙節以每年的藏曆六月十五日的那次最為隆重。由於熏煙節一定要在本村或本鄉的神山上舉行（如三岩共同的神山——乃布神山），因此熏煙節也被稱為「敬神山日」。所謂熏煙，實際上是一種煨桑儀式，即在神山上某個固定的地點設立起熏煙灶，把松柏枝堆放其內，點起灶火，讓香煙嫋嫋升起，同時把青稞、炒麵倒入火堆中，把青稞酒灑於四周，以表示對山神、諸神、諸佛的供養，祈求神靈庇祐人畜興旺、莊稼豐產。

到了藏曆六月十五日這天，屬於不同帕措的男性成員從四面八方陸續地來到神山上，他們按照不同的帕措席地而坐，搭起熏煙灶，架起松柏枝，豎立經幡，請來的喇嘛開始念熏煙經——《祈福經》和《金光照射經》。念完經後，大家圍著熏煙灶和經幡從左邊開始轉三圈，意為「轉神山」，然後高喊「嘎啦索」，一邊撒風馬紙，求神保祐，解除災難，一邊念頌歌詞：

祭佛、法、神；
祭四面八方一切神；
祭三山五嶽神；
祭四水六崗神；
祭原始九神，祭九大山神；
祭二十一位戰神；
……

在轉圈、念頌歌詞時，人們還必須面對著火堆，將糌粑、麵食等祭品徐徐投入到火中，並在一起齊身高喊當地大小山神的名字，遍請他們都來享祭。儀式完畢後，大家一起下山，來到半山腰後駐紮起來，開始喝酒、跳鍋莊、射箭（擊）、摔跤等娛樂活動。熏煙節是不允許女人參加的，也不能讓她們亂碰熏煙用的祭品，否則會被認為是對山神的大不敬，會給帕措帶來災害。以往由於各帕措共同聚集在同一座神山上舉行祭祀活動，容易滋生鬥毆事件，因此貢覺縣政府曾專門給鄉政府下達過文件，嚴厲限制三岩的一些村子去拜神山的人數，允許每戶人家只能派遣一名代表參加，但現在的政策已經緩和了不少。

二　民間娛樂與體育活動

1 「別卓洪」

三岩地區有一種古老的習俗，藏語叫作「別卓洪」，這裏的「別」指青岡樹，「卓」為五穀豐登，「洪」是獲得、取得的意思。「別卓洪」就是「砍青岡樹枝作綠肥，求得來年豐產」，實質是種促進生殖的儀式活動，帶有交感巫術的性質。砍伐青岡樹作為柴薪，是三岩婦女的一個日常生產活動。由於此工作非常單調，她們經常邀約同伴一起，以便活躍氣氛。她們邊幹活，邊說笑，同時想像出谷神媽媽與情侶交媾的場景，所說之言越是粗俗、放蕩越能夠表達這一儀式的功能。這項工作要延續半個多月，婦女勞動時，若有本村或鄰村女性進入，儀式不會受到玷污，但若是有男人前來造訪（尤其是陌生男性），她們則認為他會擾亂男神女神正在進行的「好事」，由此降低了儀式的功力，最終會惹得穀神媽媽生氣而遷怒於田園的主人。為了彌補來年可能的減產，婦女會要求陌生人留下一定數額的錢作為賠償，否則他休想離開，得讓這些勞動婦女捏拿一下，以在想像中補償「神靈交媾所受的損失」。

這種習俗發展成為了婦女的一種娛樂性活動。前提是一定要有一群的婦女（三四人以上），她們有權利將一個男人團團圍起來，對他動手動腳，甚至把他的衣服全部脫光，還可隨意玩弄他的生殖器，被圍困的男子卻不能生氣，其它的人見狀也不會勸阻。這樣的情景可以發生在任何場合與任何時間，特別是在婚嫁的提親與迎娶的時候。當甲帕措派遣本帕措男性成員去到乙帕措娶親的時候，來自乙帕措的女性有權對這些迎親的人進行戲弄，甚至可把他們的衣服脫精光，要弄他們的「命根子」，弄得他們欲火上陞，十分難受，但又無可奈何，從而達到羞辱對方、大煞其威風的目的；當然，當乙帕措的男性成員把新娘送往甲帕措家的時候，同樣可能面臨來自甲帕措女性成員的報復。但是，這種做法要掌握一定的尺度，不能玩得過火，因為這樣做會讓一個男人的顏面全無，因此一般雙方帕措在定親時就要談好，讓對方做好心理準備。如果兩個帕措之間關係比較親密，成員之間比較熟絡，這樣的情景就會經常性地發生，主要起到增加婚禮的喜慶色彩或活躍氣氛的效果。

2 抱石

抱石，藏語稱為「朵架」，這是一項已有 1,000 多年歷史的古老競技活動，在吐蕃時代就已流行，一直沿襲至今。抱石比賽所用的石頭多為橢圓形，有大小和重量不同的型號，往往還要在石頭上抹酥油茶以增加比賽難度。抱石至少有三種比賽形式：第一種形式是將重 100 多公斤的石頭捧起，抱到胸腹部再抱至肩上或從腋下移到背上，並按規定範圍走圈，走圈多者為勝。第二種形式是先把重 100 多公斤的石頭抱至肩頭，然後從肩部向後拋，遠者獲勝。第三種形式是在重 100 多公斤的圓形石頭上塗上酥油，賽手先躬身搬起石頭，然後逐級抱到雙腿、腹部、肩膀上，抱舉時要求身體挺直，不得晃動，最後將石頭穩妥地放回地面即為成功，比賽勝負最終以賽手所抱舉的石頭的高度來決定。

3 鍋莊舞

三岩的舞蹈主要是以鍋莊舞為主。它繼承了原始的舞蹈和宗教儀式，尤其注重舞蹈時的九種姿態，即柔雅、嬌媚、豪邁、悲憫、希冀、責罵、愁苦、威猛、莊重。它可分為社交舞、勞作舞和節慶舞三種，既能營造出歡欣鼓舞、人聲鼎沸的氣氛，又能體現出當地人熱情洋溢、豪情奔放的個性。

民主改革前，勞動群眾用鍋莊抒發自己的思想感情，消除沉重勞動和精神壓迫所帶來的疲勞和痛苦。鍋莊舞除了舞蹈以外，還要引吭高歌，唱出自己引以為豪的民族文化。以往三岩人以外出盜搶為榮，當地流行的一首《強盜歌》，就是在跳鍋莊舞時用來伴舞的。《強盜歌》的歌詞如下：

我騎在馬上無憂無愁，寶座上的頭人可曾享受？
漂泊無定浪跡天涯，藍天下大地便是我家，
我兩袖清風從不痛苦，早跟財神爺交上朋友，
從不計較命長命短，世上沒有什麼可以留戀。
岩石山洞是我的帳篷，從來不用學拉扯帳篷；
野牛是我的家畜，也不必拴牛羊在家門口。
獨自喝慣了大碗酒，對頭人從不會用敬語；
因獨自吃慣了大塊肉，從不會用指甲扯肉絲。
雖不是喇嘛和頭人，誰的寶座都想去坐坐；
雖不是高飛的大鵬鳥，哪有高山就想歇歇腳。
俠客從不想找靠山，雙拳長槍為我壯了膽，
俠客是沒有幫手的，快馬快刀是我的夥伴。
俠客從不願拜頭人，高高藍天是我的主宰，
俠客從不去點香火，太陽月亮是我的保護神。

民主改革後，鍋莊舞更為廣大藏族人民所喜愛。鍋莊舞屬娛樂性舞蹈，不受場地、時間、人數的限制，男前女後，連臂與否皆可起舞。鍋莊舞的舞蹈動作、旋律和歌詞多以勞動、生活、愛情以及家鄉風光等題材為主，音樂旋律流暢，節奏明快，舞姿活潑灑脫，表演形式多樣且較為隨便。

三岩鍋莊舞與其它藏區相比，雖然大體相同，但也有自己的一些特色。一是舞步沉穩柔韌，舞者身體動作十分豐富，其中男舞者的動作豪放剛勁，女舞者的動作較小，由此形成雄健奔放與秀麗端莊的強烈對比；二是舞者彎腰時如猛虎突擊，舞動時如蛟龍出水，舞姿自有一種蓄勢待發的韻味。

現在鍋莊舞已經成為三岩人日常生活的一個重要組成部分，無論節日慶典、豐收勞作，還是喜慶婚宴、親人朋友相聚，三岩人都善於借歌舞來表達自己的喜悅心情。另一方面，歌舞也為各帕措間的青年們提供了一個交往的自由時空，大家常常聚在一起飲酒對歌跳舞，顯得很融洽。

舞蹈採取圍圈的形式進行，有時按性別組成不同的圓圈，更多的時候是男女共同圍圈跳舞。站位也有規矩，同性站到一起，各占半圈。鍋莊舞是他們必跳的舞蹈，另外，三岩人還有屬於當地的舞步，外地人很難加進圓圈中與大家共舞。村裏幾乎每一個人都會跳舞，男性到了 15 歲左右的時候還得學拉二胡[81]。歌曲也是三岩當地山歌，有合唱，也有對唱。直到 20 世紀 80 年代，三岩當地還有專門從事歌曲創作的人，可惜此人自車禍以後就停止了創作，此後便無人接替了。

三岩女性明顯比男性更加熱愛舞蹈，她們是跳舞活動的主力軍。她們在同一個圓圈中跳舞，卻表現出不同年齡層次的區別。老婦人當

81 人們稱其為「藏式二胡」，即「康巴弦子」。

之無愧是舞蹈的中堅分子，最早到達最晚離去。她們熟識每一種傳統的舞步，每一句唱曲的歌詞。無論是白晝還是黑夜，她們都是最忠實和最熱情的舞者。因為年長的緣故，她們不必像年輕人一樣擺出羞澀的姿態，每一個動作都隨性而行。中年婦女也比較自由，喜愛跳舞者自然會參加，不喜歡的會讓女兒作為代表。而年輕婦人，她們代表著婆家的面子，無論是穿著還是舞步，都會引起在圓圈周邊觀賞的觀眾的評判。至於少女，則是羞羞答答，出門前拿出全套的化妝用品，在家中精心打扮，細心描畫。舞臺是她們展示自己魅力的地方，年輕人都想進去跳舞，卻扭扭捏捏，半天不願意進入到跳舞圈子之中。問起她們為何不進去時，她們總是低下頭說：「我害羞」。在圈外觀望一段時間以後，她們就結伴踏進舞臺了。對於小女娃來說，帶著玩耍的性質來模仿大人動作的情況更多。耳濡目染，所以三岩人小小年紀就能跳舞。另外，公共舞臺為女性提供了一個展示財富實力的機會。參加跳舞的婦女必當換上全套藏服，並且一身掛滿飾物。一個女人有多少錢財，在其服飾上能看得一清二楚。每次跳舞，在舞者的周邊，都坐有一大圈看客。相熟的婦女坐在一塊，嗑著瓜子，熱烈地討論著場上跳舞的人的花邊消息。時而其中有人講起一些村裏的逸事，「呵呵哈哈」，女人們便笑作一團。女性之間的攀比在這個時候變得激烈起來，她們討論得最多的便是天珠。當地婦女有犀利的眼光，能馬上判斷出一串天珠是真是假、有多大價值。家世好的婦女，穿戴光鮮亮麗，脖子、腰帶都掛著一串串珠子銀飾，轉起身來叮叮咚咚。袖子一甩，既好看，又動聽。

4 賽馬

賽馬，藏語稱為「達就」（意為馬跑之意），是貢覺、三岩群眾在節日、慶典時所舉行的一種娛樂活動，時間大多在夏秋之交。但他們的比賽形式卻有所不同：貢覺賽馬一般比速度，比步履；三岩賽馬一般比耐力，這是因為三岩地處高山峽谷，沒有什麼平地，故賽馬只能在一個很狹窄的壩子裏面跑，或者讓馬往山上跑。

賽馬除了娛樂外，還具有評選優質馬匹的作用，只要是賽馬會上能奪得前三名的馬匹，一定都會被認為是匹好馬，往往也能賣個好價錢。「駿馬、長槍、銅水缸」被合譽為三岩人的「三寶」，其中又以馬列居首位，因此，擁有一匹好馬是許多三岩人引以為榮的事情。三岩群眾極其看重一年一度的賽馬活動，他們挑選出最好的馬匹參加比賽，力爭取得好的名次。然而，由於飼養馬匹需耗費大量的糧食，多數三岩家庭僅能在家中飼養一兩匹馬而已；一些家庭無力承當養馬的「昂貴」費用，只好在臨近比賽時向親戚或朋友租借馬匹來參加比賽了。

賽馬比賽要持續 3 至 5 天，參賽者只能是帕措的男性成員，此時也是這些成年男子一起耍壩子[82]的時間，一般要在比賽的場地上搭起臨時性的小帳篷。這是一個增強帕措成員社會凝聚力的絕佳場合：措巴三三兩兩地聚在一起，彼此促膝長談，交換信息，聯繫感情；或在比賽後的餘暇時間裏一起跳鍋莊舞，或舉行摔跤、射箭（擊）等比賽，大家一起嘻嘻哈哈，其樂無窮。

5 射箭（擊）

藏族人民的射箭活動由來已久，射箭已成為藏民十分喜愛的體育項目之一，同時也是節日、祭祀期間不可缺少的活動內容。三岩人就

82 耍壩子是康巴人每年夏季最為盛行的娛樂活動，各鄉、各村各找一塊草地搭起帳篷，進行唱歌、跳舞、賽馬、拔河等各項活動，大型活動要持續7至10天，小型的也要3至5天。在三岩地區，即使不經村委會出面，帕措也會適時地組織內部成員舉行耍壩子的活動。

是一個驍騎善射的族群，他們自小就要練習騎馬和射箭的技術。弓箭做工往往十分精細，箭弓為木製，長 168 釐米，上面塗有膠漆，弓面繪有花紋；箭頭為鐵製，有雙翼、三棱兩種；箭杆長 90 釐米，用木製成。射箭分步射和騎射兩種，以遠、準者為勝。由於鐵製箭頭具有一定的危險性，為了防止誤傷其它的群眾，因此在舉行射箭比賽時使用的箭頭均改為木製，以射中遠方石塊的為勝方。

以往三岩在過藏曆年或熏煙節時，一般都要舉行射箭比賽。比賽前大家穿上節日盛裝，備好糌粑和青稞酒，來到村子附近的壩子上，由德高望重的帕措頭人或長者主持，在做完祭祀儀式後舉行比賽。射手依次向特定的目標射擊，優勝者除了獲得一條潔白的哈達以外，還可獲得一些物質的獎勵（如獲得一坨茶葉或一些現金等）。

當槍支（如火槍和鋼槍）進入三岩人的日常生活後，射箭又發展成為了射擊比賽，這也是帕措成員交流射術、展現個人能力的重要時刻，因此射擊比賽舉辦得十分隆重。每當帕措召開成員大會，在復述完家史，處理好爭端，並就本帕措的集體利益確定出各種行動方案之後，帕措頭人和長老團成員還要考察一下本帕措在今年的運氣如何，這時就要舉行一個名為「勇士打石」的射擊項目。所謂「勇士打石」，就是要求本帕措射擊最準的神射手出列、下蹲，用槍射擊一個從山上滾動下來的石頭。如果石頭被射中，表明本帕措今年的運氣會很好，這名射手也會獲得帕措頭人的贊許，並被允許坐在頭人的旁邊單獨摸槍起誓，這樣就在無形中提高了他在勇士團中的威望與排名。由於槍械的威力，帕措在召開成員大會時，其勇士團的座位排序要通過一場專門組織的射擊比賽來決定。比賽前先選定一塊大石頭，在上面貼上一張紙，上面畫上人的全身像，然後讓射手站在 200 米開外舉槍射擊，每人射出三發子彈，分為站射、蹲射和臥射，按照射擊總成績重新排列勇士成員的等級座次，三發全中者視為英雄，為上等勇士，成績次者為中等，成績不好者為下等。近年來，隨著國家禁槍政策的嚴厲實施，大多數三岩人的槍支都被銷毀殆盡，因此「勇士打石」和射擊比賽等這些原本雷打不動的專案，如今不是被取締，就是只能用刀來取代了。

6 「接梭」

在三岩的高山牧場上，從事放牧工作的婦女和兒童一有空閒時，便相約玩一種帶有娛樂性質的民間體育活動——「接梭」。「接梭」為當地藏語，漢語為「賺錢」之意，實際上是一種甚有歷史傳統的揀石子遊戲，尤其在牧區流行。「接梭」的內容豐富，玩起來精彩有趣，笑聲常伴，起到了娛樂身心的作用。

玩要時分二三人乃至數人不等，隨地選取五個或十個小石子依次進行。開始前先確定順序，然後每個人依次完成規定程序，以最先完成任務者為勝。若一個回合完不成任務可重新再來，直至決出勝負為止。

以五個石子與右手為拋手為例，其方法是：將五個石子同時撒於地上，看石子圖形任意拾起一子，做為拋子。擲時右手將拋子拋於空中，再用該手從地上迅速抓起其它石子，然後接住空中正在下墜的拋子，或按程序要求使用左手進行配合。隨著需要揀起石子數目的增加以及相應動作要求的增多，其難度也在逐步增加。開始時按照石子一至五的數目來抓，揀石副程序共有 28 種之多，非常考驗一個人的敏捷身手與思維能力。

7 「俄多」

與女孩子喜歡玩「接梭」不同，三岩的男孩子喜歡玩一種名為「俄多」的遊藝活動。俄多又名「俄木多」，意為用牧羊鞭摔石頭，原來作為驅趕牛羊之用，也可用來作為防身武器，打擊野獸以及入侵的敵人。「俄多」的鞭首設有一環可套入手指，鞭中央有容小圓石塊的皮袋。夾小圓石塊於皮袋中，將鞭首尾連於手上，轉動圓鞭石，投向目標。舉行「俄多」比賽有兩個比賽標準：一是看誰摔得遠，二是看誰摔得准。「俄多」玩法簡單，又具有實用性，深受牧區勞動人民的喜愛，現已成為藏族廣大牧區常年性的一個民間娛樂活動，一些地區甚至還舉行專門的比賽，並對比賽的獲勝者頒發獎勵。

概而言之，考察三岩人的節日、民間娛樂與體育活動，它們的內容絢麗多彩、獨具特色。由於三岩地處農業與畜牧業交融的「傳統民族體育文化區」之內，無論是節日文化，還是各種帶有娛樂性質的民間體育運動或活動，均具有「農耕型」、「畜牧型」相重合的多樣性特徵，即兼備「宗教性、節慶性、團體性」與「強調位移、速度、克服障礙」等特性。除了具備一定的社會結構以外，年節和各種民間娛樂和體育活動，在維持社會運作的層面上同樣在積極地發揮著作用，這得益於五種重要的社會功能：①教育功能；②生存功能；③認知功能；④整合功能；⑤娛樂功能。[83]這些功能互相協調、緊密合作，共同構建出三岩極具特色的年節與民族傳統娛樂及體育文化。

83 許韶明、程建南：〈人類學視野下我國民族傳統體育運動的特點與功能〉，《北京體育大學學報》2008年第6期。

附錄

附錄1 三岩帕措基本情況統計表（新中國成立初期）[1]

區鄉名	序號	村或牧場名	帕措戶數(戶)	人數(人)	帕措基本情況			
					土地面積(藏克)	帕措個數(個)	帕措頭人數(個)	帕措頭人姓名
上三岩	1	沙東	68	300	800	3	3	頭人：水巴登。小頭人：鐵拉曲木夏、西鄧珠
	2	閣麥	46	300	600	2	4	小頭人：布根、甲仁羅布、高戎、俄西公佈
		邦得	10					該村屬閣麥管轄的小村
	3	蘭根	40	190	500	2	3	小頭人：德雄朗吉、多則、協仁吉
	4	羅麥	51	200	600	2	2	松吉
	5	列托	10	50	200	1	1	佳晉齊美
	6	各巴	30	100	400	2	2	頭人：林窮阿多。小頭人：登珠高戎
	7	龍阿須	36	150	400	1	1	烏左阿郎
	8	色紮	17	69	200	1	1	曾親
	9	崇昌	10	100	400	2	3	拉夏、則吉、此部
	10	覺如牛場	18	80				工布打吉（羅麥人）
	11	阿益牛場	20	20		1	1	紮西（列託人）
	12	納中牛場	20	100		1	1	打然丁則
	12	納根牛場	27	120		1	1	白日泰來
	小計	13	403	1779	4100	20	24	

1 西藏昌都地區地方志編纂委員會編：《昌都地區志（下）》（北京市：方志出版社，2005年），頁1 099-1 101頁。

區鄉名	序號	村或牧場名	帕措戶數(戶)	人數(人)	帕措基本情況			
					土地面積(藏克)	帕措個數(個)	帕措頭人數(個)	帕措頭人姓名
半區	1	阿江	40	150	400	2	3	頭人：根得。小頭人：崇就翁紮澤仁、紮西江措
	2	昂都	50	200	400	3	2	阿多康珠、婆翁公佈
	3	敏都	62	250	500	2	6	白馬紮西、紮西桑珠、俄仁、阿朗、羅布、刀登
	4	宗教	24	100	300	1	3	頭人：朗傑。小頭人：阿白、新巴
	小計	4	176	700	1600	8	14	
中三岩	1	雄松(加卡)	140	600	1500	6	2	小頭人：馬提根昂朱、桂桑等
	2	德堆	80	300	700	6	4	澤仁多吉、阿崇、著白、澤登珠
	3	阿尼	100	400	1200	6	11	頭人：喇嘛紮西。小頭人：白西布、於西布、巴仁布、巴馬、紮來、魯仁、尊珠、日窮布、夏呷、其美
	4	曲所	98	400	1100	6	8	根卻次仁、呷青、羅吉康朱、白澤仁、紮西多吉、著吉、各多、烏金
	小計	4	418	1700	4500	24	25	
下三岩	1	崗托	40	200	500	4	4	頭人：此仁旺紮。小頭人：布沖夏、額勞、江村
	2	上郎年(牧場)	30	150	400	3	3	羅布占堆、白呷、居美
	3	下郎年	20	150	300	3	3	阿達、相球、布呂、黑戎、卡學馬
	4	木協	30	150	400	2	3	頭人：貴莫著旦。小頭人：瓦從貴莫、羅追
	5	澤達	30	130	300	3	3	色江、饒登、惡多

區鄉名	序號	村或牧場名	帕措戶數(戶)	人數(人)	帕措基本情況			
					土地面積(藏克)	帕措個數(個)	帕措頭人數(個)	帕措頭人姓名
下三岩	6	當瑤	20	100	300	4	3	學本羅布江村。小頭人：仁青（農村頭人）、卓瑪此人（牧場頭人）
	7	南格	60	300	500	4	5	學本察然饒登。小頭人：白馬江村、紮西此仁、王紮、益西江措
	8	宗巴玉巴	37	150	400	5	2	頭人：雲朱本巴。小頭人：那紮旺紮
	9	也古	20	100	200	3	3	學本夏日卻配。頭人：當真各布、阿插布
	10	東達	30	100	250	2	3	學本各精堪之。頭人：紮西洛布、值巴
	11	拉巴	30	100	250	2	4	學本尼瑪堪之。頭人：卡各、朗各、宗得公紮
	12	炯古牛場	30	100				原學呷雷根對，現尼下
	13	宗巴牛場	23	80				頭人：雲朱本巴，挪布江林
	14	南格牛場	6	20				
	小計	14	406	1830	3800	35	42	
合計		35	1403	6009	14000	87	105	

附錄2　10戶以上帕措名錄（2000年）

序號	所在鄉	帕措名稱	總戶數(戶)	總人口(戶)	所在村
1	沙東鄉	阿瓊	12	28	阿香
2		接果	13	23	阿香
3		麻本西	10	18	阿香
4		翁傑	11	32	布堆
5		德松	11	31	拉嚴
6		艾衛	15	45	拉嚴
7		娘堆	12	36	果麥
8		西堆	10	27	果麥
9		土巴	17	43	果麥
10		格果	33	82	格果、雄巴
11		德巴	11	19	格果
12		江克	13	27	雄巴
13		阿堆	24	54	雄巴
14	雄松鄉	多覺	5	33	下缺所
15		安珠	6	38	德堆
16		紮魯	6	35	德堆
17		巴羅	65	470	崗托、崗松、加卡、夏亞、巴羅
18		嘎果	29	196	崗松、加卡、巴羅
19		夏壓	59	384	加卡、崗托、松崗、夏亞
20		旺夏	50	341	上缺所、下缺所
21		希瑪	13	33	上缺所、下缺所
22	敏都鄉	果巴	31	120	瓦堆
23		洛追固	4	20	瓦堆
24		康果	7	35	瓦堆
25		結果	2	8	瓦堆

序號	所在鄉	帕措名稱	總戶數(戶)	總人口(戶)	所在村
26	剋日鄉	果友	2	16	宗巴
27		修樂	9	46	宗巴
28		阿久果	3	10	宗巴
29		中青(卓瑪)	9	59	貢巴
30		那小	90	59	貢巴
31		多左	5	19	貢巴
32		縈巴	8	33	麥巴
33		麥巴	8	28	麥巴
34	木協鄉	布魯	15	34	艾若
35		宇周	25	56	達雄、宗巴（拉妥鄉）
36		德若	18	39	下羅
37		阿平	16	45	木協
38		珠嘎	21	39	康布
39		拉郭	31	66	拉巴、艾若
40		仁吉覺松	22	54	達雄、果木
41		達瓊	7	18	下羅娘
42		那果	3	9	果木
43		雄薩	24	57	上羅娘
44	羅麥鄉	宗布	43	95	列特、古巴、沖昌
45		阿忠	20	54	阿忠、色紮
46		那給	24	54	卡堆、色紮
47		覺如	27	63	巴學
48		娘郎加	10	28	古巴
49		念達	22	41	嘎達、龍旺
50		特責尼	9	23	
總計	6鄉	50個帕措	940	3205	39村

參考文獻

一　專著

（一）英文

Banton M. Anthropological Approaches to the Study of Religion. London: Tavistock Publications, 1966.

Black-Michaud J. Cohesive Force: Feud in the Mediterranean and the Middle East. New York: St. Martin's Press, 1975.

Chagnon N A. Yanomamö: the Fierce People. New York: Holt, Rinehart and Winston, Inc., 1983.

Curry T, Jiobu R, Schwirian K. Sociology for the Twenty-First Century. Upper Saddle River: Nancy Roberts, 2004.

Douglas M D. Natural Symbols. New York: Vintage, 1973.

Fisher J F. Trans-Himmlayan Traders: Econmoy, Society, and Culture in Northwest Nepal.Berkeley, California: Universtity of California Press, 1986.

Foster G M. Tzintzuntzan:Mexican Peasants in a Changing World. Boston: Little Brown, 1967.

Gluckman M. Custom and Conflict in Africa. Oxford: Basil Blackwell, 1955.

Haviland W A, etal. Anthropology: The Human Challenge. Belmont: Wadsworth, 2005.

Leach E R. Political Systems of Highland Burma: A Study of Kachin Social Structure. London:The Athlone Press, 1964、1954.

Levi-Strauss C. The Elementary Structure of Kinship. Boston: Beacon Press, 1969.

Murdock G P. Social Structure. New York: Macmillan, 1949.

Pandian J. Caste, Nationalism and Ethnicity. Bombay: Pupular Prakashan, 1987.

Pospisil L. The Kapauke Papuans of West New Guinea. New York: Holt, Rinehart and Winston, 1963.

Prince Peter of Greece and Denmark, H.R.H. A Study of Polyandry. The Hague: Mouton, 1963.

Queen S A, Habenstein R W, Quadagno J S.The Family in Various Cultures. Cambridge: Harper & Row, 1985.

Sally F M. Law and Anthropology: A Reader. Malden: Blackwell Publishing Ltd, 2005.

Scupin R. Cultural Anthropology: A Global Perspective. Upper Saddle River: Pearson Prentice Hall, 2006.

Swanson G E. The Birth of the Gods: The Origin of Primitive Beliefs. Ann Arbor:University of Michigan Press, 1960.

Van Gennep A. The Rites of Passage. Chicago: University of Chicago Press, 1960.

Whiting J W M, Child I L. Child Training and Personality: A Cross-cultural Study. New Haven, CT: Yale University Press, 1953.

（二）中文

《馬克思恩格斯全集・第 21 卷》（北京市：人民出版社，1965 年）

《馬克思恩格斯全集・第37卷》（北京市：人民出版社，1971年）
《馬克思恩格斯全集・第3卷》（北京市：人民出版社，2002年）
《馬克思恩格斯全集・第44卷》（北京市：人民出版社，2001年）
《馬克思恩格斯全集・第45卷》（北京市：人民出版社，1985年）
〔奧地利〕勒內德・內貝斯基・沃傑科維茨著，謝繼勝譯：《西藏的神靈和鬼怪》（拉薩市：西藏人民出版社，1993年）
〔奧地利〕龐巴維克著，陳端譯：《資本實證論》（北京市：商務印書館，1964年）
〔德〕阿諾德・蓋倫著，何兆武、何冰譯：《技術時代的人類心靈》（上海市：上海科技教育出版社，2008年）
〔德〕利普斯著，李敏，譯：《事物的起源》（西安市：陝西師範大學出版社，2008年）
〔德〕馬克斯・韋伯著，杜榮遠譯：《經濟與法》（北京市：商務印書館，1997年）
〔法〕埃米爾・涂爾幹著，渠東譯：《社會分工論》（北京市：生活・讀書・新知三聯書店，2000年）
〔法〕愛彌爾・涂爾幹著，渠東、汲喆譯：《宗教生活的基本形式》（上海市：上海人民出版社，1999年）
〔法〕列維一布留爾著，丁由譯：《原始思維》（北京市：商務印書館，1997年）
〔法〕孟德斯鳩著，張雁深譯：《論法的精神》（北京市：商務印書館，1982年）
〔法〕石泰安著，耿昇譯：《西藏的文明》（北京市：中國藏學出版社，2005年）
〔美〕盧克・拉斯特著，王媛、徐默譯：《人類學的邀請》（北京市：北京大學出版社，2008年）

〔美〕露絲・本尼迪克特，何錫章、黃歡譯：《文化模式》（北京市：華夏出版社，1987 年）

〔美〕露絲・本尼迪克特著，呂萬和、熊達雲、王智新譯：《菊與刀——日本文化的類型》（北京市：商務印書館，1990 年）

〔美〕羅伯特・路威著，呂叔湘譯：《文明與野蠻》（北京市：生活・讀書・新知三聯書店，2005 年）

〔美〕馬斯洛著，許金聲等譯：《動機與人格》（北京市：中國人民大學出版社，2007 年）

〔美〕馬文・哈里斯著，許蘇明譯：《人・文化・生境》（太原市：山西人民出版社，1989 年）

〔美〕瑪格麗特・米德著，周曉紅等譯：《薩摩亞人的成年——為西方文明所作的原始人類的青年心理研究》（杭州市：浙江人民出版社，1988 年）

〔美〕摩爾根著，楊東蓴、馬雍、馬巨譯：《古代社會》（北京市：中央編譯出版社，2007 年）

〔南朝〕范曄：《後漢書・卷八十七・西羌傳第七十七》（北京市：中華書局，1965 年）

〔美〕皮德羅・卡拉斯科著，陳永國譯：《西藏的土地與政體（內部資料）》（拉薩市：西藏社會科學院西藏學漢文文獻編輯室編印，1985 年年）

〔美〕施堅雅著，史建雲、徐秀麗譯：《中國農村的市場和社會結構》（北京市：中國社會科學出版社，1998 年）

〔美〕約翰・B. 諾斯、大衛・S. 諾斯著，江熙泰等譯：《人類的宗教》（成都市：四川人民出版社，2005 年）

〔明〕宋應星著，潘吉星譯注：《天工開物》（上海市：上海古籍出版社，2008 年）

〔挪威〕克利斯蒂・安諾伯格—舒爾茨著，李路珂、歐陽恬之譯：《西方建築的意義》（北京市：中國建築工業出版社，2005年）

〔日〕豐增秀俊著，葉渭渠、唐月梅譯：《原始社會》（北京市：中國文聯出版公司，1991 年）

〔唐〕魏徵等：《隋書・卷八十三・列傳第四十八・西域・党項・第6 冊》（北京市：中華書局，1973、1982 年）

〔意〕圖齊等著，向紅笳譯：《喜馬拉雅的人與神》（北京市：中國藏學出版社，2005 年）

〔意〕圖齊著，耿昇譯：《西藏宗教之旅》（北京市：中國藏學出版社，2005 年）

〔英〕埃文思・普裏查德著，褚建芳、閻書昌、趙旭東譯：《努爾人——對尼羅河畔一個人群的生活方式和政治制度的描述》（北京市：華夏出版社，2002 年）

〔英〕馬淩諾斯基著，費孝通譯：《文化論》（北京市：華夏出版社，2002 年）

〔英〕拉德克利夫・布朗著，潘蛟等譯：《原始社會的結構與功能》（北京市：中央民族大學出版社，2002 年）

〔英〕泰勒著，連樹聲譯：《原始文化》（上海市：上海文藝出版社，1992 年）

蔡巴・貢噶多吉著，東噶・洛桑赤列校對，陳慶英、周潤年譯：《紅史》（拉薩市：西藏人民出版社，2002 年）

陳立明，曹雪燕：《西藏民俗文化》（北京市：中國藏學出版社，2003年）

陳慶英，高淑芬：《西藏通史》（鄭州市：中州古籍出版社，2003 年）

陳蕖珍：《艽野塵夢》（拉薩市：西藏人民出版社，2009 年）

陳文著，李春龍、劉景毛校注：《景泰雲南圖經志書校注》（昆明市：雲南民族出版社，2002 年）

程大昌：《叢書集成之禹貢山川地理圖》（北京市：商務印書館，1936 年）

達倉宗巴・班覺桑布著，陳慶英譯：《漢藏史集》（拉薩市：西藏人民出版社，1986 年）

大司徒・絳求堅贊著，贊拉・阿旺、佘萬治譯，陳慶英校：《朗氏家族史》（拉薩市：西藏人民出版社，1989 年）

董建輝：《政治人類學》（廈門：廈門大學出版社，1999 年）

范河川：《山岩戈巴》（成都市：四川大學出版社，2000 年）

費孝通：《鄉土中國》（上海市：上海人民出版社，2006 年）

馮　智：《靈塔與金身：歷代達賴班禪生死儀軌》（海口市：海南出版社，1997 年）

傅嵩炑：《西康建省記》（臺北市：成文出版社，1912 年）

格　勒：《論藏族文化的起源與周圍民族的關係》（廣州市：中山大學出版社，1988 年）

龔佩華：《景頗族山官制社會研究》（廣州市：中山大學出版社，1988 年）

顧頡剛、章巽：《中國歷史地圖集・古代史部分》（北京市：地圖出版社版，1955 年）

顧祖成等：《清實錄藏族史料・第三集》（拉薩市：西藏人民出版社，1982 年）

何國強：《政治人類學通論》（昆明市：雲南民族大學出版社，2011 年）

黃奮強：《藏族史略》（北京市：民族出版社，1985 年）

季羨林：《中國少數民族古籍集成・第九十五冊（漢文版）》（成都市：四川民族出版社，2002 年）

孔貝著，鄧小詠譯：《藏人言藏：孔貝康藏聞見錄》（成都市：四川民族出版社，2002 年）

李區著，張恭啟、黃道琳譯：《上緬甸諸政治體制：克欽社會之結構研究》（臺北市：唐山出版社，1999 年）

李亦園：《宗教與神話》（桂林市：廣西師範大學出版社，2004 年）

蓮花生著，徐進天譯：《西藏度亡經》（北京市：宗教文化出版社，1995 年）

劉立千：《劉立千藏學譯文集・雜集》（北京市：民族出版社，2002 年）

劉勇等：《鮮水河畔的道孚藏族多元文化》（成都市：四川民族出版社，2005 年）

柳升祺：《西藏的寺與僧（1940 年代）》（北京市：中國藏學出版社，2009 年）

馬長壽：《氐與羌》（上海市：上海人民出版社，1984 年）

馬大正：《民國邊政史料彙編・第 25 卷》（北京市：國家圖書館出版社，2009 年）

馬麗華：《藏東紅山脈》（北京市：中國藏學出版社，2007 年）

牟作武：《中國古文字的起源》（上海市：上海人民出版社，2000 年）

牛綠花：《藏族盟誓研究》（北京市：中國社會科學出版社，2011 年）

普寧市民間文藝家協會：《普寧民俗禮儀》（北京市：社會科學文獻出版社，2010 年）

錢均華：《男人國：川藏邊境原始部落漫記》（上海市：上海人民出版社，2006 年）

青海省地方志編纂委員會編：《青海省志・文物志》（西寧市：青海人民出版社，2001 年）

慶桂、董浩等：《清高宗實錄・卷 1103》（北京市：中華書局，1985 年）

任乃強：《羌族源流探索》（重慶市：重慶出版社，1984 年）
任乃強：《任乃強民族研究文集》（北京市：民族出版社，1990 年）
任乃強：《四川上古史新探》（成都市：四川人民出版社，1986 年）
任乃強：《西康圖經》（拉薩市：西藏藏文古籍出版社，2000 年）
桑結嘉措著，許德存譯：《格魯派教法史——黃琉璃寶鑒》（拉薩市：西藏人民出版社，2009 年）
膳書堂文化：《視覺天下：神秘的北緯 30 度》（北京市：中國畫報出版社，2010 年）
石　碩：《青藏高原的歷史與文明》（北京市：中國藏學出版社，2007 年）
稅曉傑、范河川、楊雅蘭：《發現山岩父系部落》（北京市：中國青年出版社，2007 年）
四川省德格縣志編纂委員會：《德格縣志》（成都市：四川人民出版社，1995 年）
四川省地方志編撰委員會：《四川省志·檔案志·僑務志》（成都市：四川科學技術出版社，2000 年）
四川省甘孜藏族自治州白玉縣志編纂委員會編：《白玉縣志》（成都市：四川大學出版社，1996 年）
四川省民族研究所清末川滇邊務檔案史料編輯組：《清末川滇邊務檔案》（北京市：中華書局，1989 年）
松巴堪布·益西班覺著，蒲文成、才讓譯：《如意寶樹史》（蘭州市：甘肅民族出版社，1994 年）
宋兆麟：《夥婚與群婚——金沙江奇俗》（昆明市：雲南人民出版社，2003 年）
索南堅贊著，劉大千譯注：《西藏王統記》（北京市：民族出版社，2000 年）

唐曉峰：《從混沌到秩序——中國上古地理思想史述論》（北京市：中華書局，2010 年）

王明珂：《華夏邊緣——歷史記憶與族群認同》（北京市：社會科學文獻出版社，2006 年）

王堯、黃維忠：《藏族與長江文化》（武漢市：湖北教育出版社，2005 年）

魏強、周潤年、嘉雍群培：《藏族宗教與文化》（北京市：中央民族大學出版社，2002 年）

吳豐培：《川藏遊蹤彙編》（成都市：四川民族出版社，1985 年）

吳豐培：《清代戰事輯要》（拉薩市：《西藏研究》編輯部，1983 年）

吳祥興，等：《混沌學導論》（上海市：上海科學技術文獻出版社，2001 年）

西藏昌都地區地方志編纂委員會編：《昌都地區志》（北京市：方志出版社，2005 年）

西藏自治區貢覺縣地方志編纂委員會：《貢覺縣志》（成都市：巴蜀書社，2010 年）

西藏自治區科學技術委員會，西藏自治區檔案館：《西藏地震史料彙編(第一卷)》（拉薩市：西藏人民出版社，1982 年）

謝選駿：《神話與民族精神——幾個文化圈的比較》（濟南市：山東文藝出版社，1987 年）

楊嘉銘、趙心愚、楊環：《西藏建築的歷史文化》（西寧市：青海人民出版社，2003 年）

尹祥智：《神秘發現之旅：北緯 30 度線——一條穿越地球種種秘境的神奇緯線》（天津市：天津社會科學院出版社，2003 年）

雲南辭典編輯委員會：《雲南辭典》（昆明市：雲南人民出版社，1993 年）

張永和：《信仰與權威——詛咒（賭咒）、發誓與法律之比較研究》（北京市：法律出版社，2006 年）

趙心愚、秦和平：《康區藏族社會歷史調查資料輯要》（成都市：四川民族出版社，2004 年）

中國藏學研究中心宗教研究所：《藏傳佛教與社會主義社會相適應研究論文集》（北京市：中國藏學出版社，2006 年）

中國地方志集成編輯工作委員會：《中國地方志集成．西藏府縣志輯》（成都市：巴蜀書社，1995 年）

中國社會科學院民族研究所西藏少數民族社會歷史調查組：《黑河縣桑雄地區阿巴部落調查報告》（北京市：中國社會科學院民族研究所，1964 年）

中央研究院近代史研究所：《「認同與國家：近代中西歷史的比較」論文集》（北京市：中央研究院近代史研究所，1994 年）

鍾敬文：《二十世紀中國民俗學經典．民俗理論卷》（北京市：社會科學文獻出版社，2002 年）

鍾敬文：《二十世紀中國民俗學經典．神話卷》（北京市：社會科學文獻出版社，2002 年）

鍾敬文：《民俗學概論》（上海市：上海文藝出版社，2002 年）

周　瓊：《清代雲南瘴氣與生態變遷研究》（北京市：中國社會科學出版社，2007 年）

子　文：《蒼茫西藏》（北京市：中國工人出版社，2009 年）

二　期刊

（一）英文

Brumfiel E M. Aztec State Making: Ecology, Structure, and the Origin of the State. American Anthropology, 1983 (2):261284.

Carnerio R L. A Theory of the Origin of the State. Science, 1970 (169): 733738.

Childs G. Polyandry and Population Growth in a Historical Tibetan Society. History of the Family, 2003 (8):423444.

Levine N E, Silk J B. Why Polyandry Fails, Sources in Inability in Polyandrous Marriage. Man, 1997 (3):375398.

Radcliffe-Brown. The Study of Kinship Systems. Journal of Royal Anthropology Institute of Great Britain and Ireland, 1941 (1/2): 1-18.

Russell C. The Tree as a Kinship Symbol. Folklore,1979 (2):217233.

Tylor E B. On a Method of Investing the Development of Institution; Applied to Laws of Marriage and Descent.Journal of the Royal Anthropological Institute, 1889 (18):245272.

（二）中文

安　旭：〈藏族服飾文化〉，《西藏藝術研究》1995 年第 3 期

陳惠雄：〈對稀缺性的重新詮釋〉，《浙江學刊》1999 年第 3 期

仇保燕：〈藏族姑娘的成年禮戴「敦」〉，《民族大家庭》1999 年第 2 期

段清波：〈西藏貢覺三岩之帕措〉，《考古與文物》1990 年第 1 期

馮　智：〈理塘早期政教史初探〉，《西藏大學學報》2005 年第 1 期

何國強等：〈三岩藏族體質特徵研究〉，《人類學學報》2009 年第 4 期
華銳・東智：〈華銳藏區的喪葬習俗淺論〉，《中國藏學》2008 年第 2 期
霍巍：〈論卡若文化類型的發展演變〉，《中國藏學》1993 年第 3 期
戴龐海：〈成人禮的類型與特徵〉，《河南科技大學學報（社會科學版）》2006 年第 5 期
杜玉亭：〈基諾族男子成年禮儀式簡論〉，《雲南社會科學》1989 年第 6 期
〔挪威〕弗裏德里克・巴斯著，高崇譯、周大鳴校，李遠龍復校：〈族群與邊界〉，《廣西民族學院學報（社會科學版）》1999 年第 1 期
高　琳：〈17 世紀中葉—19 世紀格魯派史籍中的康地〉，《西藏大學學報（社會科學版）》2013 年第 1 期
何國強等：〈三岩藏族體質特徵研究〉，《人類學學報》2009 年第 4 期
金強、陳文源：〈瘴說〉，《東南亞縱橫》2003 年第 7 期
金少萍：〈基諾族傳統社會中的未婚青年組織〉，《中南民族學院學報》2000 年第 1 期
呂昌林：〈昌都地區一夫多妻、一妻多夫婚姻陋習的現狀、成因及對策〉，《西藏研究》1999 年第 4 期
馬麗華：〈走出三岩〉，《經濟與社會》2002 年第 3 期
馬麗華：〈金沙江畔有三岩〉，《作家》2003 年第 2 期
李星星：〈藏彝走廊本波文化帶概論〉，《廣西民族大學學報(哲學社會科學版)》2008 年第 6 期
李中定：〈康區的習慣法〉，《邊疆通訊》1942 年第 1 期
單之薔：〈從大上海到珠穆朗瑪峰：中國人的景觀大道——318 國道〉，《中國國家地理雜誌》2006 年特刊.
尚義、索南吉：〈貴德藏族女性成年禮儀述略〉，《青海民族學院學報（社會科學版）》2009 年第 3 期

王　川：〈清代昌都三岩地區政事拾遺〉,《西藏研究》2000 年第 4 期

韋　剛：〈藏族族源探索〉,《西藏研究》1982 年第 3 期

許韶明、程建南：〈人類學視野下我國民族傳統體育運動的特點與功能〉,《北京體育大學學報》2008 年第 6 期

晏紅興：〈瑤族成年禮——度戒〉,《今日民族》2003 年第 6 期

伊力奇：〈「成人禮」的來源、類型和意義〉,《中央民族學院學報》1986 年第 3 期

俞偉超：〈關於卡約文化的新認識〉,《青海考古學會會刊》1981 年第 3 期

紮西茨仁：〈甘孜州石棺葬文化概述〉,《康定民族師專學報》1990 年第 1 期

張鷹：〈藏族人的裝飾〉,《西藏民俗》2004 年第 6 期

三　論文

陳　洲：《金沙江畔三岩的糾紛解決機制研究——社會控制規範化的一個視角》（廣州市：中山大學人類學系，2008 年）

許韶明：《差異與動因——青藏高原東部三江並流地區兄弟型一妻多夫制研究》（廣州市：中山大學人類學系，2009 年）

後記

光陰荏苒，7 年多的時間彈指一揮間。2006 年春，筆者受西藏自治區貢覺縣政府和貢覺縣旅遊局的邀請，來到金沙江西岸的三岩地區從事人類學田野考察，以便收集和整理出當地的民俗文化，同時為其旅遊資源的保護與開發出謀劃策。回想起來，那是一次頗為艱辛的旅程。在即將踏入三岩的途中，我們所乘坐的吉普車由於後輪陷入冰雪中而不住地打滑，陪同我們下鄉的司機老王下車查看時，跟我們說道：「你們算來得及時了，幾天前這裏才剛剛下了一場大雪，（那時）根本無法進入三岩。」

所謂「言者無意，聽者有心」，我們來得確實還不算晚。經過一個多月的田野調查，我們獲知三岩地區依然保存著獨特的帕措制度、刀耕火種的生產方式、多偶制婚姻、多樣化的喪葬習俗和極具特色的宗教文化等。當時，筆者就萌發了一個單純的願望：日後如果條件允許，要為三岩的民族文化撰寫一本具有人類學特色的作品。後來，筆者在河東岸（四川省白玉縣）做調查時，獲得了本土學者范河川先生親自贈與的一本個人著作——《父系原始社會的活化石——山岩戈巴》。該書於 2000 年出版，主要採用歷史學的視角來研究山岩的族群與文化，人類學的理論與方法幾乎沒有，但可貴之處是其中收集了不少一手的民族學材料。後來，範河川又有兩部作品陸續出版，分別是 2006 年的《男人國：川藏邊境原始部落漫記》和 2007 年的《發現山岩父系部落》，顯示三岩的民族文化正逐漸受到世人的關注。遺憾的是，兩本著作均以旅遊散記的形式來闡述三岩的民族文化，無論是在敘述的角度上還是在論述的內容上，均缺乏理論應有的廣度與深度。可以說，筆者當時立下的心願，一直敦促著筆者 7 年多來孜孜不倦地對三岩的族群與文化進行持續的研究，最終促使該書的撰寫與出版工作成為了可能。

一定程度而言，本書可視作一本民族志，且遵循傳統民族志的寫作手法，這與筆者受訓於久負盛名的中山大學人類學系的經歷有關。民族志是對社會的描述，是人類學家或民族學工作者從事田野調查的產物。標準的民族志包括對周邊環境、經濟模式、社會組織、政治制度以及宗教儀式和信仰的研究。這些研究積纍起來，形成了人類學所謂的「民族志素材」。另一方面，文化人類學或民族學的一個根本目的，是展現多姿多彩的世界文化，我們自身耳熟能詳、引以為豪的社會文化，不過是其中的一份子而已。因此，人類學家或者民族學工作者的光榮使命，是積極探討與比較各種文化的共性與差異，在獲得對其它文化更為深層次上的理解的同時，也就洞察出自身的文化。

作為一本民族志，筆者對位於青藏高原東南部三岩社區的帕措、宗教、民俗三方面進行剖析，希望藉此闡釋當地的族源、歷史、社會和政治組織、文化適應、行為選擇及其社會變遷等各方面的內容，由此獲得更為豐富的社會文化知識。若能做到此點，筆者也就能聊以自慰了。

首先，藉此機會感謝中山大學出版社的嵇春霞女士。正因為她積極申報《艽野東南的民族叢書》出版項目，且先後獲得了「十二五」國家重點圖書出版規劃專案和 2012 年國家出版基金資助專案的支持，本書的出版工作才得以成為現實。還要感謝本書的責任編輯徐詩榮同志，正是通過他認真細緻的編輯與校對工作，本書才能以一種嶄新的面貌呈現給讀者。

其次，還要衷心感謝貢覺縣的時任副縣長陳新華同志，以及貢覺縣旅遊局的澤建華和向巴同志，正是他們在工作上的鼎力支持和無償的翻譯工作，使得筆者進入田野的路程頗為順暢。在三岩六鄉所調查的村子中，許多鄉村幹部和村民不僅是相當出色的報導人，而且與筆者建立了真摯的友誼。可以說，沒有他們始終如一的熱情幫助，這項研究項目就要擱淺。由於人數眾多，我不可能一一將他們的名字羅列出來，對此我深感不安。但我的心裏永遠裝著他們，同報導人一起朝夕相處的日子，已經成為我記憶中不可磨滅的珍貴回憶。

本書初稿完成之際，《南方電網報》編輯部主任毛春初自願承擔全文的校對工作，並對行文中的一些細節提出了意見，他那一絲不苟的敬業精神讓人感動。邱穎思同學承擔了大部分書稿的二校工作，她那認真負責的態度同樣令人欽佩。廣東省地震工程勘測中心的馬浩明博士和華南理工大學建築設計研究所的譚晟基為本書所採用的一些圖片提供了相關的技術指導，在此一併致謝。

此外，需要指出的是，在持續了 7 年多的時間裏，我從完成田野工作、收集寫作素材到撰寫完整部書稿，得到了父母、妻子和眾多親友的理解與大力支持。他（她）們給予我的精神支持，是我數次迎難而上、克服困難的力量源泉。首先要感謝我的三伯父許國器，2006 年他在生命彌留之際，依然鼓勵我「認認真真地讀書，明明白白地做人」，他的箴言至今餘音繞梁。其次要感謝四伯父許國瑞、五伯父許為昭，兩人在耄耋之年，依然對後輩充滿殷切的期待，並為後輩的成材倍感欣慰。最後要感謝我的母親吳文蘭女士，她以身作則，在身患重病期間依然與病魔做出了最為艱苦卓絕的鬥爭，用自己的生命向世人詮釋了堅持的價值與生活的意義。

最後，對本書的分工作一說明。本書的理論基礎和寫作框架由本人和何國強教授經過反覆多次的討論後定型，並由本人親自執筆完成並加以完善。全書除第一章第一節的若干部分和第四節、第二章的第二節和第五節由何國強教授用他所收集的資料撰寫外，其餘均由本人獨立完成。同時，除少數幾幅圖表外，絕大部分的圖片與圖表也由本人提供、繪製與設計。此外，為了統一行文的需要，本人還對何國強教授所提供的材料做了一些刪減和增補的工作。文中如有不妥之處，由本人承擔主要責任。特此說明。

許韶明2013年10月於廣州

芃野東南民族叢書 A0202011

整體稀缺與文化適應：三岩的帕措、紅教和民俗　下冊

作　　者　許韶明、何國強
主　　編　何國強
責任編輯　蔡雅如

發 行 人　陳滿銘
總 經 理　梁錦興
總 編 輯　陳滿銘
副總編輯　張晏瑞
編 輯 所　萬卷樓圖書股份有限公司
排　　版　林曉敏
印　　刷　維中科技有限公司
封面設計　曾詠霓

出　　版　昌明文化有限公司
桃園市龜山區中原街 32 號
電話 (02)23216565
發　　行　萬卷樓圖書股份有限公司
臺北市羅斯福路二段 41 號 6 樓之 3
電話 (02)23216565
傳真 (02)23218698
電郵 SERVICE@WANJUAN.COM.TW
大陸經銷
廈門外圖臺灣書店有限公司
　電郵 JKB188@188.COM

ISBN 978-986-94616-1-0
2019 年 1 月初版二刷
定價：新臺幣 360 元

如何購買本書：
1. 劃撥購書，請透過以下郵政劃撥帳號：
　帳號：15624015
　戶名：萬卷樓圖書股份有限公司
2. 轉帳購書，請透過以下帳戶
　合作金庫銀行 古亭分行
　戶名：萬卷樓圖書股份有限公司
　帳號：0877717092596
3. 網路購書，請透過萬卷樓網站
　網址 WWW.WANJUAN.COM.TW
大量購書，請直接聯繫我們，將有專人為您服務。客服：(02)23216565 分機 10

國家圖書館出版品預行編目資料

整體稀缺與文化適應 ：三岩的帕措、紅教和民俗 / 許韶明, 何國強著. -- 初版. -- 桃園市 ：昌明文化出版 ；臺北市 ：萬卷樓發行, 2017.03
冊 ；　公分. -- (芃野東南民族叢書 ；A0202011)
ISBN 978-986-94616-1-0(下冊 ：平裝)
1.少數民族 2.民族研究
535.408　106004097